Standard of Foreign Direct Investment

표준 해외직접투자와 외국인투자

임 성 훈

학현사
HAKHYUNSA

머/리/말

표준 해외직접투자와 외국인투자는 저자의 「표준」 시리즈 중 네 번째 저서이다. 그러나 본서의 기본이 되는 개념과 아이디어는 20년 전에 이미 발간한 「동북아시대 전략적 외국인투자 마케팅」에서 시작됐다. 제목에서 보듯이 2000년대 초에는 신흥국가로서 중국이 급부상하면서 동북아시아의 국가 간 경쟁력 구도가 재편되고 있었다. 2003년에 출범한 참여정부는 동북아시아 지역에서 경제중심 국가를 지향하며 외국인투자 유치를 이를 실현하기 위한 정책 수단으로 삼았다. 이전의 외국인투자 유치는 외환위기 극복을 위해 양적 성과가 중시됐으나 외환위기 극복 이후에는 정책의 질적 전환이 요구됐다. 이러한 배경에서 탄생한 것이 '전략적 외자유치 계획'이다. 이번에 발간한 본서는 외국인투자정책에 기업의 전략으로서 해외직접투자이론을 보강하여 책 구성의 근간인 전략과 정책에 대한 연계성을 풍부히 하였다.

표준 해외직접투자와 외국인투자는 학술적 바탕에서 투자유치 현장의 실무자에게 도움을 주는 투자마케팅 분석틀과 실행 매뉴얼을 동시에 제시함으로써 이론과 실무의 균형과 함께 내용의 완성도를 높이려 노력했다. 책 구성은 제1부인 해외직접투자전략과 외국인투자정책의 이해로 시작하여, 제2부는 'Outward FDI'에 해당하는 해외직접투자전략에 대해, 제3부와 제4부는 'Intward FDI'에 해당하는 외국인투자정책에 대해 각각 서술하였다. 특히 제3부는 기업전략으로서 해외직접투자, 정부정책으로서 외국인투자를 연결하는 논리 구조를 담고 있어 책의 연결고리 역할을 한다. 세계에서 변화하고 있는 외국인투자정책의 변천흐름과 우리나라 외국인투자정책의 변천역사를 주요 변화가 있었던 시기별로 정리하였는데, 이는 본서의 접근법의 이해도와 함께 타당성을 높이는 데 도움이 될 것이다.

표준 해외직접투자와 외국인투자의 활용은 학술서로써, 현장 매뉴얼로써 모두 사용할 수 있도록 기획·제작하였다. 저자는 현재, 대학강단에서 학부과정 '해외투자마케팅' 수업의 교재로 사용하고 있으며, 내용의 수준으로 보아 대학원 과정에서 해외직접투자론과 관련 강좌의 교재로 사용해도 무리가 없다고 판단한다. 중앙정부와 지자체, 또한 KOTRA, 외국 공무원 연수 위탁기관 등에서 투자유치 전문가 양성의 업무지침서로도 충분한 활용성이 있다는 생각인데, 실제로 저자는 해당 기관에서 관련 내용의 특강과 교육을 수차례 의뢰받아 시행한 적이 있다.

표준 해외직접투자와 외국인투자를 강독할 때, 독자의 이해를 돕기 위해 책 구성의 특징을 기술한다. 본문에서 굵은 글자체로 강조한 단어는 각 지면에서 '소제목'이라 보아도 무방하다. 따라서 강조 단어만 보더라도 해당 단락의 내용과 핵심 개념을 추론할 수 있게 문장을 배치·구성하였다. 또한, 읽으면서 내용을 파악할 수 있도록 대립한 용어를 설명할 때는 중복이 되더라도 병렬구조로 작성했다. 특정 내용에 대한 나열식 표현이 필요할 때는 글머리를 이용하여 노트 정리와 같은 시각효과를 주려 노력하였다. 되도록 그림과 표를 많이 삽입하여 문장 내용을 다시 한번 정리해 볼 수 있게끔 시도했다. 아무튼, 대학 또는 교육기관에서 수강하지 않더라도 책만으로 내용을 전달할 수 있도록 유용한 편집 기법을 최대한 적용하였다.

표준 해외직접투자와 외국인투자가 발간되기까지 여러분의 도움이 컸다. 책 발간에 참여한 학현사 직원 여러분께 우선 감사를 드린다. 원고 정리와 편집에 도움을 준 은지 조교, 송민수와 양청의 학생에게 수고했다는 말을 전한다. 저자의 오늘이 있기까지 지근에서 늘 지원과 격려를 아끼지 않은 유성열 장로님과 임효숙 권사님, 그리고 항상 학자의 길에 나태가 드리울까 경계와 편달을 주신 임동운님께 감사의 마음을 드린다. 저자에겐 참 고마우신 분들이다.

2025년 화양동 연구실에서 새해를 맞이하며

저자 임성훈 드림

목/차

제2부
해외직접투자전략의 수립과 실행 58

제3부
외국인투자정책의 수립 : 외국인투자정책의 전략적 접근 100

1

해외직접투자전략과 외국인투자정책의 이해

01 해외직접투자와 기업전략

02 외국인직접투자와 정부정책

01 해외직접투자와 기업전략

해외직접투자의 학술적 정의

해외직접투자(foreign direct investment)의 조어를 구분해 보면 '해외' 그리고 '직접투자'이다. 이에 대한 상대어는 '국내'와 '간접투자'이다. 해외와 국내의 구분은 해외에서 일어나는 투자와 국내에서 일어나는 투자로 금방 이해할 수 있으나 직접투자와 간접투자 간 구분은 약간의 설명이 필요하다.

"해외직접투자 정의에서, 직접의 의미는 '경영권 참여'를 의미한다."

학술적 측면에서 직접투자와 간접투자 간 차이는 투자대상 기업에 대해 경영권 참여를 목적으로 하는가와 아닌가로 구분한다. 해외직접투자는 기업경영에 직접 참여할 의사 없이 배당금, 이자 및 자본이득 등을 목적으로 주식을 취득하는 경우이며, 직접투자는 단순한 자본참여를 넘어 무형의 경영자원인 기술, 상표권, 경영, 특허 또는 마케팅 노하우 등을 가지고 직접 경영에 참여하여 이윤을 추구한다. 즉 양자가 주식에 투자하는 행위는 공통이지만, 간접투자는 주식보유 목적이 포트폴리오투자(portfolio investment)에 의한 주가의 시세 차익 실현에, 반면 직접투자는 경영활동 참여에 의한 수익창출이라는 차이가 있다. 포트폴리오투자는 '달걀을 한 바구니에 담지 마라'라는 경제학 경구에 따라 단일 금융시장의 위험으로부터 회피하기 위한 분산투자를 말한다. 반면에 직접투자는 금융시장에서 투자수익률을 높이기 위한 기법이 아니라 생산시설을 건설하고 그 생산시설에서 제품을 생산하여 투자수익을 올리는 기업의 경영활동에 초점을 맞춘다. 따라서 **해외직접투자의 정의**는 해외에 생산시설을 건설하고 현지에서 제품을 생산하는 기업의 활동이라 할 수 있다.

그런데 해외직접투자와 혼용되는 용어로 외국인직접투자가 있다. 해외직접투자를 영어로 표현하면 'Foreign Direct Investment(FDI)'이다. 해외직접투자는 앞에서 설명한 포트폴리오투자와 투자동기 측면에서 구별하여 설명할 때 사용하거나, 다국적기업의 해외시장진출방식 중 하나로 다른 진출방식인 국제라이선싱이나 수출과 대비하여 설명할 때 사용하는 개념이다. FDI에는 무역에서 수출과 수입이 있듯이 국내에서 해외로 나가는 투자 즉 'Outward FDI'와 해외에서 국내로 들어오는 투자 즉 'Inward FDI'가 있다. 해외직접투자의 영문명칭이 FDI이지만 우리나라에서는 외환위기 이전까지는 FDI는 으레 'Outward FDI'로 인식하고 있어 해외직접투자는 'Outward FDI'를 일컫는 용어로 사용됐다. 외환위기 이후에는 부족한 외환보유고의 증대와 국내기업의 구조조정 과정에서 외국자본 유치의 중요성이 커지자 'Inward FDI' 확대와 이를 유치하기 위한 정부 정책이 필요하게 되었다. 그런데 해외직접투자가 이미 국내기업이 해외로 진출하는 투자방식으로 용어가 사용되고 있어 이를 구별하여 'Inward FDI'를 **외국인직접투자**로 지칭하였다. 이로 인해 학술논문이나 전문서적 등에서 용어의 혼동이 일어나기도 하였으며, 지금은 학술용어로서는 해외직접투자와 외국인직접투자를 모두 FDI를 일컫는 말로 혼용하고 있다. 그러나 관련 법령(외국환거래법, 외국인투자촉진법)이나 국가기관에서는 여전히 해외직접투자는 'Outward FDI'로, 또한 외국인직접투자는 'Inward FDI'로 국한해 용어를 표기한다. 예를 들면 외국인투자정책 혹은 외국인투자유치기관이라는 명칭은 해외에서 국내로 들어오는 투자만을 지칭하며, 반면 해외투자정보센터라고 할 때 지원대상은 우리나라 기업의 해외진출 경우이고 외국기업의 국내진입 지원은 의미상으로 배제한다. 관련 통계의 수집기관도 해외직접투자는 한국수출입은행에서, 그리고 외국인직접투자는 대한무역투자진흥공사(KOTRA)에서 주관하고 있다.

"현재 학술용어로서 FDI에 대한 번역은 해외직접투자와 외국인직접투자를 모두 사용한다."

해외직접투자의 법률적 정의

해외직접투자와 외국인직접투자에 대한 법률적 정의는 각각 외국환거래법과 외국인투자촉진법에서 규정하고 있다. 정부가 제정한 두 법률의 취지는 정반대의 성격을 갖는다. 외국환거래법은 달러와 같은 경화의 해외 유출에 대한 정부의 통제를 위한 법률로 규제 의도가 저변에 깔려 있다. 그러나 외국인투자촉진법은 명칭에서도 알 수 있듯이 정부가 해외기업 유치를 증대시키기 위한 촉진 성격의 법률이다.

다음은 **외국환거래법 시행령**에서 규정하고 있는 해외직접투자의 정의이다. 이에 해당할 때는 외국환은행에 신고하여야 한다.

"대부분 나라의 법령에서 10%의 지분율을 경영권 참여의 기준으로 간주한다."

- 경영에 참여할 목적으로 해외 법인 발행주식(출자지분) 총수의 10% 이상을 투자한 경우
- 투자비율이 10% 미만일 때도 다음과 같은 경우, 즉 해외 법인에 임원을 파견하는 경우, 계약기간이 1년 이상인 원자재 또는 제품의 매매계약의 체결, 기술의 제공·도입 또는 공동연구개발계약의 체결, 해외건설 및 산업설비공사를 수주하는 계약의 체결
- 해외 법인에 대하여 상환기간을 1년 이상으로 하여 금전을 대여하는 경우

외국인직접투자는 국제기구에서도 정의하고 있다. **국제연합무역개발회의(UNCTAD)**는 외국인직접투자를 투자관계에 있는 자회사에 장기적 관계와 지속적인 조정을 목적으로 투자한 경우라고 하여 포트폴리오투자와 구별하고 있다. 외국인직접투자에 자본참여(equity capital) 외에도 외국인투자가에 할당된 유보이윤의 재투자(reinvested earnings), 기업간 대출(intra-company loans) 등을 포함시키고 있다. 우리나라 **외국인투자촉진법(제2조) 및 외국인투자촉진법시행령(제2조)**에서 규정하고 있는 외국인직접투자 정의도 이 범주를 벗어나고 있지 않다. 다만 외국인투자촉진법이 제정될 당시에는 우리나라에서 발생한 이윤을 송금하지 않고 재투자를 하는 경우에 외국인직접투자에 포함시키지 않았다. 하지만 개정법률(2020년 시행)에서는 특정 조건의 재투자인 경우에는 외국인직접투자에 포함시키고 있다. 외국투자자가 주식 등을 취득하기 위한 출자목적물로 외국통화 외에도 자본재, 취득한 주식 등에서 생긴 과실, 산업재산권 등을 외국통화와 동일하게 인정하고 있다.

- 투자금액이 1억 원 이상으로서 외국인투자비율이 10% 이상일 경우
- 해외모기업 등으로부터 5년 이상의 장기차관을 받는 경우
- 외국인이 과학기술분야의 비영리법인에 대해 출연(5천만 원 이상이고 전체 출연금총액의 10% 이상)하는 경우
- 외국인투자기업이 미처분 이익잉여금을 그 기업의 공장 신·증설 등에 재투자하는 경우

외국인투자기업의 설립은 외국인투자 신고(KOTRA, 외국환은행)를 시작으로 투자자금을 송금하고 법인설립 절차(등기/인허가 취득/설립신고 및 사업자등록)를 밟은 후 외국인투자기업 등록을 신청하여 진행한다. 외국인투자 신고와 외국인투자기업 등록을 제외하면 일반 국내법인과 절차가 동일하다. 외국인투자기업의 등록은 최초 신고기관에 신청한다. 일반적으로 외국기업들은 외국인투자촉진법의 적용 대상이 되는 외국인투자기업의 법적 지위를 얻기를 희망한다. 외국인투자촉진법은 정부의 법령 제정의 의도가 외국인투자를 지원하기 위한 정책의 일환으로 시행되므로 조세 감면, 보조금 지원, 입지 지원 등과 같은 투자자에게 도움을 주는 인센티브와 편의를 제공받을 수 있는 기회이기 때문이다.

기업의 해외직접투자 동기

기업이 추진하는 전략과 경영활동의 궁극적 목표는 마진을 확보하여 기업의 지속적인 성장과 생존을 하기 위함이다. 해외직접투자도 기업의 이윤추구 행위로서 추가 마진을 확보하기 위한 지리적 확장을 통한 성장전략의 일환으로 추진한다. 해외직접투자 동기도 마진 확보와 관련돼 있다. 해외직접투자 동기를 유형화하여 구분하면, **시장지향**(market-seeking), **생산효율지향**(efficiency-seeking), **(천연)자원지향**(resource-seeking), **전략적 자산 및 능력습득지향**(strategic asset or capability-seeking) 등이 있다.[01]

이러한 해외직접투자 동기를 이윤 확보와 연계하여 기술하면, 신규 고객의 확보와 확장에 따른 판매수익 증대, 생산요소의 생산비용 절감에 따른 이윤 확대, 값싼 천연자원 및 원부자재의 현지조달에 따른 안정적인 조업과 생산원가 감소에 따른 이윤 확보, 미래의 생산성을 증가시킬 원천으로서 현지에 존재하는 핵심역량의 습득에 따른 이윤창출 역량 확보 등으로 설명할 수 있다. 앞의 시장지향 동기는 수요 측면에서 이윤 확대이며 나머지 생산효율/(천연)자원지향/전략적 자산 및 능력습득지향 동기는 비용절감과 생산성 향상이라는 공급 측면에서 이윤 확대에 해당한다. 또한 세 번째와 네 번째 동기는 자원을 습득하기 위한 동기라는 공통점이 있다. 세 번째 동기에서 자원은 광물, 농수산물 등 천연 및 1차 자원을 의미하며, 네 번째 동기에서 자원은 기업마다 보유한 특유의 전략적 자산, 즉 제품생산 기술력, 경영노하우 등과 같은 기업의 내부경쟁력을 구성하는 능력으로 제품차별화 및 생산싱 향상 등에 영향을 주는 무형의 자원이다. 세 빈째와 네 빈째 동기를 통합하여 **자원 및 자산습득지향**(resource/asset-seeking)으로 하고 해외직접투자 동기를 세 가지로 정리한 그림이 [그림 1-1]이다.

● 시장지향 동기

시장지향 동기는 다국적기업이 가장 많이 또한 공통적으로 부여하고 있는 해외직접투자를 실행하는 목표이자 동기이다. 다국적기업은 포화상태에 있거나 경쟁이 치열한 국내 소비자 시장에서 **신규 소비자 확보**를 위해 해외시장에 진출을 꾀한다. 선진국의 다국적기업들이 후진국 시장에 진출하거나 구매력이 갑자기 상승한 국가들의 시장, 이른바 신흥시장이 주요 대상이다. 이때 소비자는 소비재의 최종소비자뿐 아니라 조립완성업체와 같은 기업이 될 수 있다. 만일 국내에서 조립완성업체에 납품하는 기업에게 조립완성업체가 해외시장에 생산시설을 설립하는 해외직접투자를 단행한다면 납품기업도 동반하여 현지에 진출을 결정해야 하는 경우가 발생한다. 국내에서 고객(소비자)이 해외로 이동함으로써 야기되는 **주요 고객 접근**을 위한 해외직접투자의 시장지향 동기이다. 지금까지의 경우가 소비자에 초점을 맞춘 시장지향 동기인 데 비해 경쟁자를 고려한 시장지향 동기도 있다. **경쟁자 본거지 시장 진출**이다. 몇 개의 기업만이 세계시장에서 과점적으로 치열하게 경쟁을 하는 산업 분야가 있다. 예를 들면 스포츠용품, 자동차 타이어, 일회용 면도기 등의 시장이다. 이런 분야에서는 최종소비자에 직접 접근하여 수익 증대를 위해서보다는 숙명적 경쟁자가 있는 시장에 의도적으로 전략적 견제를 위해 해외직접투자를 실행한다.

● 생산효율지향 동기

생산효율지향 동기는 시장지향 동기와 아울러 선진국 다국적기업들에게 있어 주요한 해외직접투자를 실행하는 동기이다. 생산효율지향은 비용을 절감하여 기업의 마진을 확보하려는 목적에서 실행한다. 임금과 같이 생산과 용역에 대한 생산요소 비용은 선진국보다 후진국 또는 신흥국에서 더 저렴할 수 있다. **생산요소비용 절감**은 대표적인 생산효율을 지향하는 해외직접투자 동기이다. 기업의 마진 구성은 인건비 외에도 각종 세금과 함께 운송비용, 물류비용 등 부대비용을 포함한다. 국내에 비해 저렴한 법인세와 지방세, 혹은 국내에서 수출하는 물품에 대해 현지국에서 무역장벽으로서 높은 관세를 부과한다면, 현지에 생산시설을 구축하여 생산하는 것은 비용을 절감할 수 있는 바람직한 방안이 된다. **관세 및 부대비용 절감**은 생산요소비용 절감처럼 다국적기업에게 생산효율에 초점을 맞춘 해외직접투자 동기이다. 한편 인건비 및 세금의 절감 정도가 국내보다 크지 않더라도 해외시장에 직접 생산시설을 구축하여 현지 소비자에게 판매하는 것이 유리할 때도 있다. 비교적 고가의 제품을 생산하는 경우에, 또한 현지에서 유행에 민감하거나 까다로운 소비자가 있는 시장이라면 본국에 있는 생산시설에 대량으로 생산하는 것보다는 현지에서 소량주문형 생산시설을 구축하고 즉시 공급하는 것이 향후 발생할 재고비용과 빠른 납기에 수반되는 추가비용들을 낮추는 데 유리하다. 즉 이러한 **효율적인 현지반응 생산**도 생산효율지향 동기의 한 유형이라 할 수 있다.

● 자원 및 자산습득지향 동기

"천연자원 습득과 전략적 자산습득은 같은 자산습득 동기이지만, 투자대상지가 각각 후진국과 선진국으로 방향성이 다르게 나타난다."

석유, 광물, 목재, 곡물 등이 생산되는 현지국에 생산시설을 구축하는 것은 국내에서 경쟁관계에 있는 경쟁기업에 비해서 유리한 경쟁입지를 구축하게 한다. 국내 경쟁 시장에서뿐 아니라 세계 경쟁 구도에서도 제품의 주요 원료가 되는 **천연자원 습득** 활동을 안정적으로 수행하는 것은 선도적 경쟁우위를 유지하게 하는 바탕이 된다. 석유화학의 기초가 되는 원유와 같은 전통적인 광물의 습득 외에도 희토류와 같은 반도체, 자동차 배터리 등 첨단산업의 핵심 소재가 되는 광물을 습득하기 위한 다국적기업의 현지국 지출은 최근에도 활발히 일어나는 해외직접투자 현상이다. 한편 천연자원과 다른 기업이 보유한 또 다른 자원을 투자대상으로 하여 직접투자를 실행하는 경우가 있다. 기업이 가진 **전략적 자산 습득**이 투자의 목적이다. 현지기업이 보유한 경영관리 노하우, 상표, 특허권, 지식 등 기업 경쟁우위가 해외직접투자 실행의 투자목적물이 된다. 앞의 천연자원 습득이 선진국 기반의 다국적기업의 보편적 투자 동기라고 한다면 전략적 자산 습득은 신흥국의 후발 다국적기업이 선발 다국적기업을 따라잡기 위한 전략적 선택이라 할 수 있다. 전

그림 1-1 해외직접투자 동기

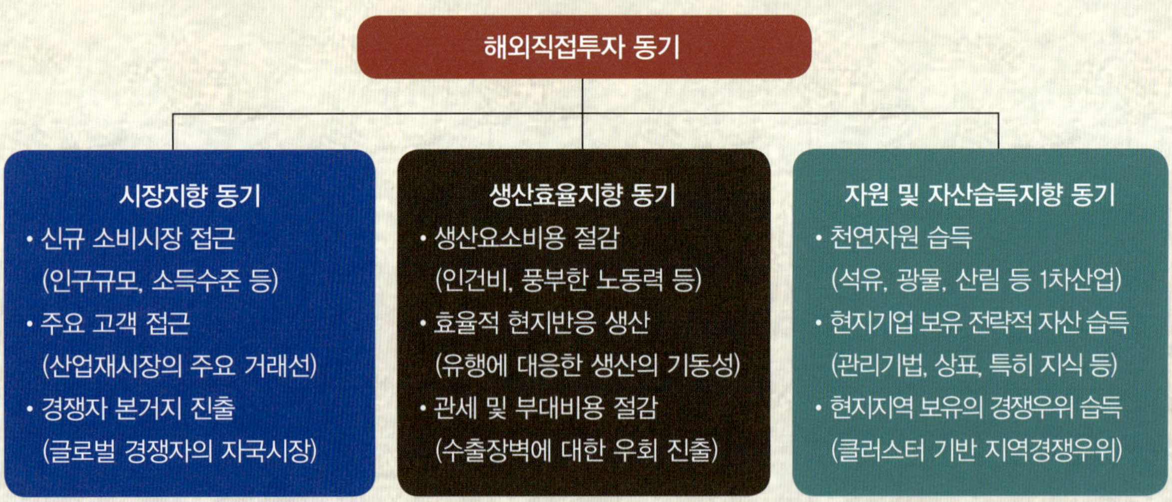

략적 자산습득 동기는 개별기업이 가진 경쟁우위가 대상이 되기도 하지만, 폭넓게는 지역이 가진 경쟁우위까지 대상으로 한다. 지역이 가진 경쟁우위의 사례는 미국 서부지역의 실리콘밸리를 떠올리면 이해가 쉬울 것이다. 실리콘밸리는 첨단산업, 혁신사업 분야 등에 여러 기업이 입지하며 거대한 클러스터를 형성하고 있다. 그곳에 입지하는 것은 국내에서는 접근할 수 없는 해당 지역이 가진 경쟁우위에 접근할 기회를 제공한다.

해외직접투자 결정요인

국제경영학 교과서나 연구논문을 보면, 기업의 해외직접투자 동기와 해외직접투자 결정요인을 혼용하여 사용하거나 둘 중 하나만을 다루는 경향이 있다. 주로 교과서에서는 기업의 해외직접투자 동기를 소개하며 해외에 생산시설 투자를 시도하는 이유를 설명하고 있는 반면에, 학자들의 연구논문의 경우에는 해외직접투자 결정요인의 영향 변수에 초점을 맞추고 해외직접투자 이론 및 관련 사회과학 분야 연구방법론을 채택하여 논문의 연구가설을 규명하고 있다.

"해외직접투자 결정요인은 해외직접투자 동기를 포함한다."

앞서 정리한 바와 같이 기존 교과서에서 공통으로 기술하고 있는 다국적기업의 해외직접투자 동기는 시장지향 동기, 생산효율지향 동기, 천연자원을 비롯한 전략적 자산(능력습득)지향 동기 등이다. 그런데 현실에서 언론보도와 기업의 주주들을 위한 투자공시를 보면 국내 환경규제환경이 강화되어 생산시설을 규제가 덜한 해외입지로 이전한다든지 외국 정부가 보조금과 같은 투자인센티브를 대폭 제공하여 그곳을 해외입지로 결정하였다는 보도가 심심치 않게 나온다. 해외 진출을 결정한 기업들이 전면에 내세우며 발표하지는 않지만, 국내 노동시장의 유연성 부족을 이유로 상대적으로 해고와 고용에 제약이 덜한 해외 생산입지를 찾는 경향도 있다. 이런 경우는 앞의 해외직접투자 동기와는 성격이 다른데, 이와 구분하여 **비경제적 동기**라고 명명할 수 있을 것이다. 즉 시장접근, 생산효율, 원자재 및 기술확보 등의 경제적 동기 외에도 그 밖에 비경제적 동기가 존재한다.

해외직접투자 동기를 경제적 동기와 비경제적 동기로 양분할 때, 비경제적 동기를 경제적 동기 외의 모든 동기라고 한다면 너무 광범위하여 기업의 해외직접투자 동기의 개별 사안을 파악하고 이해하는 데 어려움이 있을 것이다. 다행히 다국적기업의 무역과 해외투자 현상을 관장하는 국제기구에서 비경제적 동기의 구성 요소를 가늠할 수 있는 보고서를 발간하였다.[02]

유엔무역개발회의(UNCTAD) 보고서에 따르면, 다국적기업의 해외직접투자 결정요인을 경제적 결정요인(economic determinant), 정책 프레임워크(policy framework), 사업편의(business facilitation) 등 세 가지로 나눠 구분한다. **경제적 결정요인**은 앞의 경제적 동기가 그대로 포함되며, **정책 프레임워크**는 투자유치국의 사회정치적 안정성과 아울러 외국인 기업과 자국인 기업 간 정책적용의 형평성, 민영화정책, 해외직접투자에 대한 국제협약 가입 등 현지국 정책환경에 기반을 둔 결정요인을, 또한 **사업편의**는 투자인센티브, 행정지원, 투자 이후 사후관리 등 투자유치기관의 투자사업 지원서비스를 비롯하여 외국인 주거시설 건설, 외국인 학교 운영, 외국인 병원 설치 등 외국인을 위한 생활 측면에서 편의 제공 서비스를 포함한다. 본서에서는 **해외직접투자 결정요인**을 [그림 1-2]와 같이 경제적 결정요인, 사회정치적 결정요인, 사업편의 결정요인 등으로 정리하여 구성한다.

국제관계에 있어 투자환경의 복잡성과 다양성은 국경을 넘어 활동하는 다국적

그림 1-2 해외직접투자 결정요인

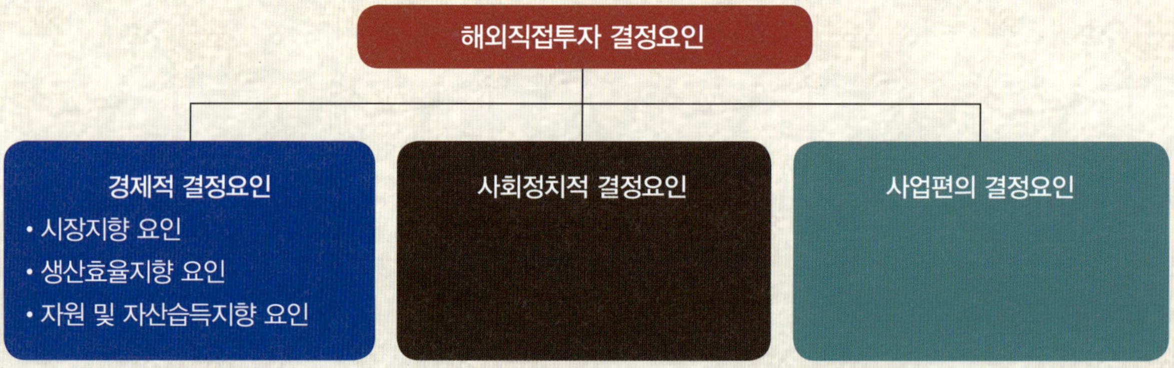

기업의 해외직접투자 결정에 추가로 고려해야 하는 신규변수를 양산한다. 새롭게 고려해야 하는 변수는 기존 결정요인의 영역을 포괄하거나 각 요인과 결합하여 나타난다. 대표적 사례가 반도체 생산기업에 적용하는 국제협약 'RE100'이다. 삼성전자와 SK하이닉스는 2050년까지 100% 재생에너지를 전력으로 사용한다는 RE100에 가입하였다. 삼성전자는 수도권 용인반도체클러스터에 대규모 국내투자를 진행 중이다. 하지만 국내 신재생에너지 발전량 부족과 신재생에너지용 송배전시설 미비는 대규모 투자계획의 완성을 방해하고 있다. 2050년까지 부족한 신재생에너지 이용량만큼 탄소배출권 구입비용 지출을 감수해야 한다. 또한 반도체 경쟁국들이 자국 기업에 유리한 일종의 무역관세인 탄소국경세를 부과한다면 국내생산 반도체의 수출 길이 막힐 수 있다. 새로운 반도체 생산입지 결정에 재생에너지 접근성이 절대적인 요인으로 작용할 수 있어 이를 국내에서 해결하지 못하면, 해외 미국 텍사스(Texas) 생산시설의 추가투자로써 국내투자를 대신하는 날이 올 수 있다. 태양광과 풍력이 풍부한 텍사스는 다국적 반도체기업들에게 신재생에너지를 충분히 공급할 여력을 보유하고 있어 새로운 반도체 생산 중심지로 부상하고 있다. 이처럼 새롭게 등장한 **신규 국제규약**은 기업의 생산입지 결정요인에 직접 관계하며, 경제적 결정요인(생산효율과 자원습득지향 요인) 속성과 정치사회적 결정요인(국제규범과 협약) 속성을 복합적으로 갖는 특성을 지닌다.

"RE100과 같은 국제협약은 새로운 성격의 해외직접투자 결정요인이다."

기업성장과 해외직접투자

경제학에서는 기업의 정체성을 이윤추구 동기와 이에 대한 행동의 실천으로 보고 있다. 반면 경영학에서는 이러한 단일적 시각에 대하여 더욱 폭넓게 기업의 정체성에 접근하고 있다. 기업의 법적 소유자로서 지위를 가진 주주(stock holder) 이외에도 근로자, 중간재 공급자, 소비자, 지역사회 구성원, 비정부 단체 그리고 중앙정부와 지방자치단체 등 이해관계자(stake holder) 등에게도 영리적 의무를 질 것을 넘어 사회적 책임을 다해야 한다는 포괄적 정체성으로서 기업 존재의 의

미를 규정한다. 즉 기업활동의 결과로 얻은 이윤으로 주주에게 배당과 같은 보상뿐 아니라 근로자에게는 임금을, 중간재 공급자에게 납품 대가를, 소비자에게는 제품가격을 능가하는 가치를, 지역사회에게는 편의시설과 같은 인프라 건설과 제공을, 비정부 단체에는 활동 비용 보조를, 중앙/지방자치단체에게는 재정수입의 원천이 되는 세금 납부의 의무를 다함으로써 이윤추구와 함께 사회적 가치 창출에 기여한다.

기업은 경제성과 사회성을 실현하기 위한 원천인 이윤을 단기적이 아닌 장기적으로 확보하려는 의지를 지닌다. 장기적 이윤 확보와 증가를 통하여 기업의 생존과 성장을 꾀하는 것이다. 이러한 차원에서 해외직접투자는 현재 기업환경에서 기업의 생존, 나아가 성장을 위한 다음과 같은 **세 가지 방향의 기업수준 전략** 중 한 축이다.[03]

기업의 성장방향은 **가치사슬의 확장**이다. 기업은 연구개발(R&D), 원부자재 획보 및 부품조달과 같은 조달물류(inbound logistics), 생산(operation), 유통거래선이나 판매자에게 생산품을 전달하는 판매물류(outbound logistics), 판매/마케팅(sales/marketing), 사후관리(A/S) 등 일련의 연계된 순차적 과정을 통하여 최종적인 마진(margin)을 창출한다.[04] 경제학에서 정의하는 기업의 정체성, 즉 기업의 이윤 극대화 활동은 개별 가치사슬(value chain)를 통합하면서 실현된다. 그렇다고 기업이 전체 과정의 가치사슬 모두를 조직 내에서 수행할 필요는 없다. 각각의 가치사슬만으로도 개별 마진이 발생하므로 하나의 가치사슬에 집중하여 활동하는 기업, 이른바 전문기업이 시장 내에 무수히 존재하고 있다. 다만 많은 가치사슬을 하나의 조직 내에 둔다면 그만큼 그 기업의 전체 마진은 늘어날 것이므로 전후 단계의 가치사슬을 통합하는 것은 한단계 더 성장하려는 기업의 전략적 선택이 될 수 있다. 이처럼 전후 단계의 가치사슬을 통합하여 조직 내 가치사슬의 개수가 증가하는 것이 **수직적 통합**(vertical integration)이다.

또 다른 성장방향은 **제품 폭의 확장**이다. 기업은 다양한 제품을 생산함으로써 마진 폭을 넓힌다. 다양한 제품을 생산하는 것은 단일 제품을 생산하는 경우보다 제품 포트폴리오(product portfolio) 구성으로 평균 마진 폭을 확보하는 데 유리하다. 아울러 생산하는 제품이 추가될수록 총체적 마진도 증가한다. 제품라인의 확대는 기업의 성장을 가져온다. 제품을 다양화하여 사업부를 확대하는 것, 이를 전략경영학 용어로 **다각화전략**(diversification strategy)이라 부른다.

마지막 남은 기업의 세 가지 성장전략 중 하나가 **지리적 확장**이다. 제한된 국내시장을 넘어 해외시장을 개척하여 시장의 범위를 확대하면 생산량과 수익이 늘어나게 된다. 해외시장진출은 국내에서 사업영역을 해외까지 넓히는 기업성장 전략이다. 해외직접투자는 생산시설을 국경을 넘어 현지시장에 설립하는 생산활동의 국제화를 말한다. 이는 국내에서 제품을 생산한 후 제품을 국경을 넘어 현지시장으로 이동(판매)하는 수출과 비교되며, 또한 기업이 가진 생산기술과 노하우를 해외에 팔거나 임대하여 로열티 수익을 얻는 국제 라이선싱 방식과도 구별된다. 해외직접투자를 비롯해 수출, 국제 라이선싱 등은 기업의 성장전략에 있어 지리적 확장 과정에서 선택되는 국제화 방식이다. 이를 국제경영학 분야에서는 **해외시장진출방식**이라고 하며 각각의 이론적 의미와 속성을 간추리면 다음과 같다.

"해외직접투자는 기업의 성장전략 중 지리적 확장에 해당한다."

- **수출** : 상대국가에 대하여 **비교우위가 있는 제품을 국내생산**하여 국경을 넘어 판매하는 기업의 국제화 활동으로 기업은 협소한 현지시장에 대한 기업

그림 1-3
성장을 위한 기업의 세 가지 전략방향

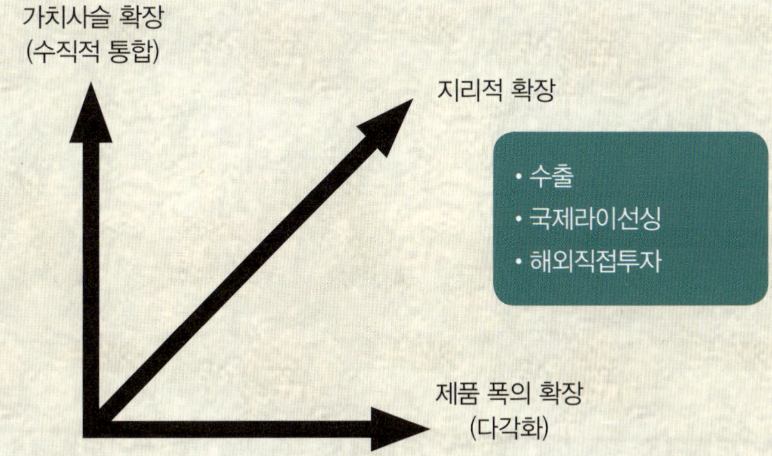

성장 차원의 대응, 국내시장의 포화 또는 과잉생산에 따른 신규 판매처 확보, 수요시장의 다변화를 통한 위험분산으로 안정적 매출 실현 등에 목적을 두며, 경제학/무역학에서는 국가경쟁력, 국가의 해외시장의존도, 관세 및 쿼터와 같은 무역장벽 효과에 초점을 맞추고 있으며, 경영학에서는 수출마케팅 또는 국제마케팅의 일환으로 간주함

- **국제라이선싱 :** 제공자(licensor)는 해외의 도입자(licensee)에게 자신이 가진 특허, 지적재산권, 상표 및 브랜드 등 **무형자산과 기술을 임대하거나 판매**하고 그 대가로 사용료인 로열티(royalty)로 수익을 얻는 국제시장 진출방식으로 다른 진출방식인 수출이나 해외직접투자에 비해 추가적인 자금투자가 없이 단기간에 수익창출이 가능하다는 속성은 장점이나 기술료 산정과 라이선스 세공취시에 부합하는 도입자를 선정하는 데 어려움이 존재함

“전통적인 초기 해외직접투자이론에서 해외직접투자는 ‘국제생산’과 동의어이다.”

- **해외직접투자 :** 생산시설을 해외에 건설하여 진출한 **현지에서 생산활동**을 수행하는 국제화 방식으로 투자법인의 자본금에 대한 지분율에 따라 단독투자와 합작투자, 기존에 이미 지어진 생산시설을 사들여 진출하는 인수투자(acquisition investment)와 신규로 생산시설을 새로 짓는 공장신설형투자(greenfield investment) 등으로 구분하며, 현지의 법률과 제도 환경에서 기업이라는 법적 실체로서 존재해야 하므로 현지정부의 각종 규제 대상이 되며 또한 고용창출, 지역개발, 기술이전 등 경제파급효과를 발생케 하여 이는 현지국 정부의 보조금, 세제 혜택 등 인센티브 제공의 대상이 됨

해외직접투자이론

아담 스미스(Adam Smith)의 절대우위이론과 같이 무역 현상을 학술 측면에서 체계화한 것이 무역이론이다. 마찬가지로 해외직접투자 현상을 학술적으로 접근

하는 **해외직접투자이론**이 있다. 그런데 해외직접투자이론과, 앞서 설명한 해외직접투자 결정요인은 어떤 공통점과 차이점이 있을까? 기존 학술서나 국제경영 교과서에서는 함께 다루고 있지만 둘 간 비교를 하며 설명하고 있지는 않다. 기존 학술논문들은 연구모형 내에 해외직접투자 현상을 설명하는 변수로서 해외직접투자 결정요인을 선정하여 삽입할 때, 해외직접투자 이론으로 그 근거를 설명하거나 특정 학자별 이론을 변수화하여 삽입한다. 이 점에서 해외직접투자 결정요인은 개별 투자이론을 포함하는 포괄적 접근으로서 투자이론을 기반으로 논리성을 확보하고 있다고 할 수 있다. 그런데 해외직접투자이론들은 다른 해외시장 진출방식, 즉 국제라이선싱이나 수출 또는 전략적 제휴 등과 기업의 국제화 발전단계에서 비교·분석을 염두에 두고 기술한다는 공통점이 있다. 대표적인 예가 존 더닝(John Dunning)의 절충이론이다. 이른바 OLI 패러다임이라 불리는 그의 이론은 해외직접투자를 수출방식과 라이선싱방식으로 구별하여 해외직접투자를 선택하는 이유를 밝히고 있다. 기업의 수익창출을 위한 특유자산 활용 방식을 정리한 앞의 [그림 1-3]과 같이 보유한 기업특유자산 그 자체를 임대하거나 판매하는 경우가 국제라이선싱, 기업특유자산을 국내에서 생산활동에 사용하여 생산한 제품을 해외로 판매하는 경우가 수출, 그리고 기업특유자산을 해외에서 생산활동에 사용할 목적으로 현지 생산시설 및 조직을 설립(기업특유자산의 조직 내부로 내재화)하는 경우를 해외직접투자로 비교하여 구분한다. 해외직접투자이론의 출발은 스테판 하이머(Stephen Hymer)로 시작하여 더닝의 OLI 패러다임으로 체계화되었다고 평가한다.[05]

> “FDI 이론은 스테판 하이머로부터 시작돼 존 더닝의 절충이론으로 체계화되었다.”

많은 연구논문과 저역서에서 더닝의 이론을 절충이론으로 번역하는데, 이보다는 종합이론으로 해석하는 것이 이론의 개념을 이해하거나 전체 해외직접투자이론의 발전과정을 파악하는 데 도움을 준다. 본서에서는 해외직접투자이론의 발전역사와 발전경로를 조금 더 쉽게 이해할 수 있도록 무역이론과 스테판 하이머의 해외직접투자, 내부화와 해외직접투자, 과점시장과 해외직접투자, 더닝의 절충이론과 해외직접투자, 외국인비용과 네트워크 그리고 해외직접투자 등으로 소제목을 붙여 기술한다.

무역이론과 하이머의 해외직접투자

"하이머의 최대 공헌은 무역이론과 포트폴리오투자로부터 해외직접투자를 분리한 것이다."

경제학에서 국제무역이론을 창시한 고전학파의 이론에서 처음으로 국제생산이라는 개념을 분리하여 설명하는 데에 하이머의 공헌이 컸다. 하이머의 최대 공헌은 당시 사회경제적 현상이었던 국제무역, 그리고 **포트폴리오투자**밖에 없는 이론 체계에서 이와 분리하여 해외직접투자를 설명한 데 있다. 고전학파의 접근방법은 국가 수준의 분석이며, 그리고 거래가 일어나는 시장은 항상 균형이거나 설사 일시적 불균형 상태가 존재하더라도 균형으로 회귀한다고 보았다. 이러한 시각은 2차 세계대전 이후 활발하게 일어났던 기업이 국경을 넘어 생산시설을 현지에 구축하고 활동을 하는 직접투자 현상을 설명하는 데 한계가 있었다. 무역이론 관점으로는 물건이 국경을 넘는 것은 수출이며, 이때 자금이 국경을 넘는 현상은 오직 자본시장의 불완전성에 대처하기 위해, 즉 금융시상의 불안정에 따른 이자율 차이에 대한 대응 차원인 포트폴리오 투자만 존재하는 것이다.

이에 반해 하이머는 **기업 수준**에서 해외진출, 또한 기업환경으로서 **시장의 불안정**에 초점을 맞췄다. 하이머의 기업의 해외진출에 대한 생각은 두 가지 관점에서 시작한다. 첫째는 기업은 국내시장의 치열한 경쟁환경에서 경쟁요소를 제거하기 위해 해외 자회사 설치가 필요하며, 둘째는 이때 국내기업이 보유한 특별한 경쟁우위(special advantage)를 최대한 활용하여 진출한다. 특별한 경쟁우위는 더닝의 기업소유 경쟁우위나 전략경영에서 핵심역량과 같은 현대적 경쟁우위의 개념이 아니라, 시장 구조적 상황에서 파생된 우위라는 데 차이가 있다. 그가 정의하는 경쟁우위는 발생원천이 제품의 시장지배력, 경제자원 시장의 불완전성, 선도자 지위 등에서 비롯되는 시장의 경쟁구조에 기인한 경쟁우위이다. 이는 하이머의 다국적기업이 설 수 있는 공간이 고전학파 경제학에서 가정하는 완전경쟁시장이 아닌, 과점적 경쟁시장임을 암시한다. 하이머의 논리에 따르면, 다국적기업이 해외직접투자로 얻는 이익은 덜 발달한 해외의 현지시장을 교란한 대가이며, 이것이 기업에 귀속하게 된 것은 독점적 우위가 있기 때문이다. **독점적 우위**(monopolistic advantage)란 현지시장을 교란하게 하는 경쟁우위로, 현지시장에서 토착기업이 갖는 유리한 요소를 충분히 상쇄하고도 남을 만큼의 기술력 우위 또는 생산우위를 말한다. 이와 같은 그의 논리는 **마르크시즘**의 견해와 일치한다는 해석을 낳게 한다.[06]

기업은 자국 시장에서 거대기업으로 발전할수록 자국 내 극심한 시장경쟁 상황에 놓이게 되며, 원부자재 확보, 원가 절감 등으로 이를 극복하기 위해 해외시장에 진출한다. 하이머의 직접투자에서 입지우위 장소는 현대 직접투자이론처럼 소비시장 매력도, 저렴한 인프라 비용, 임금 비용, 숙련된 기술자 보유지역, 연구개발 및 기술력 배양 장소 등 다양하며 복합적이기보다는 단순히 생산에 필요한 원부자재를 확보하기 위한 장소이다. 이와 같은 논지에서 하이머의 다국적기업 투자입지는 전형적인 천연자원을 풍부하게 보유한 후진국이 최적의 투자대상지이다. 후진국에서 일어나는 외부 자본이 현지시장을 황폐하게 하여 국가 간 '빈익빈, 부익부' 구조를 고착시킨다는 마르크스주의자의 주장과 맥락을 같이한다.

내부화와 해외 직접투자

> "무역이론은 시장이론이며, 해외직접투자이론은 기업이론이다."

내부화 관점은 해외직접투자이론에서 가장 큰 비중을 차지한다고 해도 과언이 아니다. 내부화를 하는 이유는 시장에서 존재하는 거래비용(transaction cost) 때문이다. 시장에 존재하는 거래비용을 없애기 위해서는 이를 다른 곳에 이전하거나 대체하는 방식을 택해야 하는데, 이전이나 대체하는 장소가 곧 '기업' 또는 '조직'이 된다는 것이다. 다시 말해 기업조직 내부로 거래비용을 내부화하여 제거한다. 그런데 만일 기업이 설립되어 있지 않아 장소가 없다면, 기업을 설립하여 내부화하여야 한다. 이로써 시장에 존재하는 거래비용을 대체하는 대안으로서, 곧 조직 또는 기업이 탄생한다. 이런 절차로 해외에서 기업이 탄생한다면, 이를 해외직접투자 방식이라 부른다. 해외직접투자이론을 설명하는 내부화 접근법이 **기업이론**과 맞물려 있는 이유가 여기에 있다.

기업의 **해외직접투자 선택과정**을 알아보자. 기업은 소유경쟁우위를 갖고 이를 이용해 타국에 있는 기업보다(즉, 소유경쟁우위가 열등한 기업보다) 경쟁력 있는 제품을 만들어 타국으로 판매한다. 이를 **수출 방식**이라고 한다. 또한 경쟁력 있는 제품을 만들게 하는 소유경쟁우위를 시장에서 판매해서 기술 로열티를 받아도 수익을 올릴 수 있다. 이 경우가 **라이선싱 방식**이다. 한편 기술력을 판매하는 과정에서 시장에서 존재하는 거래비용이 이를 방해하여 수익성을 떨어뜨리거나 라이선싱을 불가능하게 하는 경우가 있다. 기술과 같은 노하우는 암묵적 지식이므로 이를 상대방에게 이전하는 데 어려움이 따르기 때문이다. 또한, 부품 및 중간재 산업, 부패가 쉬운 농수산물 업종은 거래를 통하지 않고 직접 조직을 신규로 만들어 해외시장에 진출하는 편이 더 용이하다. 자신이 보유한 기술력 활용에 있어 수익성을 보전하는 합리적 대안이다. 이런 경우, 해외에 생산시설을 마련하고 국제생산활동을 하는 것이 **직접투자 방식**의 해외시장진출이다. 이처럼 지식이 속성, 산업의 특성 등으로 시장을 이용하는 것보다 내부화(조직)를 이용하는 것이 더 유리하다는 접근법을 주장하는 학자는 버클리(Buckley), 카슨(Casson), 러그만(Rugman) 등이 있으며,[07] 이들을 **레딩학파**(Reading School)라고 부른다.

"거래비용학파는 시장불안정성에서, 레딩학파는 산업속성에서 내부화를 보았다."

거래비용의 개념은 1930년대에 코오즈(Coase)부터 시작되어 1970년~80년대에 윌리엄슨(Williamson)에 의해 정립되었다.[08] 이들과 같은 거래비용학파에 따르면, 시장에는 소비자와 공급자 간 기회주의적 행동, 합리적 이성의 제약, 시장의 복잡성, 정보의 비대칭적인 소유 등이 존재하므로 이로 인한 거래비용이 상존한다고 한다. 이러한 비용에 대해 기업이라는 조직을 설립하여, 시장의 일정 기능(즉 시장거래)을 기업조직에 내부화함으로써 문제해결을 시도한다는 것이다. 이처럼 거래비용에 대한 내부화 동기는 기업을 탄생시키는 원인이 된다는 것이 기업이론의 요지다. 해외직접투자이론은 이러한 기업이론에 근거를 두고 있다. 경쟁우위를 시장거래를 통하는 것보다는 직접 조직을 만들어 현지시장에 진출하는 것이 더욱 생산적이라는 것이 거래비용학파의 접근법이다. 이 점에서 산업속성을 강조한 레딩학파와 차이가 있다.

고전적 거래비용 개념을 바탕에 둔 거래비용학파의 접근이나 레딩학파의 접근이나 거래비용을 조직 내부화를 통해 제거 혹은 회피하여 수익을 극대화하려는 데 해외직접투자의 동기가 있다는 것은 공통점이다. 다만 거래비용학파가 여전히 시장의 기능을 강조하는 시장 경제적 시각에서 거래비용의 제거 혹은 최소화에 중점을 두었다면, 레딩학파는 기업 존재의 당위성을 강조하며, 경쟁우위 자체를 활용하는 방법이 해외직접투자(기업의 현지 설립)라는 기업 경영적 시각을 견지한다는 점이 다르다.

하이머 접근법과 내부화 접근법의 견해 차이는 해외직접투자 행위로 발생하는 현지국의 경제적 효과에 대한 상반된 해석을 낳게 한다. 하이머에 의하면 저렴한 노동력을 확보하고, 국내의 경쟁상황에서 해외시장에 진출하여 경쟁자 대비 국내시장 지배력을 유지하려는 과점적 행위는 결국 현지시장을 교란하고 황폐화하는 **부정적 경제효과**를 현지시장에 발생시킨다. 반면 레딩학파 또는 거래비용학파의 견해에 따르면 다국적기업의 해외직접투자 활동은 현지시장에 상존하는 거래비용을 기업이 대체함으로써 제거하며, 또한 현지에서 경영노하우를 내부화할 때 완전히 내부화하지 못하고 현지시장에 남기게 되는 누수 현상이 발생하여 현지시장 발달과 경쟁력 강화에 **긍정적 경제효과**를 발생시킨다. 두 견해 차이는 현지국 정부의 정책담당자에게 다국적기업 해외투자 유치에 대한 상반된 정책적 시사점을 제공해준다. 즉 하이머 관점의 해외직접투자는 **규제**해야 하지만, 레딩학파 또는 거래비용학파 관점에서의 다국적기업 해외직접투자라면 이를 적극적으로 **권장**해야 한다는 논리가 성립한다.[09] 현대의 다국적기업을 유치하는 외국인투자 정책입안자로서는 하이머보다는 레딩학파나 거래비용학파의 견해를 지지할 수밖에 없을 것이다.

“하이머는 해외직접투자의 부정적 측면을, 내부화 이론은 긍정적 측면을 설명한다.”

과점시장과 해외직접투자

과점적 시장구조 측면에서 해외직접투자의 동인을 규명하는 학술이론은 버논(Vernon), 닉커보커(Knickerbocker), 그레이엄(Graham), 캔트웰(Cantwell) 등에 의해 발전하였다. 시장의 과점적 경쟁을 해외직접투자 현상과 연계한 시도는 사실상 하이머에 의해 시작되었다. 이미 설명한 바와 같이 자국 시장 내 과점적 경쟁구조를 탈피하거나 유리한 위치를 점하기 위해 해외에 생산시설을 설립한다는 주장이 하이머의 직접투자이론이다. 해외직접투자 동기를 자국 시장 내 시장구조, 즉 과점시장에서 경쟁자에 대응한 기업의 행동이 해외 진출로 이어진다고 본 과점구조이론 학자들은 하이머가 제기한 과점적 행동에 대해 다양한 각도에서 분석하고 현재까지 이론을 발전시키며 설명력을 키우고 있다.

버논은 기업이 만드는 제품의 수명주기별로 직면하는 과점구조가 변화한다고 하며, 이에 대한 대응방법이 생산시설을 해외에 이전시키는 국제생산활동이라 하였다.[10] 초기 이론에서 제품생산 발전단계를 신제품개발기, 성숙기, 표준화기 등 3단계로 구분한 것처럼, 후속연구에서는 과점적 상황을 혁신기반과점기, 성숙과점기, 노쇠과점기로 구분하여 설명하고 있다.[11]

닉커보커의 이론은 버논의 이론을 해외직접투자의 지역적 패턴 현상을 설명하는 데 적용하였다.[12] 특히 특정 지역에 동시에 폭주하는 직접투자 현상에 착안하여 이에 대한 원인을 선두주자의 행동에 대한 추종 전략에서 찾았다. 그의 이론은 매우 강력한 과점적 시장상태를 가정하고 있다. 돌발적 폭주 현상은 과점기업 간 공격과 방어 행위에서 비롯된다는 것이다. 고정상태는 과점시장 구조상 매우 불확실성이 크고 불완전한 상태이다. 이때 산업 내 선두주자가 특별한 행동을 보이면, 후발주자들은 이를 따라 하면서 밴드웨곤효과가 증폭된다는 것이다.

그레이엄은 미국기업으로부터 공격을 당한 유럽기업이 다시 대서양을 건너 미국 본토에 직접투자를 감행하는 현상을 설명하는 이른바 '위협의 교환' 가설을 주장했다.[13] 그는 1970년 말 미국과 유럽 간 해외직접투자 전쟁을 벌였던 초대서양 역전(transatlantic reversal) 현상에 주목하였다.

"캔트웰은 하이머, 버논, 닉커보커, 그레이엄 등 과점구조이론과 맥을 같이 하되, 기업의 기술습득 동기 측면에서 기업에 한 걸음 더 다가간 이론이다."

캔트웰은 현지시장에 존재하는 기술력을 확보하기 위한 동기가 기업의 직접투자 동기가 된다는 기술집약지 이론을 주장했다.[14] 캔트웰은 기업의 경쟁력 확보는 기술우위를 내부화해야 한다고 하였다. 그런데 기술우위를 가장 잘 내부화할 수 있는 장소는 지리적으로 기술습득 환경이 잘 갖춰진 곳이라 가정한다. 예컨대 기술 집적지에 위치하는 것은 현장에서 기술의 파급효과의 혜택을 받을 수 있는 최적의 장소이다. 캔트웰의 이론은 기업의 소유경쟁우위를 강조하는 해외직접투자 이론이거나, 이를 조직으로 흡수한다는 내부화 이론으로 오인하기 쉽다. 그러나 캔트웰의 모형이 과점구조이론에 포함되는 것은 이러한 기술우위 습득 행위, 즉 기술이전 효과를 흡수하려는 행위가 경쟁기업에 대한 공격과 방어전략과 같은 과점적 체제에서 발생한다는 데 초점을 맞추고 있기 때문이다.

캔트웰은 닉커보커의 직접투자 쏠림현상의 원인이 현지 기술클러스터에서 발생하는 기술이전효과를 습득하기 위한 발로라고 하며, 대표적인 사례를 실리콘밸리로 들었다. 버논의 이론에서도 기술력이 강조되었지만, 양자의 차이는 버논이 국가 간 기술격차를 해외직접투자 동인으로 초점을 맞춘 데 비해, 캔트웰은 개별 기업 차원의 전략적인 경쟁우위 확보 목적에서 이루어진다고 본 데 있다.

더닝의 절충이론과 해외직접투자

"내부화나 과점구조이론까지는 시장에 초점을 맞춘 경제학적 접근이지만, 더닝의 소유경쟁우위는 기업에 초점을 맞춘 경영학적 접근이 가미됐다."

존 더닝(John Dunning)은 하이머로부터 시작된 해외직접투자이론을 **절충이론**으로 완성하였다.[15] 그의 절충이론(Eclectic Theory)은 OLI 패러다임이라고 불리는데, 이론을 구성하는 소유경쟁우위(ownership competitive advantage), 입지우위(locational advantage), 내부화(internalization)의 영문명 첫 자를 모으면 OLI가 되기 때문이다. **소유경쟁우위** 또는 소유우위는 상대 경쟁기업에 대하여 차별적으로 기업이 소유한 독특하고 귀중한 자원을 말한다. 기업의 규모, 독점적 지위, 특허, 상표권, R&D 능력, 인적자본, 시장경험, 위험분산 능력, 정부에 대한 협상력 등으로 측정되며 유·무형의 자산을 모두 포함한다. 입지우위는 해당 지역의 천연자원 및 생산요소뿐만 아니라 인프라시설, 하부경제구조, 정치적 안전성 등 자연적·인공적 자원을 포괄적으로 지칭한다. 지리적 우위는 소유경쟁우위와 결합하여 우위로 나타난다. **내부화**로 인한 우위는 기업수익 창출과정에서 소유경쟁우위을 조직 내에서 활용할 것인가, 아니면 조직 밖(즉 시장)에서 활용할 것인가에 대한 기준으로 협상·조정 비용, 매매자 불확실성, 독점적 권리의 보장, 제품품질 유지 등을 고려하여 결정한다.

더닝의 이론은 종합이론으로서 기존 학자 및 학파에서 연구되던 접근법을 통합하여 체계화하였던 만큼 해외직접투자에 대한 개념을 이해하는 데 도움이 될 뿐 아니라 다른 국제화 방식인 수출, 라이선싱 등과 해외직접투자를 비교하는 데도 장점이 있다. [그림 1-4]는 기업의 국제화 과정에서 국내생산부터 해외생산까지 이르는 의사결정 체계를 설명한다. 국내생산 기업이 해외시장에 진출하기 위

그림 1-4 더닝의 절충이론을 통한 해외직접투자 의사결정 과정

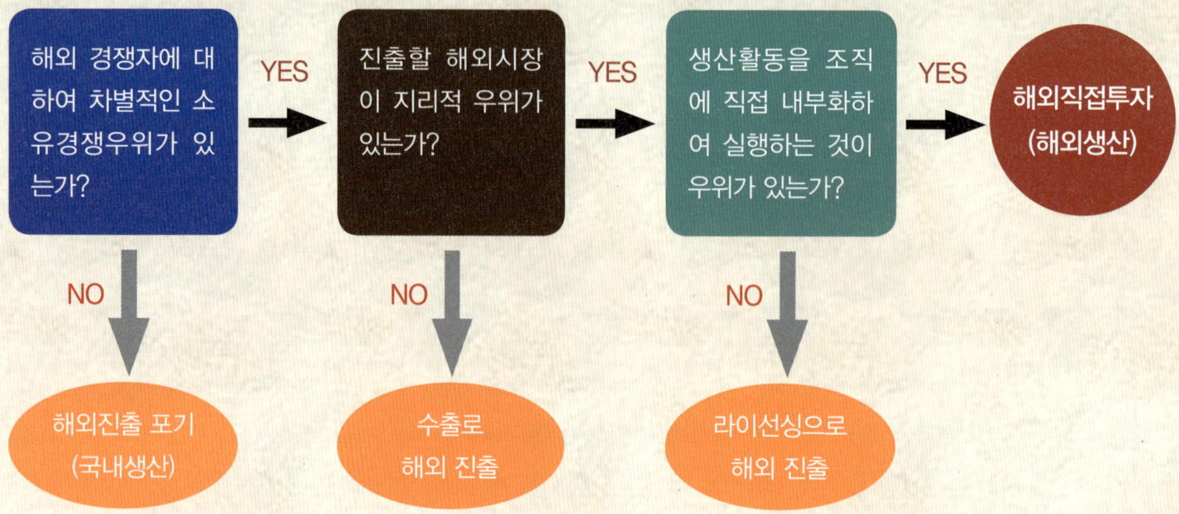

한 선행조건으로써 해외경쟁자를 능가하는 소유경쟁우위를 보유하고 있어야 하며 그렇지 않을 시에는 해외진출이 어렵다. 이 조건이 충족되면 진출할 시장의 지리적 우위가 국내시장보다 커야 하며 그렇지 않다면 국내의 지리적 우위를 이용하는 수출방식을 채택하여 국제화를 시도한다. 기업이 소유한 경쟁우위와 현지의 지리적 우위, 이러한 두 가지 조건을 충족한 상태라면 현지에서 생산시설을 직접 구축하는 방식, 즉 조직 내로 경쟁우위를 내부화하는 방식이 추가적 우위를 확보하는 방안이 된다. 하지만 내부화 방식을 취할 때 부수되는 제반 비용이 크다면 내부화를 하는 대신 라이선싱 방식을 통해 해외시장에 진출한다.

외국인비용과 네트워크 그리고 해외직접투자

다국적기업이 국내시장을 떠나 해외시장에 진출하여 안착하기까지 치러야 하는 비용이 있다. 이를 **외국인비용**(liability of foreignness)이라 한다. 본국과 현지국 간 다른 문화적, 사회적, 경제·정치적 환경 등은 현지에서 경영활동의 불확실성을 증가시키는 요인으로 작용하여 다국적기

업의 수익성을 악화시킨다. 외국인비용은 현지 토착기업에게는 해당되지 않는, 즉 현지시장에서 외국기업에게만 추가로 부과되는 비용이다. 외국인비용이 없는 현지 토착기업과 경쟁을 하려면 추가비용 부담을 능가하는 경쟁우위를 가져야 한다. 토착기업과 대등하거나 능가하는 수익을 내기 위해서는 이러한 비용을 상쇄하거나 초과하게 하는 우위를 기업이 보유해야 하는데, 이에 착안하여 도출한 우위의 개념이 바로 하이머가 주장한 외국기업의 독점적 우위이론이다.

외국비용과 관련한 해외직접투자이론이 있다. 스웨덴 웁살라에 소재한 웁살라 대학의 요한손(Johanson)과 반(Vahlne)에 의해 정립된 **웁살라 모형**(Uppsala Model)이다.[16] 유럽 다국적기업의 국제화 과정에 설명력이 높은 웁살라 모형은 기업의 해외진출 대상 지역을 결정할 때, 기업이 기존에 활동하고 있는 시장에서 습득한 경험지식을 적용함에 있어 마찰과 부적응 문제가 적은 시장을 우선 진출지로 선정한다는 모형이다. 다음 진출시장은 진출한 시장에서 지식과 경험을 취득·축적한 후, 이 시장과 유사한 인근 해외시장으로 점차적 진행을 추진한다.[17] 웁살라 국제화 모형은 심리적 거리를 짧은 시장에 진출하는 것이 외국인비용을 극복하는 데 유리하며 현재 진출한 시장에서 일정 기간 시장적응을 위한 학습을 한 후 이를 바탕으로 인근의 유사 시장으로 확장하는 경로가 가장 합리적인 국제화 과정임을 제안한다. 즉 기업의 국제화 과정을 점증적 학습으로 간주한다.

이후에 수정된 웁살라 모형이 발표되었다.[18] 수정 모형은 초기 모형의 내용처럼 점차적 진행방식으로 심리적 거리를 줄일 수도 있지만, 현지 네트워크에 편입하는 것으로 현지운영 불확실성이 감소하여 외국인비용이 줄어들 수 있음에 주목하였다. 초기 모형이나 수정 모형은 입지선정 기준에서 가장 최적 입지는 기업이 기존시장에서 쌓은 경험지식을 마찰비용 없이 적용할 수 있는 시장, 즉 외국인비용이 낮은 장소라는 주장에는 변함이 없다. 다만 초기 모형이 존재하는 심리적 거리가 짧거나, 이에 대한 적응 가능성 정도에 입지선정의 초점을 맞추었다면, 이에 반해 수정 모형은 다음과 같이 외국인비용을 낮출 수 있는 기준에 초점을 맞추고 실질적으로 진출한 현지시장에서 비용을 낮추는 방안까지 염두에 둔 것이 차이점이다.

> “웁살라 수정모형은 외국인비용을 낮추는 방안으로 현지 네트워크 편입을 보았다.”

요한손과 반은 외국인비용을 낮출 수 있는 기준에 심리적 거리뿐 아니라 현지의 사회자본(social capital)을 적극적으로 이용할 수 있는 가능성, 즉 현지 네트워크에 편입 가능성을 추가하여야 한다고 주장한다. 심리적 거리가 초기 모형에서 외국인비용이 발생하는 원천이라면, 수정모형에서는 사회자본을 이용하기 위한 네트워크 접근에 대한 장벽이 외부인비용(cost of outsider)이 발생하는 원천으로 간주하였다. 네트워크 편입자 또는 내부자(network insider)는 현지 불확실성을 감소시킬 수 있으므로, 이는 심리적 거리 단축에 의한 불확실성 감소의 외국인비용 절감과 동일한 효과가 나타난다는 것이다. 요약하면 요한손과 반이 추천하는 낮은 외국인비용 입지는 기존 경험지식을 활용하는 데 마찰이 적은 지역으로서 심리적 거리가 짧은 지역, 여기에 현지 사회자본 네트워크에 편입 가능성이 커서 내부자로서 불확실성을 낮출 수 있는 지역이 된다.

“외국인비용을 하이머는 극복할 과제로 보았지만, 웁살라 모형은 회피할 대상으로 보았다.”

해외직접투자 입지결정에서 **하이머와 웁살라 모형 간 외국인비용 관점**은 다르다. 독점적 우위이론은 웁살라 모형처럼 토착기업에 비해 불리한 외국비용을 회피하거나 직접 낮출 수 있는 입지를 투자지역으로 선정하는 것이 아니라, 외국인비용 감수를 인정하고 다만 이를 극복할 만큼의 경쟁우위를 기업이 보유할 수 있는 지역이 입지로 선택될 수 있으며 그렇지 못한 경우에는 해당 지역에 투자가 불가하다는 것이다. 하이머에게 있어서 현지시장에 존재하는 외국인비용과 이를 낮출 수 있는 조건은 해외직접투자 입지선정에서 우선 고려할 변수는 아니다. 그러나 웁살라 모형에서는 외국인비용의 크기가 입지를 선정하는 데 절대적 영향을 주는 기준이자 변수로 이를 최소화하는 방안 자체가 곧 입지선정 의사결정이다.

해외직접투자와 본국 정부

본국 정부는 자국 내 경제적 효과 측면에서 피해를 우려해 기업의 해외직접투자에 부정적 태도를 보이거나 제한을 가한다. 국내에서 생산활동 중인 기업이 원부자재 및 부품의 조달 과정에서 이를 해외생산을 하기 위해 해외직접투자를 실시하는 것, 즉 기업의 **역외생산**(off shore production) 활동이 국내생산을 대체하는 효과로서 국내 경제성장에 피해를 준다는 판단에서다. 고용감소, 과세 대상 축소에 따른 재정수입 감소, 해당 산업에 대한 공동화 현상 발생 등 부정적 경제효과를 우려하기 때문이다. 하지만 장기적으로는 본국에서 경쟁우위가 있는 산업을 집중적으로 육성할 기회이기도 하며, 향후 기업의 성장에 따른 고용증가와 세수증대 효과가 나타날 수 있어 단기 부정적 경제효과를 상쇄한다. 소비자 측면에서는 해외생산을 통해 저렴해진 제품의 소비 기회를 얻어 소비자 편익이 증대한다. 그런데도 자국의 기업들이 해외의 생산효율성을 높이는 입지로의 이전을 계속 저지한다면, 오히려 그 입지에서 외국기업들이 생산한 저렴한 제품이 국내시장에 침투하여 외국기업들에게 국내시장을 빼앗기거나 국내기업 파산까지 이어져 자국 경제에 막대한 피해가 나타날 수 있다.

“본국 정부는 해외직접투자를 역외생산으로 보고 국내 산업공동화의 원인으로 간주한다.”

이러한 이유로 본국 정부는 기업의 해외시장에서 조달하기 위해 해외로 생산시설을 옮기는 역외생산 해외직접투자에 대해 금지만을 할 수 없으며, 해외투자기업의 성공과 현지시장의 원활한 안착을 위한 **촉진 및 제한수단**을 함께 사용한다. 다음은 정책수단 중 몇 가지를 예시하여 설명한다. 이에 앞서 정부가 이를 정책수단으로 채택하게 하는 근거인 본국 정부의 해외투자에 대한 **편익 및 비용**을 국제수지와 고용에 초점을 맞춰 서술한다.

해외직접투자와 본국 편익/비용

본국의 편익과 비용을 발생하게 하는 사안은 각각 독립적이기도 하지만, 동일 사안에서 발생한 규모의 상대적 크기에 따라 편익으로 산정할 수도, 또한 비용으로도 산정된다. 초기투자비용과 투자성과로서 현지 운영이익의 국내 반입액 간 금액 차이, 본사가 현지 자회사에 대한 원부자재 및 부품의 수출량과 현지에서 조립·생산한 완제품의 수입량 간 차이 등에 따라서 국제수지 흑자와 적자 계정에 나눠 기록된다. 다음은 해외직접투자가 본국에 미치는 편익과 비용에 대하여 국제수리 개선/악화 기준으로 정리한다.

● 해외직접투자의 본국 편익

해외직접투자는 일종의 투자이므로 다른 투자와 마찬가지로 현지에서 수익이 발생한다. 국내로 **현지수익 반입**은 국제수지 개선 효과가 발생한다. 또한 현지 생산시설에서 완제품 생산에 필요한 원부자재나 부품을 국내로부터 조달받는다면 국내의 수출이 증가하여 역시 국제수지 개선 효과를 기대할 수 있다. 이 경우에는 수출증대에 따른 **국내고용 증가** 효과도 발생한다. 원부자재 해외납품에 따른 고용증가와 함께 해외사업 확대로 인한 기업조직 성장에 따른 고용도 증가한다. 조직에 해외 자회사를 관리하는 부서를 신설하거나 해외사업부를 확장한다면 그만큼 전담인력 채용이 필요하다. 해외에 자회사 설치는 자회사가 현지의 지식이나 기술을 체득할 기회로도 작용하여 이른바 **특유자산의 역방향 이전**이 일어난다면, 이는 국내의 기업경쟁력 및 산업구조 고도화에도 영향을 주어 본국의 경제성장에도 도움이 될 수 있다.

● 해외직접투자의 본국 비용

현지 시설건설에 필요한 **투자비용의 송금**으로 초기 자본유출이 클 때 국제수지 악화가 일어나며, 반면 투자성과로 얻은 수익을 송금을 통해 국내로 다시 반입될 때 국제수지 개선이 일어난다. 해외생산의 목적이 현지판매 또는 제3국 수출이 아니라 현지에서 조립한 완제품을 본국으로 다시 수입하는 목적의 투자라면 수입량 증가로 국제수지 악화 요인이 된다. 해외생산시설 설립으로 국내시설의 가동이 중단된 만큼 **국내고용 감소**가 발생한다. 앞의 수입량 증가와 국내고용 감소는 투자목적이 현지의 저렴한 임금을 활용하기 위해서거나, 국제사업방식으로 기존의 수출방식을 대체할 목적으로 해외직접투자방식을 채택한 경우에 국제수지 악화로 작용할 경우가 크다. 현지에 합작투자를 하거나 현지 토착기업과 제휴를 통해 투자활동이 진행될 때 소유한 **특유자산의 현지 이전**이 일어난다. 이는 궁극적으로 미래 경쟁자를 양성하는 결과가 되어 국제시장 경쟁구조 심화에 따른 본국의 경제성장에 잠재적 위협이 될 수 있다.

해외직접투자 촉진 및 제한 수단

과거 동구권 국가나 사회주의 국가 체제에서 정부가 해외직접투자를 제한하려는 사례를 볼 수 있었으나 지금은 국가 체제나 선·후진국을 막론하고 직접적인 해외투자 제한수단을 명시적으로 운영하는 국가를 찾아보기 어렵다. 이보다는 해외직접투자 기업에 대해 자국 기업보호와 기업정책 서비스 측면에서 촉진수단을 개발하는 사례가 일반적이다.

● 해외직접투자 촉진수단

현지국의 정책과 상황변화에 따른 위험으로부터 보호하기 위해 **투자보험 프로그램**을 운영한다. 현지에서 발생하는 비상업적 위험들로부터의 손실, 예를 들어 쿠데타 및 전쟁 피해, 일방적 국유화 조치 및 몰수/수용, 과실 송금의 제한 등으로 발생하는 피해를 구제한다. 세금 측면에서 **이중과세방지 제도**를 도입하여 실질적인 추가비용 부담을 덜어주는 과세제도를 운용한다. 본국과 현지국에서 동시에 발생한 과세대상으로서 소득과 비용에 대해 동일한 혹은 단일적 세금을 부과하여 세제와 관련한 기업 편의를 제공한다. 본국 정부차원에서 정보지원과 로비와 같은 **투자서비스 지원제도**를 실시한다. 현지국 정부가 제한하는 투자금지 업종이나 소유지분율 제한, 그 밖에 문화·관행·제도 측면에서 현지에서 발생하는 각종 외국인비용을 경감시키기 위해 국회, 각 부처, 대사관, 해외투자촉진기구 등을 통해 로비와 현지 안착에 필요한 가이드 지원업무를 실행한다.

● 해외직접투자 제한수단

외환관리규정에 의한 **해외송금 제한**은 대표적인 본국 정부의 해외직접투자 제한책이다. 달러와 같은 국제통화는 국가의 외환보유고 구성자원이며, 달러 보유량에 따라 거시경제 지표인 환율과 이자율이 변화가 일어난다. 해외투자 억제를 위해 기업이 해외시설 자금으로 달러를 송금한다든지, 자회사의 필요경비를 송금하는 등의 해외송금에 대한 제한을 둔다. **해외소득 가**

중적 과세제도는 세제를 이용하여 기업이 해외투자 의지를 억제하거나 본국으로 회귀를 유도하는 제한정책 수단이다. 기업이 국내에서 발생한 소득보다 해외 발생 소득에 더 높은 세율을 부과하여 국내투자를 유인한다. 특정 국가나 업종에 대한 **비공식/공식적 압력행사**는 기업의 해외직접투자를 위축시키기 위한 제한수단이다. 정치적, 국사적, 이념적 적대국인 적성국가에 대해 투자를 제한하거나 방위산업과 같은 특정 업종에 대한 해외투자를 해외투자 금지법령을 제정하여 금지한다. 국제 여론과 외교적 마찰을 고려하여 이러한 공식적 제한보다는 투자계획을 가진 개별기업을 접촉하여 비공식적 압력행사로 실질적인 투자억제 효과를 끌어내기도 한다.

02 외국인직접투자와 정부정책

외국인투자와 국가마케팅

세계 각국은 외국인투자를 유치하기 위해 다양한 노력을 기울이고 있다. 외국인투자가 현지국에 미치는 경제적 효과가 크기 때문이다. 나라마다 외국인투자 유치 대상을 설정하고 외국인투자기업의 욕구와 수요를 파악하여 이에 적합한 유치수단 개발과 투자유치활동을 전개한다. 투자유치활동의 성과는 자국 내로 입지를 정하게 하는 것이다. 외국기업은 선택한 입지에서 생산활동을 하며 주변에 여러 경제적 효과를 발생·확산시킨다. 입지 주변에서 근로자를 채용하고 급여를 제공한다. 원부자재나 부품을 주변 공급자로부터 조달받고 납품대금을 결제한다. 인근 대학이나 연구기관과 공동연구 용역을 맺고 현지에 맞는 기술로 개량을 하기도 한다. 기술, 인력, 자본 등이 입지 근처로 모이면서 지역개발이 활발히 진행된다. 투자유치국 정부 혹은 지방정부의 다국적기업 직접투자를 유치하는 이유가 바로 여기에 있다. 입지는 반드시 자신의 뒷마당(backyard)이어야 한다. 그래야 경제적 파급효과가 자기 지역에 귀속된다. 이 점에서 궁극적으로 외국인투자유치는 자신의 입지를 외국인투자에게 팔거나 임대하는, 즉 **입지 마케팅**(location marketing; place marketing)이다. 본서는 외국인투자 유치를 정책 차원에서가 아니라 기업의 전략과 경영관리 측면에서 접근해야 한다는 것을 강조한다. 외국인투자정책은 국가수준에서 경제적 파급효과를 기대하며 추진하는 정책으로 추진하더라도, 결국 외국인투자를 실행하는 주체는 기업이며, 기업은 국가정책이 아닌 전략적 의사결정으로 해외직접투자를 결정한다. 따라서 이를 유치하는 중앙정부나 지방정부는 기업의 전략 또는 마케팅 차원에서 이해와 접근을 해야 투자유치에 성공할 수 있다. 본서에서 정부의 외국인투자유치를 위한 여러 활동과 정책 실행은 궁극적으로 입지 마케팅으로 간주하며, 이는 특정 지역이나 국가가 외국인투자를 유치하기 위해 자신의 입지적 장점을 홍보하고 마케팅하는 활동으로 해석한다. 이미 마케팅 분야에 저명학자인 코틀러(Kotler)[19]는 국가의 경제적 부를 창출하거나 증가시키기 위해선 국가도 국가 브랜드 관리와 같은 전략적 관리 노력이 필요하다고 주장했다. 국가도 하나의 마케팅관리 대상물로서 마케팅관리가 필요하다는 것으로 본서의 관점을 지지한다.

“외국인투자유치는 국가 마케팅이자 입지 마케팅이다.”

본서에서는 용어를 혼용하여 사용한다. 외국인투자유치를 외국인투자 마케팅으로 표현하며, 다음과 같이 마케팅 용어로서 정의한다. **외국인투자 마케팅의 정의**는 ‘외국인투자기업과 투자유치 주체의 욕구충족을 위해 적합한 외국인투자 마케팅믹스를 계획하고 실행하는 과정’이다.[20] 또한 **외국인투자 마케팅전략**은 ‘외국인투자 마케팅 목표를 달성하려는 행동방안으로 경쟁시장의 세분화를 통해 표적 시장과 목표 포지션을 선정하고 마케팅믹스를 개발하는 것’으로 정의한다. 그 밖에 마케팅 용어와 관련한 포지셔닝 및 마케팅믹스 등에 외국인투자 마케팅 개념을 도입하면 다음과 같다.

- **외국인투자 마케팅 포지셔닝 :** 투자유치기업, 투자유치산업, 투자유치 장소별 특성을 반영하여 투자유치 대상을 세분화하고, 그중 투자유치 목적에 부합하는 표적 시장(즉 유치대상 타겟팅)을 선정하여 표적 시장에 맞는 투자활동 마케팅믹스를 개발하고 수행하는 것

- **외국인투자 마케팅믹스 :** 각 표적 시장에 맞는 투자프로젝트 개발(제품, Product), 개발된 제품의 홍보(촉진, Promotion), 보조금 및 조세감면과 같은 투자인센티브 제공을 통해 프로젝트 비용의 할인(가격, Price), 프로젝트가 유통되는 시장의 활성화(유통, Place) 등을 적절하게 활용하는 것

- **외국인투자 마케팅 촉진활동 :** 이미지 구축 활동, 투자박람회, 해외로드쇼, 투자상담 활동, 투자신청 및 허가에 대한 대행 서비스 제공, 투자 이후 고충사항처리 등의 활동

- **외국인투자 마케팅 가격활동 :** 조세감면, 총투자액에 대한 보조금 지급, 고용 및 교육훈련 보조금지급 등 직·간접적인 재정보조활동으로 투자프로젝트의 비용에 영향을 주는 활동

- **외국인투자 마케팅 제품활동 :** 부동산 및 M&A 대상기업의 발굴, 공공 프로젝트개발, 복합리조트사 합작투자 및 제휴할 기업의 발굴 등 투자대상물 개발 활동

- **외국인투자 마케팅 유통활동 :** 개발된 외국인투자 마케팅 제품의 촉진·가격 형성·교환·거래가 추진되는 곳으로 홍보시장, 기업 M&A시장, 자본시장 등 좁은 의미의 시장뿐만 아니라 추진주체로서 외국인투자촉진기관(Investment

Promotion Ageny: IPA)을 포함한 정부, 지자체, 관계기관 등의 외국인투자유치 체계 및 투자유치 네트워크에서의 활동

외국인투자 마케팅의 정책적 의미

외국인투자 마케팅전략의 수립은 정부의 정책환경 영향을 받으며 동시에 여러 정책환경에 영향을 미친다. 본서는 외국인투자 마케팅과 정책환경 간 상호관계를 세 가지 차원으로 구분한다. 첫째는 환율, 국제수지, 고용, 국민소득 등과 같은 거시경제 정책차원, 둘째는 산업구조 및 산업조직 등 산업정책 차원, 셋째는 기업구조 및 경쟁력 강화의 기업정책 차원이다. **국제마케팅 정책환경의 세 가지 수준**을 각각 설명하면 다음과 같다.

외국인투자 마케팅과 거시경제정책

외국인투자 마케팅은 거시정책변수인 환율, 경제성장률, 고용률, 국제수지 등에 영향을 미치며 또한 영향을 받는다. 거시경제정책 추진에 있어 **목표한 거시지표 달성 수단**으로 각국의 중앙정부는 외국인투자를 활용한다. 외환보유고 부족 상태에 있는 국가에서 외국인직접투자는 원리금 상환의 부담이 없는 외환공급원으로써 추천한다. 한국의 외환위기 당시 외국인직접투자는 부족한 외환을 단기간에 보충하는 역할을 톡톡히 하였다. 급격히 하락했던 환율안정에도 기여하였으며 고용과 국제수지 측면에서도 개선의 출발점이 되었다. 국내총생산(GDP)은 내수시장에서 소비, 민간부분 투자, 정부의 투자와 소비, 무역 등으로 이루어진다. 외국인투자는 국내투자의 부족분 보충, 국가의 가용할 수 있는 추가 투자자금의 공급원으로서 국가의 경제성장에 이바지한다. 영국, 아일랜드 등 서구국가들도 자국의 실업률 문제를 해결하기 위해 적극적으로 외국인투자를 유치하고 있다. 영국의 경우, 한때 번성하였던 탄광산업이 사양길에 들어서 대량 실업 문제가 발생하자 고용창출과 지역개발을 영국의 외국인투자유치 정책의 최우선 목표로 선정했다.

“한국 정부는 외환위기를 극복하고자 외국인투자 마케팅을 거시경제정책에 활용했다.”

외국인투자 마케팅과 산업정책

외국인투자 마케팅은 거시경제지표의 안정뿐만 아니라 산업정책과도 관련이 높다. 우리나라를 비롯한 말레이시아, 인도네시아, 중국 등 아시아 국가들은 외국인투자정책의 목표에서 산업경쟁력 강화, 산업구조 고도화 등이 상위 순위를 차지한다. 외국인투자는 이 밖에도 산업정책에 다양하게 영향을 미친다. 그런 만큼 정부가 외국인투자를 유치하여 이루고자 하는 산업정책 효과도 다양하다. 산업정책에 대한 외국인투자의 연관 효과 및 각 연관효과의 성격을 설명하기에 앞서, 이해를 돕고자 산업정책의 정의와 구성을 먼저 기술한다.

산업정책은 '경쟁적 시장메커니즘의 가격기능에 장애가 존재할 때 정부가 개입하여 산업 간 자원 배분을 변경하거나 특정 산업의 산업조직을 개선하여 경제후생 수준을 높이려는 정책활동'을 말한다.[21] 산업정책은 크게 산업조직정책과 산업구조정책으로 나뉜다.[22] **산업조직정책**이란 산업 내(intra-industry) 구조에 개입하여 각종 진입장벽을 없애고 독과점업체의 부당행위를 규제하여 시장구조를 보다 효율적으로 만드는 경쟁촉진 정책이며, **산업구조정책**은 경제효율성을 제고시키기 위해 바람직한 최적 산업구조를 상정하고 현재의 산업구조를 상정한 산업구조로 변화시키기 위한 산업 간(inter-industry) 자원배분 정책을 말한다. 산업구조정책은 다시 특정 산업을 지원·발전시키는 산업육성정책과 사양산업을 합리화하거나 과잉투자행위를 규제하는 산업조정정책으로 나누어진다. 자동차, 반도체 산업이나 정보통신산업과 같이 미래에 높은 성장이 예상되는 유망산업분야에 새로운 기업들의 참여를 촉진하는 정책이 **산업육성정책**이라면, 경쟁력을 상실해 가는 사양산업으로부터 기업의 퇴출을 지원하거나 과당경쟁이 발생한 산업에 신규기업의 진입제한, 기존기업간 업무를 조정하는 정책이 **산업조정정책**이다. 산업조정정책은 기업 간 인수합병 시장형성, 퇴출제도의 정비, 산업퇴출에 따른 낙후지역 개발대책, 기술개발지원, 전문인력 육성지원, 신산업 진입장벽 제거 등을 포함한다.

세부 산업정책별 외국인투자 연관효과를 설명한다. **산업조직정책은 외국인투자 마케팅의 간접효과 대상**이다. 외국인투자 유치는 시장에서 경쟁을 촉진한다. 인수방식으로 직접투자가 일어난다면 시장 내 기업의 수의 변동이 없겠으나 신규기업 설립방식으로 시장에 진입한다면 시장 내 경쟁자의 수가 증가한다. 과점 또는 독점구조에서 외국기업의 국내시장 진출은 시장집중도를 낮춰 시장을 보다 경쟁 구조로 만드는 데 도움을 준다. 국내기업만 있는 시장에서 외국기업이 들어와 함께 경쟁하는 구조가 되면 경쟁방식의 객관성, 기업경영의 투명성 등이 촉진되고 정책과 제도가 국제기준에 부합해 가며, 선진국 시장운영 원리가 도입돼 시장효율화를 꾀할 수 있다. 산업조직정책에 글로벌 스탠다드(global standard) 적용으로 인한 순기능 현상이다.

이에 반해 **산업구조정책은 외국인투자 마케팅의 직접효과 대상**이다. 외국인투자 마케팅전략은 산업구조정책에 속하는 특정 산업을 육성하기 위한 산업육성정책, 또한 산업합리화 과정으로서 산업조정정책을 실현하고자 세계 여러 정부에서 채택하는 유용한 정책도구다. 특히 개도국에서는 무엇보다 **외국인투자의 산업육성 효과**를 얻기 위해 채택한다. 개도국의 경우에 특정 산업분야에 대해 자발적인 기술개발, 또 국내에서 첨단기술을 개발하기에는 한계가 있다. 첨단기술 및 고부가가치 창출 기술력을 보유한 기업이 부족한 상황에서 이를 보유한 다국적기업의 유치는 특정 산업분야에서 경쟁력과 기술을 이전받고 학습할 기회를 토착기

“외국인투자는 산업조직정책에는 간접적 영향을, 산업구조정책에는 직접적 영향을 준다.”

그림 1-5 산업정책과 연계한 외국인투자 마케팅전략

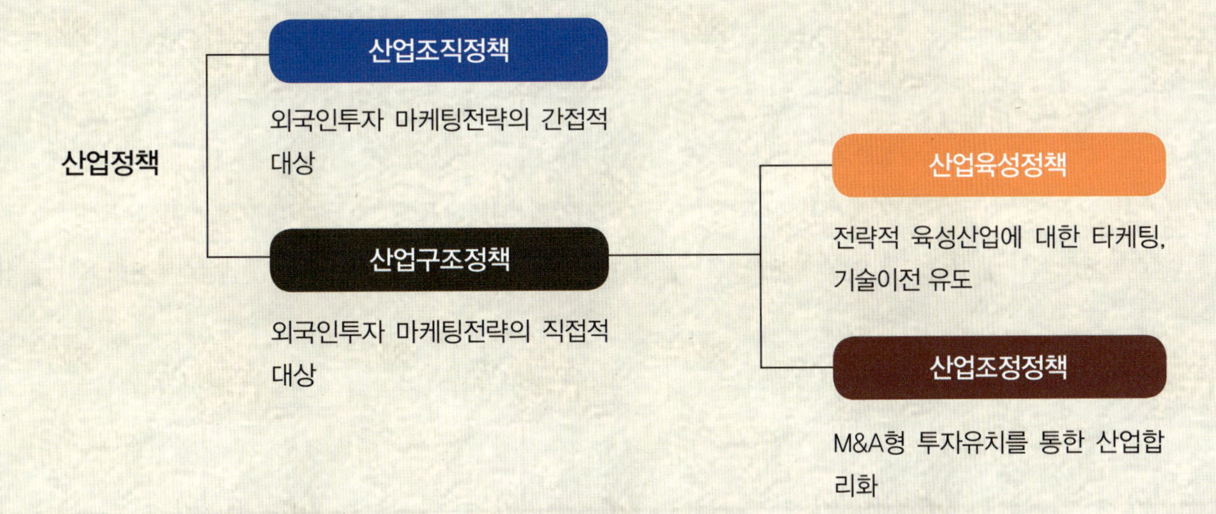

업에게 제공한다. 외국인투자 마케팅은 전략적 산업을 육성하기 위한 대표적인 산업육성정책의 수단이다. 다음으로 **외국인투자의 산업조정 효과**이다. 산업의 수명주기에서 이미 성숙단계에 이른 산업분야에 대해서도 외국인투자는 효과를 발휘한다. 성숙단계의 산업에 외국기업을 유치하여 대형화, 선진화를 유도하고 합리화함으로써 경쟁력을 유지·회복할 수 있다. 규모의 경제를 바탕으로 원가를 절감할 수 있으며, 구조조정을 통해 효율성을 확보할 수 있다. 주로 M&A에 의한 외국인투자가 해당한다. 한국의 외환위기 상황에서 정부가 취한 정책사례이다.

외국인투자 마케팅과 기업정책

정부의 **기업정책**은 기업의 성장과 경쟁력 강화를 위해 기업의 경영환경과 기업구조 개선을 위한 정책을 말한다. **기업정책과 산업정책 간 차이점**은 다음과 같다. 산업정책은 특정 산업이나 산업 전반의 발전과 경쟁력 강화를 목표로 하며, 거시적 관점에서 산업구조 조정, 신산업 육성 등을 다룬다. 예를 들면 반도체 산업육성 정책, 신재생에너지 산업 지원 등으로 산업 전체의 생태계와 인프라 구축에 초점을 맞춘다. 반면에 기업정책은 개별기업의 성장과 경쟁력 강화를 지원하는 데 초점을 맞춰, 기업활동에 직접적인 영향을 미치는 규제, 지원 등을 다루며, 기업의 경영 환경 개선, 기업가 정신 고취 등에 중점을 둔다. 예를 들어 중소기업 지원 정책, 스타트업 육성 정책 등이다.

기업의 외국인투자 마케팅은 자발적으로 선진 다국적기업의 기술력과 경영노하우를 도입하고 부족한 투자자원을 조달하기 위해 행하여지기도 하지만 때로는 정부의 부실기업 합리화 정책에 따라 외자도입 및 자산의 매각을 강요받기도 한다. 한국 외환위기 당시에 기업의 부채비율을 낮추고 재무구조를 건실하게 하려는 정부의 기업구조조정 정책에 활용한 경우가 대표적 사례이다. 기업의 경영상태 악화와 높은 부채비율로 인해 기업도산이 불가피해지자 정부는 외자유치를 주요한 기업구조조정 수단으로 인식하고 기업의 외자유치를 독려하였다. 외환위기 이후에도 정부는 외국인투자를 기업 간 인수합병시장의 활성화, 기업의 퇴출제도 및 부실기업 정비제도에 활용하였다. 효율적인 기업구조를 구축하기 위한

표 1-1 기업정책과 산업정책 구분과 외국인투자 마케팅전략

기준	기업정책	산업정책
대상 범위	개별기업이 대상 범위	산업 전반이 대상 범위
정책 목표	기업구조 개선, 기업성과 및 기업활동 지원	산업구조 개선과 경쟁력 강화, 전략 산업육성
접근 방식	미시적 접근	거시적 접근
정책 수단	세제 혜택, 규제 완화 등 기업활동에 직접 영향을 미치는 수단 활용	R&D 지원, 인프라 구축 등 포괄적 수단 활용
정책 유형	반도체 산업 육성 정책, 신재생에너지 산업 지원 등	반도체 산업 육성 정책, 신재생에너지 산업 지원 등
외국인투자 사례	외환은행 외자유치 대우자동차 외자유치 만도기계공업 외자유치	금융산업 합리화에 외자유치, 자동차산업 구조조정에 외자유치

기업경영의 투명성 제고, 지배구조 개선, 과다한 차입경영 시정 및 재무구조 개선 등과 같은 기업구조 개선효과가 있기 때문이다. 그러나 기업구조 개선에 외국자본을 활용하는 것이 능사만은 아님을 다음 사례는 알려준다. 특히 개별기업에 외국인투자를 기업정책으로서 적용하는 것은 신중해야 함을 시사한다.

외환위기 기간에 해외매각이 집중적으로 일어난 산업부문은 금융산업과 자동차산업이다. 당시 보고서에 따르면,[23] 외환위기 이후 2년 동안(2000년 4월 기준) 외국인 지분이 많은 국내 시중은행은 한미은행(66.0%), 주택은행(62.40%), 국민은행(61.62%), 제일은행(50.90%), 신한은행(50.36%) 등이며, 증권업의 경우 대유증권, 조흥증권, 쌍용증권 등이, 보험업은 제일생명, 영풍생명 등이 해당한다. 자동차산업에서는 삼성자동차가 프랑스 르노에, 기아는 현대자동차에, 대우자동차는 GM에 인수됐다. 자동차산업을 뒷받침하고 있는 부품업체들의 구조조정 과정에서 델파이, 비스티온, 보쉬 등 다국적 부품업체가 국내기업을 인수했다. **외환은행**은 외환위기부터 경영난에 시달리다가 결국 2003년 8월에 미국계 사모펀드인 론스타에게 지분 51%(약 1조4천억 원)를 매각했다. 이후 론스타는 하나금융지주에 약 4조6천억 원의 차익을 남기고 되팔았다. **대우자동차**는 대우그룹의 경영난으로 1999년도 워크아웃과 2000년도 법정관리를 거치고 난 뒤, 2001년에 GM

"한국 외환위기에서 금융산업과 자동차산업의 외자유치 기업정책 적용 사례는 부작용 발생에 대한 교훈을 일깨운다."

과 자산 인수(1조600억 원)와 함께 부채(1조400억 원)도 인수한다는 양해각서(MOU)를 체결했다. 2002년 10월에 GM(67%)과 채권단(33%)이 공동으로 신설법인인 GM대우자동차를 설립하여 최종적으로 대우자동차를 인수를 마무리했다. 이 매각은 당시 부실기업 매각의 성공 사례로 평가받았으며, 고용승계와 기업회생이라는 측면에서 긍정적으로 여겨졌다. 그러나 단기적으로는 이러한 목표를 달성했지만, 장기적으로는 경영성과와 국내 자동차산업에 미친 영향에 대한 논란은 여전히 남아 있다. 그 예가 자동차부품제조 중견업체인 만도기계 사례이다. **만도기계**는 종합자동차부품업체로 핵심·첨단부품의 대부분을 개발·생산해 부품 국산화에 중요한 역할을 담당하고 있었다. 외환위기로 완성차업체와 더불어 경영난에 시달리게 되었고 깁스(미국), 와브코(독일), UBS캐피탈(스위스), 발레오(프랑스) 등 네 개 회사에 분할 매각되었다. 현재는 다시 국내기업이 지분을 인수하여 대기업(할라홀딩스) 계열사로 복귀했다.

외국인투자 마케팅 프레임워크

흔히 **기업전략 추진의 3단계**는 전략수립(strategy formulation)과 수립된 전략의 실행(strategy implementation), 실행성과에 대한 전략평가(strategy evaluation) 등으로 구분한다. 기업의 전략은 일반적으로 이 순서에 의해 단계별로 진행한다. 외국인투자 마케팅전략도 마찬가지로 투자마케팅전략 수립과정, 투자유치전략 실행과정, 투자유치전략 평가과정 등 세 과정을 거치며 목표 달성을 추진한다. 각 과정은 독립하여 이루어질 수 없으며 유기적으로 상호 보완을 통해 외국인투자 **마케팅전략의 프레임워크**를 형성한다.

외국인투자 마케팅전략의 프레임워크는 본서에서 외국인투자정책 부분의 전체 구성목차 또는 구조라고 할 수 있다. 본서의 전반부를 해외직접투자전략, 그리고 후반부를 외국인투자정책으로 양분할 때, [그림 1-6]의 마케팅전략 프레임워크는 제3부와 제4부를 구성하는 체계에 해당한다.

외국인투자 마케팅 전략의 수립

외국인투자 마케팅전략의 수립과정은 다음과 같은 순서로 진행한다. 먼저 외국인투자 마케팅 전략의 **목표를 설정**하는데, 이는 국내외 경제상황, 경쟁국가의 투자유치전략, 투자유치제도 등 국내외 투자환경과 투자유치조직의 내부능력을 고려하여 결정한다. 외국인투자촉진기관의 투자마케팅 목표는 정부의 정책목표와 일치할 수도 있지만, 그 나라의 투자유치체계에서 차지하는 비중 및 위치에 따라 영역과 범위가 다르게 결정된다. 다음 단계는 설정된 **목표를 수치**로 나타내어 구체화하는 과정이다. 투자마케팅전략 목표는 주로 방향성 내지는 함축적인 문장으로 표현되므로 이를 외국인투자 마케팅성과와 비교할 수 있게 수치화하는 것이 필요하다. 투자유치목표는 양적 목표와 질적 목표 모두가

그림 1-6 외국인투자 마케팅전략 프레임워크

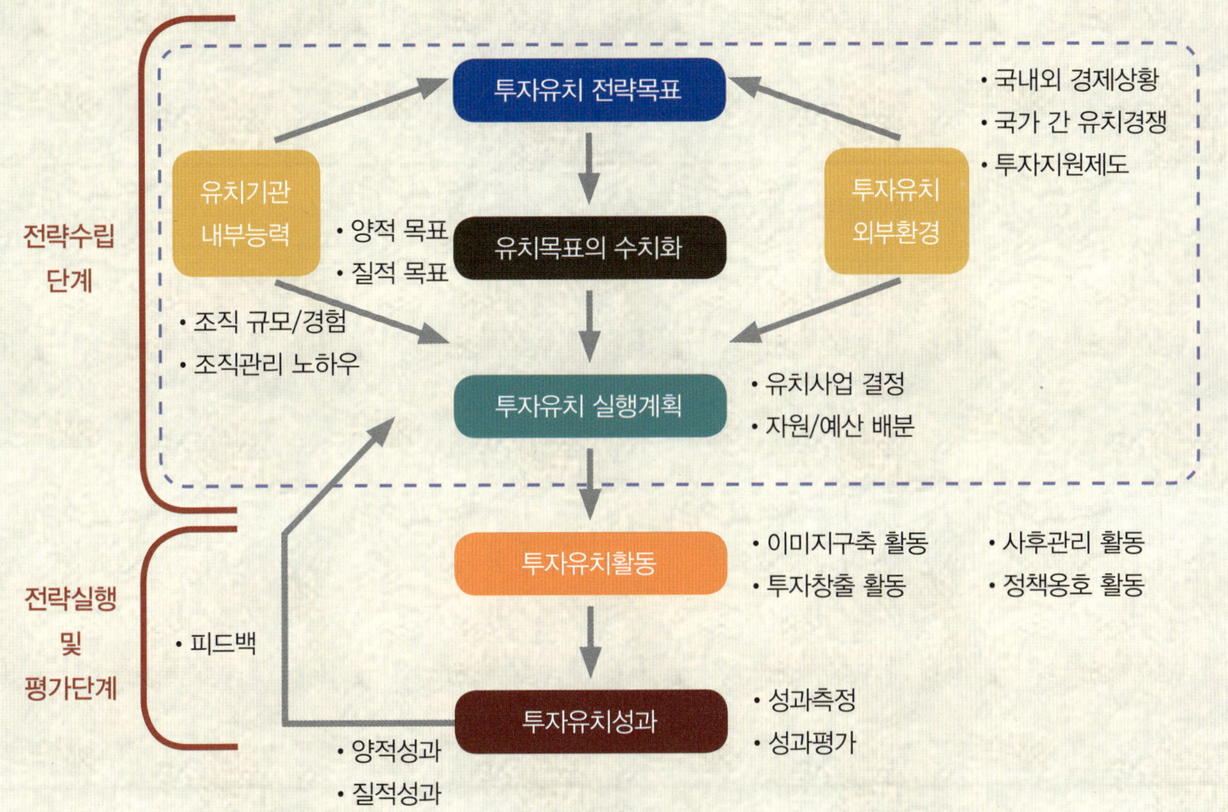

가능하다. 질적 목표인 경우에 수치화가 곤란하면 전략적으로 달성해야 할 목표를 가능한 세분화하여 구체적으로 기술한다. 외국인투자 마케팅의 전략목표를 구체화하고 이를 달성할 **실행 계획을 수립**한다. 외국인투자 유치사업 활동 범위, 자원 및 예산의 배분 등을 결정하는 외국인투자 마케팅 실행계획은 투자유치기관의 조직규모 및 경험, 조직관리 노하우 등과 같은 투자촉진기관 내부능력과 국내외 투자촉진환경과 같은 투자촉진기관의 외부환경에 영향을 받으므로, 이를 모두 고려하여 결정한다.

외국인투자 마케팅 전략의 실행

외국인투자 유치를 담당하는 **외국인투자촉진기관의 주요 활동**에 있어 조직의 역할과 활동영역을 이미지구축 활동(image building activity), 투자창출 활동(investment generating activity), 사후관리 활동(after care service activity) 등 세 가지로 나누는 것에는 여러 기관과 학자들의 견해가 일치하고 있다.[24] 지금은 여기에 투자유치조직의 대(對) 정부정책 정책기능이 부각되면서 정책옹호 활동(policy advocacy)을 추가하여 모두 네 가지로 보고 있다. 본서는 투자조사 활동(investment research)을 더하여 모두 다음과 같이 **다섯 가지 외국인투자 마케팅활동 유형**으로 구분한다.

이미지구축 활동은 잠재 투자가에게 투자입지로서 호의적으로 고려할 수 있도록 긍정적 이미지를 구축하는 행위이다. 투자홍보 전략 및 IR 활동계획을 수립하고 투자유치 지역에 관한 각종 투자홍보물 발간·배포, 투자 관련 기초정보 수집 및 제공 등이 해당한다. 개별적으로 추진되기도 하지만 투자세미나, 투자박람회, 투자설명회 등을 통해 복합적으로 이루어지기도 한다.

투자창출 활동은 잠재 투자자 발굴 및 타겟팅, 투자대상물 거래알선, 투자자 접촉을 통한 투자의사 확인, 현장 방문 지원 및 투자협상 지원 등 실제로 투자를 성사시키기 위한 활동을 말한다. 주요 활동은 투자사절단을 파견하여 외국인투자자에 대해 직접 투자의향을 조사하거나 해외 네트워크를 통해 수집된 투자자의 투자인콰이어리(투자질의서) 처리, 투자자 방문상담 등이다.

사후관리 활동은 투자자가 투자결정 이후 원활한 투자가 진행될 수 있도록 지원하는 활동을 말한다. 법인설립, 공장건설 등 투자실행 시 행정지원, 외국인파견 근무자의 비자, 부동산취득, 거주환경 개선 등 정착에 관한 지원서비스가 해당한다. 법인설립 이후에는 운영 중에 발생한 애로사항의 처리, 부품조달 정보제공 등이 주요한 사후관리 활동이다. 적극적 사후관리 차원에서는 추가투자를 유도하여 투자창출까지 연결하는 활동까지 포함한다.

정책옹호 활동은 특정 정책이나 법안을 지지하고 옹호하는 활동을 말한다. 투자유치 활동을 전개한 후 투자환경 개선을 위한 정부 정책제언을 포함한다. 정책옹오 활동은 투자유치 현장에서 자료수집, 정책대안 제시, 전략개발, 네트워크 구축 등을 통해 수행한다. 수행목적은 궁극적으로 정책당국과 투자자 및 이해관계자 간 간극을 좁히는 데 있으며, 올바른 방향으로 규제·법률·정책의 변화를 촉진하는 데 주안점을 둔다.

그림 1-7 외국인투자 마케팅활동의 유형

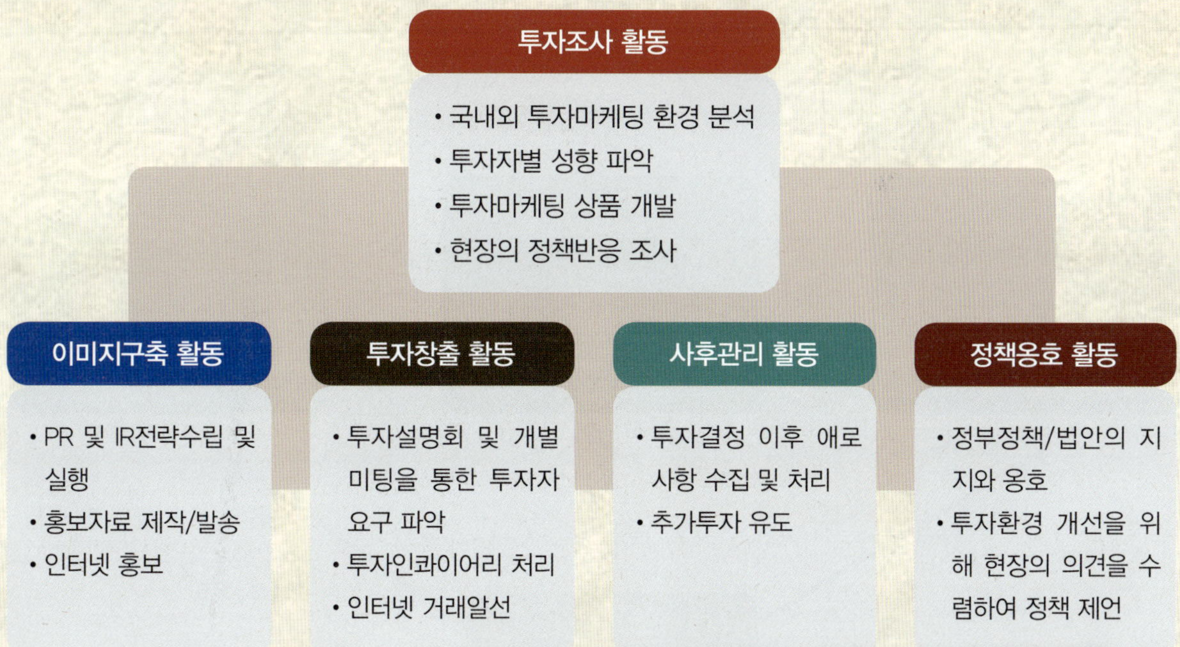

투자조사 활동은 이미지제고 활동, 투자창출 활동, 사후관리 활동 모두에 영향을 주는 마케팅활동이다. 투자제도의 조사, 국내 산업경쟁력 분석, 외국인투자 동향 분석, 투자자 성향 파악, 투자마케팅 상품개발 등이 해당한다. 효과적인 투자마케팅 활동을 실행하기 위해 기본적으로 요구되는 활동이다.

외국인투자 마케팅 전략의 평가

외국인투자 마케팅전략 실행의 결과가 투자유치 성과이다. 성과를 측정하고 평가하는 것은 단순히 달성하고자 하였던 투자유치목표가 얼마만큼 실현되었는가를 알아보기 위한 목적뿐만 아니라 향후 수립할 새로운 투자마케팅 목표에 대한 피드백 기능을 수행하기 위해서다.

성과평가의 기준은 효율성(efficiency)과 효과성(effectiveness)이 있다. 효율성은 투입량 대비 산출량의 비율이다. 비율이 높을수록 효율성이 높다고 평가한다. 비용 측면에서 평가 기준이다. 효과성은 설정한 목표에 성과가 얼마만큼 부합한가

그림 1-8 외국인투자 마케팅전략의 평가 기준

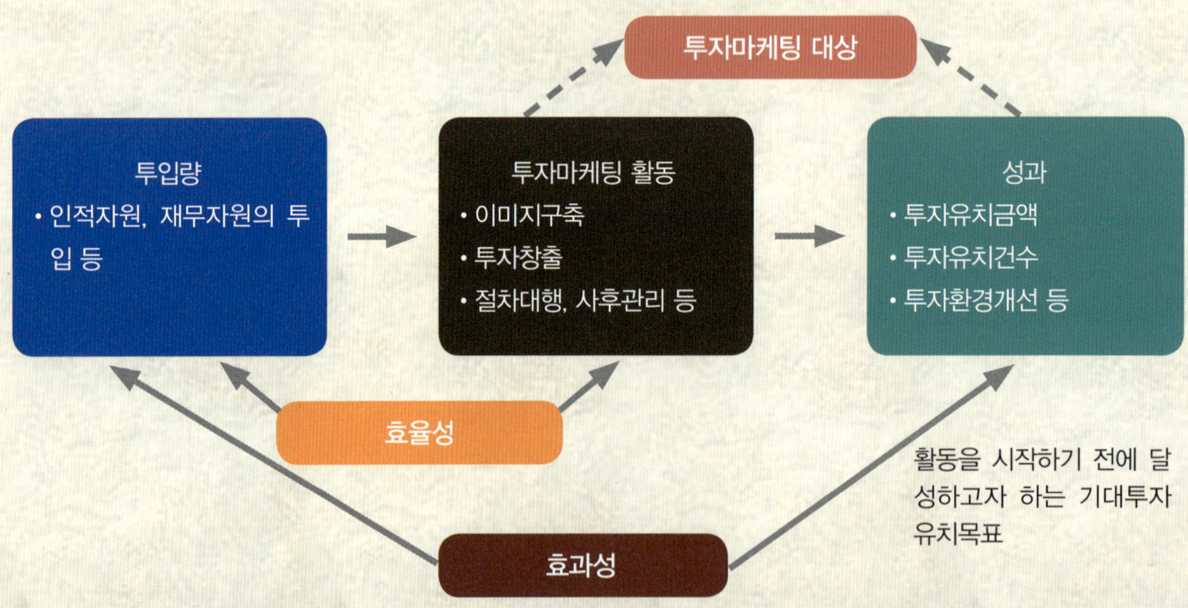

를 측정한다. 즉 전략의 합목적성 측면에서 평가 기준이다. 이러한 두 기준을 투자유치성과 평가에 적용해 보자. 외국인투자 마케팅 성과의 효율성이란 얼마나 적은 비용으로 투자성과 목표를 달성하였는가에 대한 척도이다. 반면에 외국인투자 마케팅 성과의 효과성은 이러한 투자유치 활동들이 애초에 설정한 투자유치 목표에 얼마만큼 부합하였는가에 대한 척도이다. 효율성은 효과성보다 비교적 쉽게 측정할 수 있으며, 또한 객관성을 지닌 지표이다. 따라서 각국의 외국인투자촉진기관의 성과를 비교하여 서열화하거나, 전년 대비 마케팅활동 효율성의 증감추세를 알아보는 데 활용도가 높다. 그러나 이보다는 효과성 지표에 더욱 관심을 기울여야 한다. 비록 효율적이지 않아도 투자마케팅 목표를 달성한다면 목표 달성을 위한 외국인투자 마케팅의 실행은 적절하였다고 평가한다.

“효과성은 효율성을 포함하며 전략 분야에서 중요한 개념이다.”

외국인투자 마케팅에 대한 학술적 접근

외국인투자촉진기관(IPA)의 외국인투자 마케팅에 대한 학술적 연구는 1990년대부터 시작됐다. 웰즈·윈트(Wells·Wint)는 **IPA의 주요 활동을 정의하고, 나아가 IPA 존재 여부가 투자유치 성과에 미치는 영향**에 대해 실증분석을 시도하였다.[25] 실증분석 결과는 IPA의 설립(존재)과 국가의 투자유치 성과에 긍정적 효과가 있는 것으로 나타났다. IPA 활동은 이미지제고 활동에서 투자창출 활동으로 비중이 옮겨간다고 하였으며, IPA의 조직형태에서는 정부기관, 민간기구, 준정부기관 등 세 가지로 구분하여 IPA 사례를 비교한 결과, 준정부기관이 정부기관보다 외국인투자에 더욱 영향력이 크다는 분석을 내놓았다(민간기구는 비교 대상에서 제외). 그 이유는 명확히 제시하지는 않았으나 책의 앞부분에서 정부조직은 준정부형태의 조직에 비해 해외에서 투자유치업무에 전력투구가 어렵고, 외교관들은 민간전문가보다 비즈니스 마인드와 적극적 마케팅에 약하며, 관리들의 동기유발을 위한 인센티브나 보상·평가가 정부시스템에서는 부적합하다는 내용을 기술하고 있어, 이러한 요인이 작용한 것으로 유추해 볼 수 있다.[26] 뒤이은 1992년 윈트(Wint)의 연구에서는 IPA의 20명의 투자전담관과 심층 인터뷰로 해외네트워크에 독립적 업무를 부여하는 경우 투자촉진성과가 높다는 결론을 도출하였다.[27] 1990년대 이루어진 초기 학술연구는 외국인투자 마케팅활동 중 **이미지구축 활동 및 투자창출 활동에 연구**의 초점을 맞추었다고 할 수 있다.

이후 **사후관리 및 정책옹호 활동**에 대한 연구가 이어졌다. 윈트가 1993년에 발표한 그의 후속연구는 IPA의 사후관리 활동에 초점을 맞춰 분석하여, 원활한 사후관리 서비스는 강력한 권한을 가진 기관에 의해 제공된다는 점을 발견하였다.[28] 1994년에 영(Young)과 그의 공동연구자는 IPA의 투자유치활동을 정책수립, 투자촉진 및 유치, 투자승인, 절차지원, 사후관리(모니터링)로 보았는데, 이 중 정책수립 자문역할, 정책옹호 활동이 가장 중요한 역할임을 강조하였다.[29] 같은 연도에 웰즈(Wells)는 일종의 투자유치 후 A/S 개념이라 볼 수 있는 투자서비스(investment service)를 투자 전 지원활동, 투자과정 중 지원활동, 투자 후 지원활동 등 세분화하고, 국가별로 IPA 활동 간 비중 차이가 있는 것은 투자유치국의 국별, 투자환경의 상황을 고려하여 설계하고 있기 때문이라 주장했다.[30] 2001년도 뢰벤달(Loewendahl)은 IPA 활동을 투자의향(Lead) 창출활동, 사업편의 조성, 투자서비스 등으로 나눠 설명하고, 외국인투자 유치효과가 장기적 발생하려면 특히 사후관리서비스의 비중을 높여야 한다고 주장하였다.[31]

외국인투자 활동을 세분화하여 **타겟팅 활동에 대한 연구**도 진행됐다. 2007년에는 찰톤·다비스(Charlton·Davis)가 IPA의 타겟팅 성과를 실증자료를 수집하여 분석한 결과, 타겟팅 대상 산업이 그렇지 않은 경우보다 더 외국인투자가 유입됐다는 결과를 밝혔다. 같은 해, 이와 유사한 하딩·차보르치크(Harding·Javorcik) 연구에서도 타겟팅 분야의 투자유입이 그렇지 않은 분야에 비해 두 배가량 투자유치성과가 높은 것으로 나타났다. IPA의 타겟팅 활동은 가용이 제한된 IPA의 마케팅활동 능력을 특정 유치대상에 집중시키는 것을 의미하므로, 타겟팅 분야가 다른 분야보다 상대적으로 더 많은 투자가 유입되었다는 점은 간접적으로 IPA 활동의 유효성을 입증한 것이라 할 수 있다.[32]

IPA 조직변수 및 역할에 대한 연구가 다양하게 시도되고 있다. 모리셋·앤드류-

존슨(Morisset and Andrews-Johnson)은 2003년 연구에서 기존 연구에서 다루지 않은 IPA 조직관련 지표를 도입했다.[33] IPA 예산 및 근무자 수를 분석모형에 삽입하여, 실증한 결과는 이중 IPA 예산(투자활동 소요 재원)이 외국인투자유입에 긍정적 영향을 미치는 것으로 나타났다. 사실 그들의 연구에서는 의욕적으로 IPA 조직특성을 묻는 많은 지표를 설문지에 포함하였으나, 각국 IPA로부터 결측치 없는 완전한 설문지를 회수하는 데 어려움을 겪어 결국에는 두 개의 변수(예산, 근무자 수)만을 사용하였다.[34] 그래도 IPA를 회계적 속성의 변수로 측정한 연구라는 데 의미가 있다. 2008년에는 유럽국제경영학회 학술지(IBR)에 임성훈(Lim)의 연구가 발표됐다.[35] 투자국유치국의 환경조건에서 IPA의 역할은 다른 변수와 같은 수준에서 기여하는 것이 아니라 각 변수를 조정하여 투자유치성과를 거두게 하는 매개효과를 통해 영향을 끼친다는 것을 입증하였다. IPA 조직변수를 IPA

“외자유치성과에 대한 IPA의 역할은 설립 유무, 내부능력의 측정지표 확대, 조정자로서 역할의 재발견 순서로 학술적 발전이 진행됐다.”

그림 1-9 외국인투자촉진기관의 역할

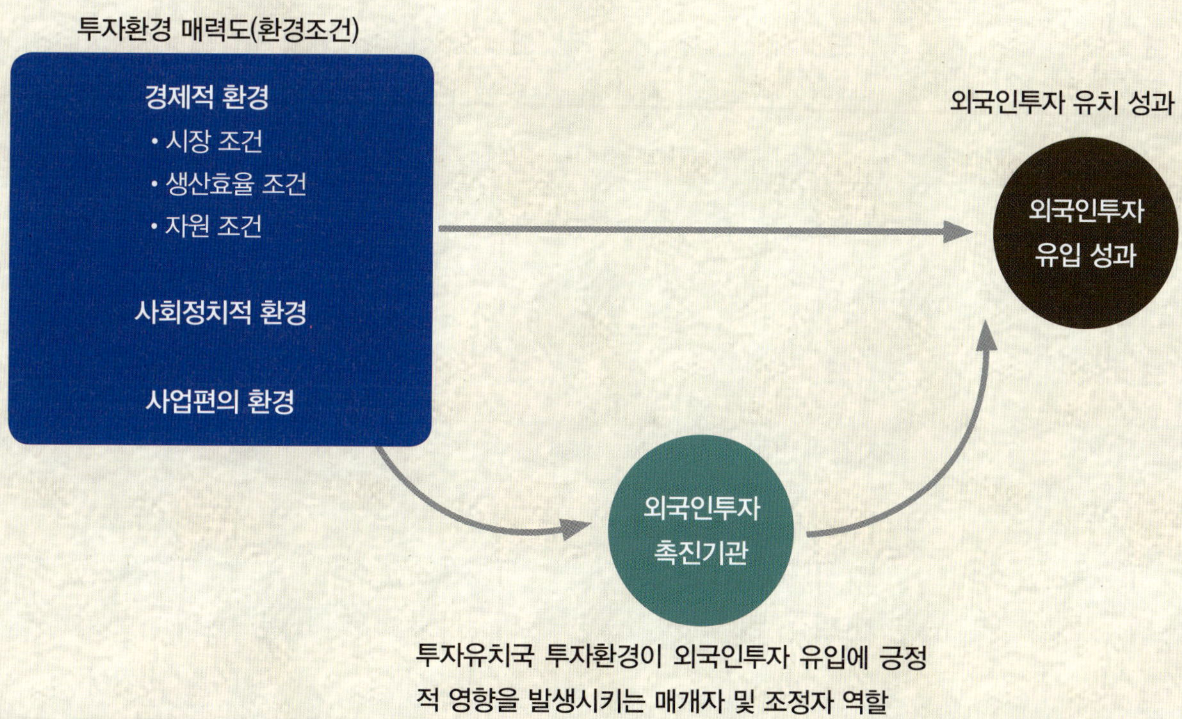

의 설립연도, 직원 수, 전체 해외파견직원 비중 등으로 측정하고, 다른 환경조건 변수를 경제성장률, 1인당 GDP, 임금비용, 투자인센티브 제공 정도, 현지국 개방화 정도 등으로 측정하였는데, 이때 IPA는 다른 환경조건 변수들과 같은 위치에서 외국인투자 유입에 영향을 미치는 것이 아니라 이들 변수와 외국인투자 유입량에 매개자 역할로 긍정적 영향을 준다는 것이 그의 주장이다. 2018년에 임성훈은 IPA의 지배구조가 IPA의 활동성과에 영향을 준다고 하여, 정부 조직체계에서 상층부에 설치될수록, 즉 부처 소속보다는 대통령/총리 직속으로 운영될 때 성과가 높음을 밝히고, 또한 자율성이 높은 민간조직이 공무원의 정부조직보다 성과가 높다는 실증결과를 도출했다.[36]

외국인직접투자와 현지국 정부

오늘날 외국인투자는 영국, 아일랜드 등 유럽의 선진국뿐 아니라 우리나라를 비롯한 러시아, 중국, 브라질, 인도 등 신흥국가들이 치열한 유치경쟁을 벌이는 경제성장의 중요한 경제정책으로 자리 잡고 있다. 지금처럼 각국 정부가 외국인투자 유치를 정부정책 상위 순위에 두고 다국적기업에게 우호적 태도를 보인 것은 모든 국가에서 일어나는 일반적 상황이 아니었다. 다국적기업과 현지정부 간 관계가 우호적 관계로 발전하고, 외국인투자가 경제발전 정책수단으로서 인정받은 과정은 국가별로 역사적 배경이 서려 있다. 다음은 외국인투자와 **현지국 정부 태도**에 대한 변천 과정을 설명하고, 이를 기준으로 역사적으로 **역사적 외국인투자정책 변천 단계**를 정리한다.

외국인투자와 현지국 정부의 태도

각국은 두 차례의 세계대전을 치른 후 전후 경제 인프라의 복구와 국가별 경제발전을 위해 투자유치가 필요했다. 전쟁 장소로서 직접적인 영향을 받지 않은 남미나 남부 아프리카 대륙도 마찬가지였다. 1945년도에 전쟁이 끝났지만 19세기부터 이어져 온 제국주의와 제국주의의 첨병으로서 제국적 다국적기업들을 경험한 남미와 아프리카 국가들은 외국인투자에 대해 거부감을 가졌다. 또한 **마르크스 이념**(Marxism)이 사회·정치 현상으로 나타나면서 이에 기반한 급진주의적 이념은 길게는 1980대 말 동유럽권의 사회주의체제 붕괴 시기까지 개발도상국 정부의 외국인투자에 대한 부정적 공감대를 형성하는 데 영향을 끼쳤다. **급진주의적 이념 태도**는 다국적기업을 제국주의의 후진국에 대한 지배수단으로 간주한다. 다국적기업들은 후진국의 저렴한 자원확보와 시장장악을 위하여 시장을 선점하고, 현지의 미성숙 토착기업에 대하여 우월적 경쟁우위를 바탕으로 독점이윤을 누린다. 해외직접투자 이론의 초기 주창자인 하이머(Hymer)가 남미와 아프리카에서 본 외국인투자의 폐해 현상이다. 다국적기업은 현지에서 헐값에 착취한 자원을 본국으로 이전하고, 현지에서 이윤이 창출되면 현지시장에 재투자하는 대신에 본국으로 모두 송금한다. 고용에서도 비숙련 노동력을 제한적으로 사용할 뿐 경영자나 관리자는 모두 본국 인력으로 대체한다. 다국적기업의 소유경쟁우위인 노하우와 기술은 현지시장 이전을 철저히 봉쇄하고 독점적 우위를 지키기 위해 지속적인 현지시장 독점화 구조를 유지한다. 이는 개발도상국을 지속적으로 낙후된 상태에 머무르게 하고 선진국의 자본주의 경제에 종속성을 심화시키는 결과로 나타나는 이른바 남미의 일부 국가에서 나타난 종속이론(Dependency Theory) 현상이다. 종속이론은 국제사회에서 불평등한 교환으로 인해 중심부와 주변부의 구조를 형성하여 부의 비대칭적 이동 현상을 지칭하는 학술용어이다. 종속이론은 최근까지 브라질, 아르헨티나, 칠레 등 외환위기와 경제위기를 맞았던 남미 국가에서 서구자본에 대한 편중개발이 국가경제에 불완전성을 가져올 수 있는 사례를 설명하는 데 아직도 유효하며 각국 정부의 외국인투자유치 담당자에게 시사점을 제공한다. 1990년대 **브라질 정부**의 경제개방 정책으로 GM, 폴크스바겐, 르노, 도요타 등 외국 자동차 기업들이 대거 진출하였다. 외국기업들의 투자로 자동차 생산량은 증가했지만, 제어장치, 부품 등 핵심 기술은 여전히 본국에 의존하는 구조가 형성되었다. **아르헨티나 정부**는 1991년 고물가와 외국인투자를 유치하기 위해 태환법 제정으로 달

“외국인투자에 대한 정부 태도는 급진주의적 이념 태도, 실용적 민족주의 태도, 자유시장 지향 태도, 균형적 접근 태도 순서로 진화하고 있다.”

러와 페소를 1:1로 교환하는 고정환율제를 채택하였다. 단기적으로 경제가 안정되었지만, 장기적으로는 페소가 달러만큼 강세가 되어 아르헨티나 생산품의 수출 경쟁력을 잃었고 고정환율을 유지하기 위해 외채를 통한 달러 유입을 가속한 결과, 2001년 금융위기를 맞게 됐다. **칠레 정부** 또한 주요 수출품인 구리산업에 외국인투자를 집중적으로 유치하였는데, 국제 원자재 가격변동에 따라 경제가 크게 영향을 받는 구조가 됐다. 칠레에 1차 산업 중심의 경제구조에서 벗어나지 못하게 하고 있다. 이러한 사례들은 외국인 투자가 단기적으로는 경제성장에 도움이 될 수 있지만, 장기적으로는 불평등한 경제구조를 고착화시킬 수 있다는 종속이론의 주장을 뒷받침한다.

“중국 정부의 성공적인 사례는 급진주의적 이념의 퇴조를 이끈 배경이 됐다.”

급진주의적 이념은 1990년 초 동유럽의 개혁개방 시점까지 일부 국가에서 여전히 외국인투자에 대한 부정적 인식으로 자리 잡았다. 1989부터 1991년에 이르는 사이, 체코, 폴란드, 헝가리 등 동유럽 사회주의 체제 국가들과 캄보디아, 쿠바 등은 외국인투자의 자국 내 진입을 막았다. 사회주의 국가 외에도 이란, 인도 등 민족주의 성향이 강한 국가들도 급진주의적 이념에 동조하였다. 그러나 1980년대말부터 급진주의적 이념은 퇴조하였다. 급진적 이념을 따른 국가들의 경제성장 성적표가 좋지 않았고, 이에 비해 외국인투자를 유치한 국가의 경제성장이 눈부시게 발전했기 때문이다. 그중 하나가 1978년 개혁개방으로 서구 자본주의 시장경제를 도입한 **중국 정부**이다. 1980년 8월, 광동성 선전에 최초의 경제특구를 설립하고 홍콩과 인접한 지리적 이점을 활용해 외국인투자를 유치하였다. 1979년에는 코카콜라가 중국에 진출하였고 베이징에 첫 번째 공장을 설립했다. 중국 정부는 일본의 토요타, 닛산, 독일의 폭스바겐 등 자동차 다국적기업을 합작법인으로 유치하고, 주하이, 샤먼 등을 경제특구에 추가로 지정해 외자유치의 발판을 넓혔다.

실용적 민족주의 태도는 1980년대 말까지 일본 정부가 취한 외자유치 정책에서 발견할 수 있다. 외국인투자유치로서 이익이 비용보다 클 때, 선별적으로 외국인투자에 대해 우호적 태도와 정책을 추진하는 것을 말한다. 일본 정부는 미국 다국적기업의 직접투자 방식으로 일본시장 내 진출을 불허하였다. 따라서 미국기업은 라이선싱과 최소한 지분참여의 합작투자 방식으로 진출할 수밖에 없었다. 그러나 반도체 산업의 경우, 일본 정부가 실익이 크다고 판단하여 IBM, 텍사스인스트르먼트(TI) 등에 대해서는 우호적인 태도를 보였다.

영국과 아일랜드는 **자유시장 지향 태도**를 보인 정부라고 할 수 있다. 유럽 선진국의 경우에는 1980년대부터, 개도국의 경우에는 1990년대부터 시작된 현상이다. 이 시기는 각국에 신자유주의 이념이 확산하고 시장개방과 규제 완화를 통한 경제성장을 추구하기 위해 해외직접투자 유치로 정부 태도를 방향 전환한 때이다. 대처(Thatcher)는 1979년에 영국 총리로 선출되었다. 새로 출범한 대처의 **영국 정부**는 시장 자유화와 규제완화를 추진하였는데 이는 외국인투자에 대해 개방 태도로 이어졌다. 외국인투자는 산업구조조정과 산업구조 개편에 따른 경쟁력 강화에 초점을 맞췄다. 일찍이 산업혁명이 시작된 제조업 중심 국가이었지만, 일본, 한국, 중국 등 신흥 제조업 강국의 출현으로 탄광, 자동차, 선박 등 주력 산업의 붕괴 현상에 직면했다. 금융산업으로 전환을 꾀하여 일만의 성공은 거두었으나, 제조업 종사자의 실업문제는 영국 정부의 가장 골치아픈 사회·정치적 불안요인이었다. 이때 영국 정부의 외국인투자 유치정책의 최우선 목표는 고용창출과 지역개발에 두었다. **아일랜드 정부**도 자유시장 지향 정책으로 경제난을 극복한 국가사례이다. 아일랜드는 1980년대까지 '유럽의 지진아', '서유럽의 환자'라고 불릴 정도로 경제가 침체해 있었다. 실업률이 20%까지 치솟았고, 물가는 매년 20%를 웃돌았다. 국가부채가 눈덩이처럼 불어났고 재정적자를 메우기 위해 세금을 올려 최고세율이 60%까지 올랐다. 2차 세계대전 이후에도 영국으로부터의 자립경제를 위해 보호무역 정책을 유지했다. 이로 인해 다른 국가들이 경제부흥을 이룰 때 아일랜드는 계속 침체에 빠져 있었다. 이러한 상황에서 아일랜드는 1987년부터 구조개혁을 시작하고, 1990년대에 본격적인 외국인투자 유치정책을 실시했다. 서유럽에 가장 근접한 지리적 위치에 있으며 영어를 모국어로 하는 아일랜드의 저렴한 인력자원은 무엇보다 외자유치의 강력한 경쟁우위로 작용했다. 인텔, IBM, 시만텍, 델, 피델리티, 나이키 등 대표적인 다국적기업의 콜센터와 인력개발센터, 제조업 기지 등은 모두 아일랜드에 진출 거점을 설치하였다. 1988년 아일랜드의 1인당 GDP는 1만1천 달러 수준에서 2005년도에는 5만1천 달러로 증가했다. 그러나 2000년대 중반부터는 서구 다국적기업이 속속 빠져나가기 시작했다. 1990년대 중반까지 외국인투자에 대해 부정적인 급진주의적 이념 태도를 보였던 동유럽 국가들이 후반부터는 자유시장 지향 태도로 전환하며 외자유치에 적극성을 띠며 이들 기업을 유인하였기 때문이다. 다국적기업의 유럽진출 교두보는 아일랜드 거점에서 폴란드, 체코 등 동유럽 거점으로 옮겨졌다. 급격히 상승한 임금과 임대료 등은 이제 개방의 문을 연 동유럽 국가의 생산비용과는 차이가 컸다. 저임금에 바탕을 둔 단순 제조업은 승산이 없다고 판단한 아일랜드 정부는 2000년대 후반부터는 글로벌 R&D센터 유치, 제약, 첨단기술, 바이오산업 등으로 고부가가치 업종을 외국인투자 유치대상으로 전환하여 재도약을 시도하였다.

한국 정부는 실용적 민족주의 태도를 보이다가 자유시장 지향 태도로 급격히 선회한 국가이다. 그 전환점에는 1997년 말부터 맞게 된 외환위기 사태가 있었다. 한국전쟁의 피해가 마무리된 이후 1970년대 들어서 정부는 중화학공업 육성과 경제개발 5개년 계획을 수립하였는데, 이를 추진하기 위해서 막대한 자본이 필요했다. 외국인직접투자는 선진국 기술의 도입을 가능하게 해주는 이점이 있었으며 동시에 원리금 상환 부담이 없었다. 외국인투자유치를 위해 1970년에 마산수출자유지역을 지정하여 외국인투자 유치를 본격적으로 추진하였다. 부족한 투자자금, 외화 부족 등을 수출증대로 확충하려는 정부는 수출경쟁력에 도움을 주는 외국인투자에만 선별적으로 한국시장 진입을 허용했다. 당시 한국의 전 분야의 산업 수준은 유치산업 단계로 모든 분야에 외국인투자를 개방할 경우 외국자본에 산업이 종속될 것을 우려했다. 남미 국가들의 사례와 달리, 제철, 화학, 도로 등 기간산업은 국내자본 위주로 건설을 추진하였다. 이러한 실용적 민족주의 태도는 1990년대 말, 외환위기 발생 전까지 한국 정부의 정책 기조를 이루었다. 외환위기로 한국경제 상황은 완전히 바뀌었다. 금융개방과 외국인투자 유치에 소극적인 정부는 외환보유와 기업구조 조정을 위해서 투자제한 업종을 대폭 축소하고 규제완화와 인센티브 확대 정책을 시행했다. 외국인투자는 외환관리법과 외자도입법의 소관이었으나 1998년에는 새롭게 외국인투자촉진법을 제정하여 촉진법에서의 규정으로 확대됐다. 외환위기를 전후로 외국인투자는 규제 위주의 관리대상에서 인센티브 위주의 촉진대상으로 관계 법령의 전환이 이루어졌다. 한국 정부는 3년 만에 IMF(국제통화기금)의 구제금융 통제에서 벗어났다. 외국인투자유치의 목표도 바뀌어야 했다. 외환위기 극복에서 선진 기술국이 되기 위해 산업구조를 고도화하는 중앙정부의 정책 방향이 설정됐다. 신규 첨단산업을 위한 외자유치, 기존 산업첨단화를 위한 외자유치, 기능심화를 위한 외자유치 등 세 그룹을 구분하여 맞춤형 전략으로 유치하는 '전략적 외자유치 정책'을 채택하였다. 균형적 접근 태도 성격을 반영한 정책이다.

2000년대 들어서는 **균형적 접근 태도** 현상이 나타났다. 외국인투자의 경제적 이점을 인정하면서도 국가 이익을 다른 기준들, 예를 들면 안보나 외교, 환경과 지속 가능 성장 등 다른 정책 기준을 포함하여 정책 간 균형을 맞추며 추진하는 외국인투자 정책이다. 정치적 기준으로 국가안보와 보호무역주의 차원에서 외국인투자에 대해 규제까지 가하는 정부 태도가 표출된다. **미국 정부**의 태도가 그 예이다. 트럼프 정부는 외국인투자위원회(CFIUS)의 권한을 확대하여 외국인투자에 대한 심사를 강화하고, 중국 기업의 미국 투자를 제한하는 정책을 폈다. 뒤이은 바이든 정부도 반도체, 양자기술, AI 등 특정 분야에 대한 중국의 미국 투자를 제한하는 행정명령을 발표했다. **유럽연합(EU)**은 2019년에 EU 차원의 '외국인투자 스크리닝 규정'을 발효했다. 주요 인프라, 핵심기술 등에 대한 외국투자 심사를 강화한다는 규정이다. EU 회원국의 안보와 공공질서에 대한 잠재적 위험을 식별·평가·완화하기 위한 목적을 외국인투자유치 정책에 포함하였다. **폴란드 정부**도 균형적 접근 태도를 보였다. 폴란드는 EU 회원국으로서 스크리닝 규정을 따라야 하는 의무도 있지만 이와 별도로 2020년에 새로운 외국인투자 심사규정을 도입했다. 국가안보 및 전략적 이익 보호를 위한 조치로서 EU, 유럽경제지역(EEA), 경제협력개발기구(OECD) 회원국 이외의 투자에 대한 제한 요건을 강화하고 연간 매출액 1천만 유로 이상 기업을 인수할 경우에는 사전통보를 의무화하였다. 또한 중요 인프라, 핵심기술, 에너지 안보, 의료·제약, 식품 안보, 데이터

처리 및 저장 등을 규제대상 산업으로 선정하였는데 인근 지역에서 일어난 전쟁과도 무관치 않다고 볼 수 있다.

역사적 외국인투자 정책 변천 단계

다음은 정부의 태도에 따라 역사적으로 외국인투자정책이 어떻게 변천되었는가를 구분하고 단계별 주요 내용을 살펴본다. 정부의 태도를 네 가지로 분류하였는데, 각 태도는 단계를 구분하는 기준으로 각 태도의 속성을 파악한다면 변천 단계를 이해하는 데 도움이 될 것이다.

현재 가장 많은 국가에 해당하는 자유시장 지향 태도와 균형적 접근 태도를 중심으로 **정부 태도별 속성**을 비교한다. 외국인투자에 대한 **자유시장 지향 태도**는 급진주의적 이념 태도나 실용적 민족주의 태도보다 적극적이고 우호적이다. 급진주의적 이념 태도는 모든 외국인투자에 대해 거부감을 보이며, 실용적 민족주의 태도는 이익의 크기에 따라 선별적으로 호응을 보이고, 자유시장 지향 태도는 모든 외국인투자에 호응한다. 다만 주의할 사항은 자유시장 지향 태도의 호응 강도이다. 자유시장 지향 태도는 호응의 강도 면에서 모든 외자유치 건(件)에 대하여 동등하지 않다. 실용적 민족주의 태도와 달리 모든 외자유치 건에 대해 원칙적으로 부정을 하지 않고 호응(즉 비선별적 호응)을 하지만, 정부의 특정 경제정책에 도움을 주는 건에 대하여는 강도 높은 호응을 하는, 즉 '강도에 있어서 차별적 호응'이라는 속성을 지닌다. 이는 투자유치국 정부가 외국인투자 대상에 대한 '타겟팅' 개념을 적용함을 의미한다. 즉 자유주의 지향 태도 정부는 자국의 경제효과에 긍정적 영향을 주는 모든 투자유치 건에 대하여 가급적 모두를 유치하려 한다. 그러나 정부의 인력과 투자인센티브 재원의 제한으로 인해 가장 시급하고 파급효과가 큰 투자 건부터 우선순위에 놓고 투자유치 계획을 수립한다.

균형적 접근 태도는 전반적으로 전체 외국인투자에 대한 정부의 우호적 태도가 자유시장 지향 태도에서보다 오히려 못하다. 그러나 몇몇 전략적 산업에 대해서는 매우 적극적이고 우호적이다. 나머지 외국인투자 건에 대해서는 거부는 하지 않지만, 최선의 유치 노력 또한 하지 않는다. 그러나 전략적 산업을 자국 내에서만 육성해야 한다면, 오히려 자국 다국적기업의 해외직접투자를 제한하고, 또한 이미 해외에 진출한 기업까지 귀환토록 하는 리쇼어링(reshoring) 정책을 병행한다. 해외에 입지한 자국의 기업까지 투자유치 대상에 포함하는 것이다. 외국인투자의 경제적 파급효과의 이점만 감안하는 것이 아니라, 사회, 안보, 정치 등 다양한 측면을 전략적으로 고려한다는 데서 외국인투자에 선별적 접근이 일어나기도 한다. 실용적 민족주의 태도와 다른 점은, 선별의 기준이 실용적 민족주의 태도는 경제적 측면으로만 이익/비용을 계산하는 데 비해 균형적 접근 태도는 경제적 측면 이외의 다양한 기준들, 즉 사회·안보·정치 측면이 기준으로서 국가의 이익/비용을 균형 있게 고려한다는 데 있다.

다국적기업의 외국인투자에 대한 각국 정부의 태도에 대해 세계대전 종료 후 현재까지 일어난 **역사적 외국인투자정책 변천 단계**를 시기별로 정리한다. 요약하면, 급진적 이념에서 점차 실용적이고 합리적인 정부 태도로, 또한 초기의 경계심에서 적극적 유치로 정책이 전환되었다. 이후 무분별한 개방에서 다양한 인접 정책을 가미한 균형 잡힌 외국인투자정책으로 진화하였다. 정부의 태도와 단계 구분은 모든 국가와 정부에 일률적으로 해당하지는 않는다. 편의상 현상이 두드러지게 나타난 시기를 연도 구간으로 하였으나, 오늘에도 급진주의적 이념 태도를 보이는 정부가 여전히 존재한다. 역사적 흐름에서 정부들의 외국인투자정책에 대한 기조와 전개 경로를 안다면, 개별 국가의 정부가 향후 정책수립 단계를 예측하는 데 도움이 될 것이다.

● 급진주의적 이념 시기 : 1945년~1970년대 말

제국주의 시대 갈등으로 발발한 세계대전이 종료된 후에도 개도국 정부는 서구 열강의 자국시장 진입을 달가워하지 않았다. 제국주의 열강을 대체하는 신흥 자본주의 강대국의 대리인으로서 다국적기업에 대한 경계심이 형성됐다. 마르크스주의 및 종속이론에 기반을 둔 반제국주의, 민족주의적 이념이 개도국 중심으로 퍼져나갔다. 이들 국가의 정부는 외국인투자를 다국적기업 자신과 본국의 이익만을 추구하는 현지국 부와 자원의 착취 도구로 간주하였다. 특히 중남미와 아프리카 대륙, 아시아의 사회주의 국가들에게 부정적 이미지로 깊게 자리 잡았다.

● 실용적 민족주의 시기 : 1970년대 초반~1980년대 초반

각국 정부가 자국의 경제발전을 위하여 외국인투자를 실용주의적 시각으로 새롭게 평가한 시기이다. 다국적기업의 고용 창출, 기술이전 등 긍정적 효과에 주목하고, 투자편의와 투자인센티브 제공과 같은 촉진수단도 점차 도입하였다. 급진주의적 이념의 시기와는 달리 외국인투자 단점만 아니라 장점까지 고려하고, 경제적 이익/비용을 꼼꼼히 따져본 뒤 득이 되는 외국인투자만을 선별해 유치하였다. 자본과 기술 유치를 위해 외국인투자를 제한적으로 허용하지만, 이익의 본국 송금에 대해서는 규제를 가하여 국제수지 악화를 막겠다는 것이 정부 입장이다.

● 자유시장 지향 시기 : 1980년대 중반~2000년대 초반

신자유주의 이념이 세계적으로 확산한 시기로 각국이 시장 개방과 규제완화를 통한 경제성장 추구가 일시에 일어났다. 선진국뿐 아니라 개도국도 외국인투자에 대해 적극적 유치로 방향을 전환하였다. 선진국 다국적기업의 투자재원은 한정적이므로 이들 유치를 위해 개도국 간 경쟁이 치열하였다. 금융시장을 비롯한 노동시장, 경쟁시장 등에 규제완화와 자유경쟁 원칙을 적용하고, 양자 간, 지역 간 투자협정 체결을 통하여 투자장벽을 제거하는 외교적, 국제정치적 노력을 기울였다. 외국인투자 유치액이 국가 지도자나 지자체장에게 최고의 공과로 평가받는 분위기가 형성됐다.

● 균형적 접근 시기 : 2000년대 중반~현재

외국인투자 편익을 경제적 파급효과만을 적용했던 관점에서 외국인투자에 국가안보, 환경, 노동 등 다양한 가치를 균형적으로 함께 고려하는 시기다. 외국인투자의 긍정적 효과는 인정하되 부작용도 주의 깊게 인식한다. 이를 위해 미국이나 EU 회원국도 투자 스크리닝과 심의기능을 추가하거나 강화한다. 단기 경제적 성장 측면에만 정책 비중을 두는 것이 아니라 지속가능 성장, 환경, 노동자 권리 등 다양한 정책 가치를 외국인투자 유치 시 반영한다. 개도국도 외국인투자의 질적 측면을 중시하며, 고용과 낙후지역 개발에 초점을 맞췄던 선진국 투자정책도 자국에서 특별히 전략적으로 육성할 산업이 있다면, 선별적으로 집중적인 투자유치를 시도한다. 정책목표 간에도 균형을 반영한다.

외국인투자와 현지국 편익/비용

"현지국 정부는 경제환경에 맞춰 외국인투자의 편익을 최대로 하고 비용은 최소로 하는 정책을 마련한다."

외국인투자가 현지국의 편익과 비용에 미치는 영향에 대해 서술하면 다음과 같다. 현지국 정부는 편익과 비용을 그 자체에 장점과 단점으로 구분하는 것에 초점을 맞추기보다는 편익을 크게 하고 비용을 최소화하는 방안에 정책의 초점을 맞추어야 한다. 편익과 비용은 동전의 양면적 성격을 지니고 있기 때문이다. 예를 들면, 투자 초기단계에서 외국인투자에 의한 시설자금이 현지국에 유입되면 국제수지 자본계정에 긍정적 영향을 주지만, 조업활동을 한 후 현지에 얻은 투자이익을 본국으로 송금하면 자본계정에 부정적 영향을 미치게 된다. 다국적기업의 경쟁우위도 현지국 경제에 확산 및 이전효과로 흡수되면 현지국의 경쟁력 강화에 도움이 되지만, 만일 다국적기업 현지시장 독점화의 원동력으로 작용한다면 독점화에 따른 현지국 후생수준은 떨어진다. 외국기업은 정부 정책과 주권에 대한 통제력 누수를 가져오게 하는 경우가 있다. 이는 부정적 측면이다. 그러나 오히려 글로벌 스탠다드 원칙이 현지시장 경쟁 논리로 작용하게 함으로써 시장의 선진화와 국제화에 도움을 주는 긍정적 측면도 발휘된다.

외국인투자의 편익은 곧 현지국에 미치는 경제적 파급효과를 일컫는다. 이는 현지정부의 외국인투자정책의 목표가 된다. 정책목표와 관련한 경제적 파급효과 내지 편익에 대해서는 제3부에서 별도의 지면으로 상세히 서술한다. **외국인투자의 현지국 편익/비용**을 간추리면 다음과 같다.

● 외국인투자의 현지국 편익

외국인투자의 경쟁우위는 기업 내 소유한 자산이지만 현지에서 경영활동을 수행하는 동안에 현지시장 또는 현지기업에게 **전략적 자산 이전 및 학습효과**가 일어나게 된다. 단독투자보다는 합작투자의 경우에, 또한 현지정부가 외국기업과 토착기업 간 링키지 프로그램(linkage program) 강화는 이전과 학습효과를 크게 한다. 경영노하우 및 생산기술력과 같은 지적자산뿐 아니라 재무자산도 이전된다. 공장설립과 시설재 설치에 필요한 자금이 본국에서 현지국에 송금되면 현지국의 **국제수지 개선**의 재료가 된다. 자본유입 계정에 증가요인으로 표기되기 때문이다. 외국기업의 현지투자 목적이 현지에서 생산한 제품을 본국으로 반입하거나 제3국에 수출하는 데 있다면 현지국의 국제수지 개선효과는 더 커진다. 현지시설 설립과 운영과정에서 인력 채용이 필요한데, 이는 현지국에 **고용증대**라는 현지정부의 거시지표 관리에 호재가 된다. 시장경쟁 구조에도 선한 영향을 줄 수 있다. 현지시장에서 외국기업의 활동은 국제적 기준과 방식을 현지시장에 도입됨을 의미하며 이는 시장의 투명성을 높이고 간접적으로 현지정부의 부패와 부조리 방지에도 도움을 주어 **경쟁시장 및 행정조직 효율성**을 증가시킨다. 고용창출을 비롯하여 기술이전, 외환유입, 지역개발, 경제성장 등은 외국인투자가 현지정부에 주는 대표적인 편익이다. 이들에 대하여 후에 다시 자세히 설명한다.

● 외국인투자의 현지국 비용

국제적 경쟁우위를 가진 다국적기업이 현지시장에 진입하면 현지 토착기업의 시장점유율은 떨어지게 된다. 자본력과 기술력을 가진 외국기업은 시장점유율 1위 또는 2위의 토착기업을 인수형식으로 직접투자를 실행하기도 하는데, 그럴 때는 외국기업의 독점화의 속도는 빨라진다. 현지시장 독점화는 현지부품공급자에게는 수요독점자가 되어 낮은 가격으로 납품을 받고, 소비자에게는 공급독점자가 되어 높은 소비자가격으로 판매하여 **독점화에 따른 경제후생 감소**가 일어나며 외국기업의 마진으로 이전된다. 외국기업이 현지시장에서 획득한 마진을 본국으로 송금하는 것은 **국제수지 악화**로 계산된다. 자본계정에서 유출로 표기되기 때문이다. 본국시장으로부터 부품조달 비율이 높으면 높을수록 본국에 수입대금 지급액이 커지므로 자본유출액도 커진다. 외국기업이 현지시장에 많아지면 아무래도 토착기업만 있는 경우보다 시장에 대한 현지정부의 조정과 통제 권한이 약화할 수 있다. 현지정부 입장에서는 이를 **자치권 약화나 주권의 침해**로 간주할 수 있다. 이는 거꾸로 앞서 기술한 바대로 글로벌 스탠다드 편익 효과에 대한 반대 급부적 해석이라 할 수 있으며, 이를 비용으로 처리하기보다는 편익을 증대하고 비용을 감소하게 하는 보완적 대응조치로 해결하는 것이 바람직하다.

2

해외직접투자전략의 수립과 실행

01 해외직접투자전략의 수립

조달활동과 해외직접투자

기업의 조달활동과 해외직접투자가 학술용어로서 어떻게 연관되는지를 살펴보자. 기업은 완제품을 생산하여 소비자에게 판매하기도 하지만 원부자재, 부품 등과 같은 중간제품을 생산하여 최종적으로 완제품을 생산하는 조립생산업체에게 제품을 공급하기도 한다.

물론 조립제조업체가 연구개발, 부품, 조립, 판매 등 가치사슬의 전체 과정을 모두 수행할 수 있다. 하지만 전문성 및 투자자금 부족과 같은 이유로 기업 외부의 공급자에게 이를 대행하게 하는 경우가 있는데, 이러한 방식이 아웃소싱(outsourcing)이다. 기업성장전략으로 전·후방 가치사슬을 조직 내부로 통합하는 것이 수직적 통합인데 비하여 **아웃소싱**은 가치사슬을 조직 외부로 분리하는 것으로 수직적 통합의 상대적 개념에 해당한다. 또한 부품조달 활동 측면에 초점을 맞춘 용어로서는 부품을 조직내부에서 직접 생산하여 조달받는 방식인 **인하우스**(in-house)와 구별할 때 사용한다.

"다국적기업의 네 가지 조달활동 중 역외생산이 '해외직접투자'이다."

이들 용어를 바탕으로 **조달활동과 입지에 따른 유형**을 구분해 보자. [그림 2-1]은 기업의 조달활동과 그 조달활동이 일어나는 입지가 국내인지 또는 해외인지에 따라 네 가지 유형으로 구분한다. 먼저 **오프쇼어링**(offshoring)은 기업의 아웃소싱 활동을 국경 밖에서 수행하는 경우이다. 이와 반대로 **온쇼어링**(onshoring)은 아웃소싱 활동을 국내에서 수행하는 것이다. 각각을 **역외조달**(international/foreign outsourcing)과 **역내조달**(domestic outsourcing)이라고 한다. 요약하면 아웃소싱을 할 때 역외에서 수행하면 역외조달(오프쇼어링)이고, 국내에서 수행하면 역내조달(온쇼어링)이 된다. 마찬가지로 인하우스 방식으로 할 때 기업이 해외에 생산시설, 즉 해외 자회사를 설립하고 이를 통해 조달하는 경우가 **역외생산**(international/foreign in-house)이며, 국내 조직에서 생산하여 조달하는 경우가 **역내생산**(domestic in-house)이다. 역외생산의 경우가 바로 '해외직접투자'이다. 기업의 조달활동과 관련하여 역외생산의 해외직접투자를 설명할 때 특히 **캡티브소싱**(captive sourcing)이라고 표현한다. 이때 캡티브는 본국의 본사로부터 지시를 받아 본국의 본사에만 납품하는 종속 관계에 있는 현지 자회사의 내부조달 형태를 지칭하는 용어이다.[37] 요약하면 인하우스를 할 때 해외 자회사의 생산시설을 통하면 역외생산(캡티브소싱)이고, 역내에서 수행하면 역내생산이 된다. 이때 해외직접투자는 조달활동을 역외생산활동으로 수행하는 것으로, 성격은 종속적인 캡티브소싱 속성을 지닌다고 할 수 있다.

이들의 **파생용어와 해외직접투자의 관련성**에 대해서도 알아보자. **리쇼어링**(reshoring)은 해외활동을 하던 기업이 그 활동을 원래 수행했던 지역에서 되돌아와 수행하는 것을 말한다.[38] 현지 사업환경이 악화되거나 보호무역주의와 같은 정치환경 변화로 인해 국내로 회귀하는 경우가 해당한다고 하겠다. 리쇼어링은 오프쇼어링에 대한 상대용어로서 온쇼어링(onshoring), 인쇼어링(inshoring), 백쇼어링(backshoring) 등으로도 혼용되고 있으며 학술적으로 명확히 정의되어 있지 않다. 우리나라 정부와 공공기관에서는 리쇼어링을 '생산비와 인건비 절감 등을

> "국내복귀의 리쇼어링정책 대상은 기업의 오프쇼어링 대체가 아니라, 역외생산인 캡티브소싱의 대체이다."

그림 2-1 기업의 조달활동과 입지에 따른 유형

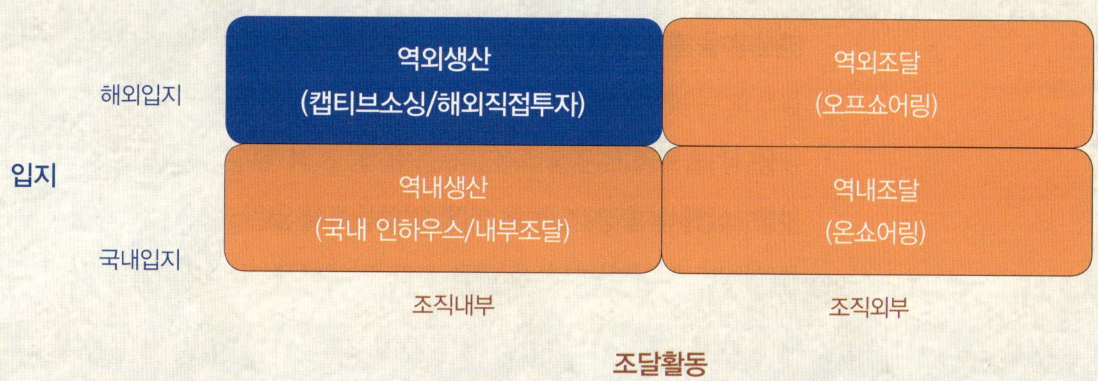

이유로 해외로 생산시설을 옮긴 기업들이 다시 자국으로 돌아오는 현상'[39] 또는 '해외에 있는 타사 또는 자사 계열사의 제조나 서비스 역할을 이전하여 수행하는 일'[40] 등으로 해석하고 아예 리쇼어링 기업,[41] 국내복귀기업[42] 등으로 표현하고 있다. 리쇼어링 기업 또는 리쇼어링 정책을 해외직접투자 철수 기업 또는 이들 기업의 국내복귀 정책으로 간주하고 있는 것이다. 따라서 학술적 구분인 네 가지 유형에서 오프쇼어링을 대체하는 것이 아니라 기업의 캡티브소싱에 대한 대체 행위로서 리쇼어링이라는 의미로 파악하는 것이 현재의 정부차원의 정책을 이해하는 데 도움이 된다. 즉 정부 정책에서 리쇼어링의 대상은 기업의 역외생산(해외직접투자)인 것이다.

기업특유자산의 활용과 해외직접투자

국내시장을 넘어 해외시장에 진출하여 수익을 증가시키려는 기업이 부가가치를 창출할 수 있게 하는 원천으로 다른 기업에 비해 차별적으로 보유한 기술, 인적 자본, 설비 등이 있다. 이와 같은 요소를 **기업특유자산**(firm specific assets)이라고 한다. 우월한 기업특유자산은 기업의 경쟁우위 형성의 기반이 되는데, 경쟁우위는 생산과 관리의 양 측면을 반영하여 '생산기술력과 경영노하우'로 표현한다. 그렇다면 기업은 다른 기업과 차별적으로 보유한 우수한 생산기술력과 경영노하우를 국제시장에서 어떻게 활용하여 수익을 올릴까? 이를 기반으로 국경을 넘어 현지시장에 진출하여 수익을 추구하는 방식을 수출, 국제라이선싱, 해외직접투자 등으로 나눠 볼 수 있다.

생산기술력과 경영노하우, 즉 특허 및 지적 재산권, 상표와 브랜드, 운영관리 기술, 생산성 향상 기술 등 개별 기업특유자산은 그 자체에 시장에서 높은 가치를 인정받고 있다. 따라서 이를 시장에서 직접 거래 대상으로 하여 해외 수요자에게 높은 가격으로 팔거나 임대하여 수익을 창출할 수 있다. 이는 **국제라이선싱 방식의 수익 창출**이다. 그런데 만일 생산기술력과 경영노하우를 자신이 직접 제품을 생산하는데 투입한다면 생산공정에 참여한 대가와 보상으로서 생산 마진까지 챙길 수 있다. 기업은 그 크기가 라이선싱을 활용한 수익(부가가치) 창출 경우보다 더 클 때 시도하겠지만, 추가된 기업활동 수행에 따른 투자위험 감수이므로 일반적으로 라이선싱보다는 마진이 더 크다고 할 수 있다. 또한 라이선싱 도입자에게 기술력을 제공할 여지를 아예 없애 자사 제품에 대한 잠재적 경쟁자 양성을 견제할 수 있는 부수적 장점이 있다. 이처럼 국내시장에서 생산활동을 수행하고 생산한 제품을 국경을 넘어 해외시장으로 판매하는 것이 **수출 방식의 수익 창출**이다. 한편 생산활동을 국내에서 수행하지 않고 현지시장에 생산시설을 만들어 현지에서 제품을 생산한 후에 현지시장 또는 다른 시장에 제품을 판매(수출)하는 경우가 **해외직접투자 방식의 수익 창출**이다. 생산입지를 해외로 정할 때 국내에서 생산할 때 투입하는 국내생산요소(국내에 존재하는 자본, 노동력, 천연자원 등)보다 저렴한 해외생산요소를 공급받을 수 있는 국가에 생산시설을 운영하게 됨으로써 그만큼 생산비용을 절감할 수 있을 것이므로 해외직접투자는 수출보다 비용절감에 따른 더 높은 마진폭을 확보할 수 있다. 세 가지 진출방식의 부가가치 창출 원천을 **기업특유자산을 기준으로 비교**하면, **국제라이선싱**은 경쟁력 있는 기업특유자산 그 자체를 임대하거나 판매되는, 즉 기업특유자산의 시장 가치로서 발생

> “해외직접투자는 기업특유자산을 해외입지에서 생산활동에 투입한 진출방식이다.”

그림 2-2 기업의 수익창출을 위한 특유자산 활용 방식

	기업특유자산을 생산활동에 투입하지 않고 임대/판매	기업특유자산을 생산활동에 투입	
		국내 생산시설에서 활용	해외 생산시설에서 활용
국제라이선싱	○		
수출	X	○	
해외직접투자	X	X	○
		제품 내재화	조직 내부화

하는 수익이며, **수출**은 기업특유자산이 국내에서 생산활동과 결합하여 생산된 제품에 내재되고 그 제품이 국경을 넘어 판매되는, 즉 기업특유자산이 체화된 국내생산 제품의 해외 판매로부터 발생하는 수익이며, **해외직접투자**는 기업특유자산이 제품이 아니라 현지 생산시설 또는 현지 신설법인/조직에 내재화한 후, 즉 현지시장에서 조직내부화를 통한 기업을 설립하고 저렴한 현지 생산요소를 생산활동에 투입함으로써 발생하는 수익이다.

산업 및 투자목적과 해외직접투자

다국적기업의 투자결정과 투자입지선정의 실행은 기업이 해외시장에 진출하고자 하는 동기나 목적, 또는 기업이 속한 산업에 따라 영향을 받는다. 제조업의 경우와 서비스업의 경우가 다르고, 또한 현지 내수시장에 진출하기 위한 직접투자와 현지에서 생산된 제품을 인근 지역에 다시 수출하기 위한 거점으로 진출하는 직접투자가 다르다. 기업이 고려하는 투자환경 요소의 우선순위를 다르게 한다.

"산업과 투자목적별로 다국적기업이 고려하는 투자환경 요소는 다르다."

제조업 분야에서도 일반제조업과 첨단제조업 간 차이가 난다. 생산단가와 효율성이 중요한 **일반제조업**은 임금, 원부자재 등의 생산비용을 얼마나 절감할 수 있는가가 투자대상지의 지리적 우위를 가늠하는 기준이나 반도체, 첨단소재 등 첨단제조업은 조립공정에 투입하는 근로자의 임금수준보다는 인적자원과 기술수준이 투자 최적지 평가요인 중 상위를 차지한다. **첨단제조업** 분야의 글로벌 반도체 제조기업인 삼성전자나 TSMC는 투자입지 선정 시 이러한 풍부한 연구개발 인력과 지역의 기술수준, 그리고 특허권 보호, 투자인센티브, 국가위험도, 생활환경 등을 고려한다. 반면 일반제조업 분야에서 중시하는 노사관계 안정성은 크게 고려하지 않는다. 첨단분야의 고급 연구인력에게 근무 만족도를 제공하기 위해서는 자녀교육, 문화생활, 건강(병원) 등에 대한 욕구를 충족시켜주는 입지조건이 요구되기 때문이다. 다국적기업의 **지역본부** 형태나 경영/법률 컨설팅과 같은 지식서비스업종, 병원, 헬스케어 등 의료서비스 분야는 첨단분야에서 중시하는 요소와 유사하지만 특별히 지리적 위치 및 출입국 용이성, 언어소통 등을 추가로 포함한다. 한편 투자인센티브는 일반제조업, 첨단제조업, 서비스업 등에 공통으로 포함되어 있다. 다만 인센티브 적용의 기준면에서 차이가 존재한다. 일반적으로 현지정부는 외국인투자를 유치하기 위해 일반제조업은 고용인원에 비례하여, 또 첨단제조업은 연구개발능력이나 기술수준에, 그리고 지역본부 및 전문서비스는 기능의 수행 정도에 맞춰 인센티브 제도를 설계하고 운영한다. 따라서 다국적기업은 투자입지 선정 시 투자업종별로 각각의 해당 인센티브 수준에 관한 확인이 필요하다.

표 2-1 산업 및 투자목적별 투자환경 고려 요소

투자 환경 요소	일반 제조업	첨단 제조업	지역본부/전문서비스	물류업	관광업	시장지향형 투자	수출거점형 투자
시장규모	√	√	√			√	
생산비용	√						√
인적자원		√	√				
기술수준		√	√				
해상/항공시설			√	√	√		
통신 인프라			√	√			
출입국 용이성			√		√		
지리적 위치			√				√
특허권 보호		√	√				
투자 인센티브	√	√	√				√
조세	√	√	√				
관세				√			√
국가 위험도		√			√		
노사관계	√			√			
생활환경		√	√				
언어소통			√		√		

물류업과 관광업은 현지 국가에 대한 접근에 진입장벽이나 제한이 없는 환경요소를 중시한다. 해상 및 항공시설은 제품이나 사람의 이동에 대한 기본적인 물류업과 관광업 공통의 편의시설이다. 다만 다양한 물품에 대한 통관업무를 위해 물류업은 통신인프라가, 또한 관광업은 사람의 출입국 용이성이 상대적 비중 높은 투자환경 요소이다. 관광업은 관광객의 신변안전이 보장되어야 하므로 국가위험도 그리고 관광의 편의 증진을 위한 현지에서 언어소통 여부가 투자결정요인으로서 고려할 요소이다.

해외생산기지를 구축하여 현지 생산 물품을 본국 또는 제3국으로 수출하는 **수출거점형 투자**의 경우에 노동집약적 제품을 효율적으로 생산하기 위해 임금수준과 노동공급의 안전성 요소를 높게 평가하고, **시장지향형 투자**는 자사 생산제품에 대한 잠재 소비시장 규모와 향후 시장성장성을 높게 평가한다. 수출거점형은 주로 현지고용을 기반으로 노동집약적 제품을 효율적으로 생산하기 위한 목적의 투자이므로 통관과 운송과 관련한 지리적 위치, 관세, 투자인센티브 등도 비중 높은 요소가 된다.

해외직접투자의 조직구조

해외직접투자는 수출과 라이선싱과 같이 기업의 경쟁우위를 시장거래 기반으로 수익을 창출하는 국제화 방식이 아니라, 본국의 모기업이 현지에 생산시설과 같은 조직기관이나 자회사를 새롭게 구축하는 방식이다. 따라서 본사와 새로 신설한 자회사 간 기능의 분배 및 지리적 배치 문제가 뒤따르다. 이는 기능(가치사슬)의 배치 구조에 따른 본사와 자회사 간 통제력 분할 문제를 발생시킨다. 본사의 역할을 권역별에 대신하는 지역본부를 설립할 수 있고, 각기 다른 자회사 유형을 채택할 수 있다. 신설 자회사는 현지법인으로서 현지의 사회망에 노출되어 있다. 이는 본사와 자회사 간 네트워크뿐 아니라 현지 네트워크 편입에 의한 2차, 3차 네트워크 환경이라는 새로운 기업환경에 직면할 수 있음을 시사한다. **해외직**

접투자 조직구조 설계 시 반영해야 할 이와 같은 주제에 대해 다음과 같이 소제목을 붙여 설명한다.

가치사슬 배치와 통제시스템 설계

글로벌통합화 전략은 전 세계가 단일시장이 되면서 가격경쟁이 심화함에 따라 가치사슬 활동을 한곳에 집중적으로 배치하여 규모의 경제 효율성에 따른 가격경쟁력을 확보하는 전략을 말한다.[43] 기업환경의 글로벌화 추세가 가속화되어감에 따라 글로벌전략을 채택하는 다국적기업의 수가 증가하였는데, 이러한 현상은 오늘날의 일이 아니며 1980년대부터 미국과 유럽의 다국적기업에서 발견되기 시작했다.[44] 글로벌통합화 전략을 추구하는 다국적기업의 조직구조는 각각의 가치사슬을 하나의 자회사에 분산배치를 하고 이들 가치사슬의 통합 및 조정을 본사가 관리하는 조직형태를 갖는다. 반면 **현지반응화 전략**은 현지시장이 독립적이거나 변화가 빈번하여 자회사가 신속한 의사결정을 내려야 할 때 채택하는 전략이다. 조직구조는 전체의 가치사슬를 현지 자회사에 두고 본사의 관여 없이 현지법인의 재량으로 관리한다. 자회사는 시장상황에 맞춰 지역전략을 수립하고 조달물품, 자금, 인력 등을 자체적으로 조달하여 수행한다. 모든 가치사슬이 한 곳에 있으므로, 글로벌조직구조처럼 하나의 가치사슬을 크게 하여(자원을 몰아주어) 발생하는 규모의 경제 효율성을 거두기는 어렵다. 그러나 반대급부로 현지 시장변화에 대한 신속한 의사결정과 지역특화 제품생산에는 강점을 지닌다.

이러한 각기 다른 두 가지 전략유형은 본사와 자회사 조직의 가치사슬 배치에 영향을 주며, 나아가 **본사와 자회사 간 통제방식**에도 영향을 준다. 최종적인 기업마진은 연구개발부터, 부품조달, 조달물류, 생산, 판매물류, 판매 및 마케팅, 사후관리서비스 등 상류 및 하류의 가치사슬 활동을 완결해야 창출된다.[45] **글로벌통합화 조직구조**에서는 본사가 자회사별로 분배된 가치사슬을 통합하여 완결하는 역할을 담당한다. 이 과정에서 본사는 각 자회사를 지휘하고 조정하는 역할이 요구되므로 **자회사에 대한 강한 통제력**을 가진 통제시스템을 구축하게 된다.

> “글로벌통합화 조직구조는 자회사에 강력한 통제, 현지반응화는 느슨한 통제를 적용한다.”

그림 2-3 전략유형에 따른 조직구조와 통제방식

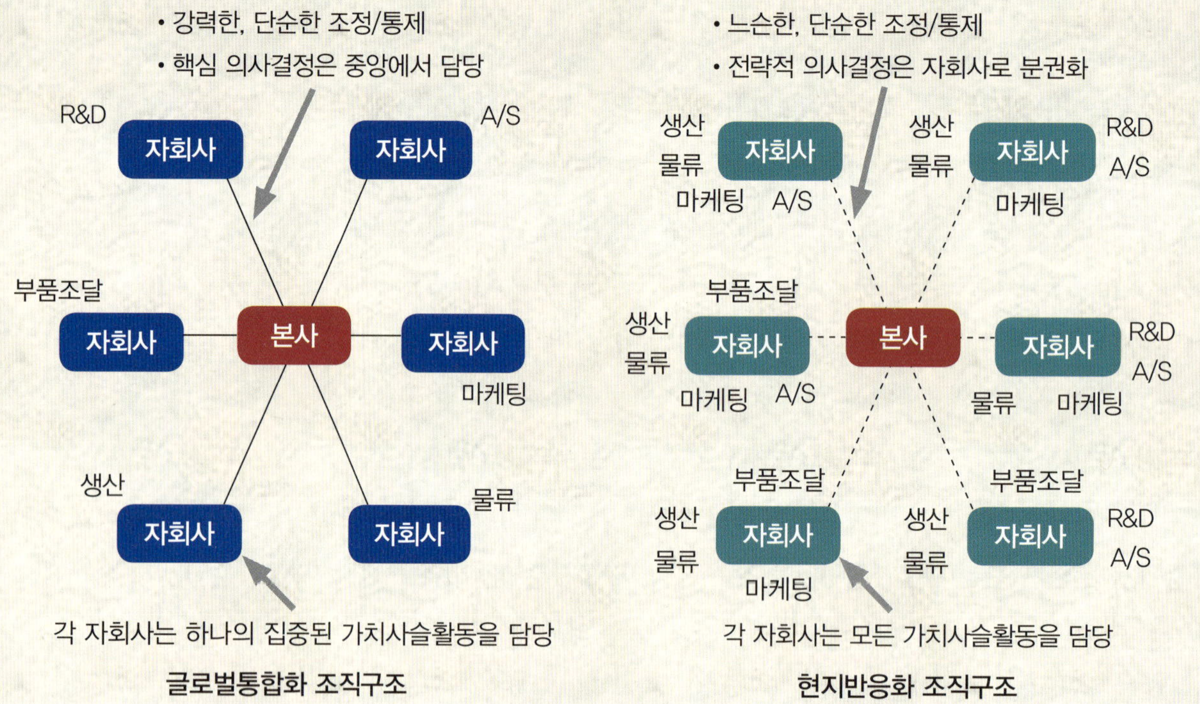

현지반응화 전략을 채택한 경우는 이와 다르다. **현지반응화 조직구조**에서는 각 자회사의 기능이 전체 가치사슬을 조정해야 하는 구조이다. 전체 가치사슬을 현지에 모두 배치한 것은 현지시장에 대한 맞춤형 신속한 대응을 하기 위함이므로 이 목적을 실현하기 위해 자회사는 전체 가치사슬에 대한 전면적인 조정 권한을 갖는다. 본사 입장에서 보면 **자회사에 대한 느슨한 통제력**을 가진 통제시스템을 구축해야 하는 경우라고 하겠다.

양자를 비교하여 요약하면, **글로벌통합 조직의 통제시스템**은 본사는 자회사에 최적의 가치사슬을 배치하고 전체 가치활동에 대해 통합과 조정 역할을 수행한다. 의사결정 권한이 본사에 집중화되어 자회사의 의사결정에 직접 관여한다. **현지반응화 조직의 통제시스템**은 자회사에 모든 가치활동이 배치되어 수익창출까지 자체로 해결한다. 의사결정 권한이 본사로부터 분권화되어 자회사가 독립적으로 현지시장 변화에 대응한 의사결정 사항을 신속하게 결정한다.

자회사 및 지역본부 구조 설계

다국적기업의 전략유형과 조직구조, 그리고 통제시스템의 설계를 바탕으로 진출시장에 대한 권역별 개념을 도입하여 지역본부의 기능과 개념을 설명한다.[46] 앞의 두 가지 전략별 조직구조에 대해 권역별 개념을 적용하여 지역본부의 정의와 조직형태를 추론할 수 있다. 히난(Heenan)과 펄뮤터(Perlmutter)는 다국적기업을 구조기준 및 성과기준과 같은 객관적 기준 외에 경영자의 가치관, 태도 등 주관적 기준을 가미하여 다국적성을 정의해야 한다고 주장한다.[47] 경영자 태도, 즉 경영자가 세계시장을 보는 가치관에 따라 다국적기업을 본국중심주의, 현지중심주의, 지역중심주의, 세계중심주의 등으로 나눈다. 본국중심주의(ethnocentrism)는 본사가 있는 본국에 기반을 두고 본국중심으로 자회사를 관리하는 것이며, 현지중심주의(policentrism)는 개별 현지국 위주로 자회사가 중심이 되는 관리방식을 취한다. 권역중심주의(regiocentrism)는 지리적 권역을 기준으로 하여 권역 내에서 통합관리를 하며, 세계중심주의(geocentrism)는 권역의 영역을 확장해 전 세계 단일시장으로 간주하여 통합관리를 하는 것이다. 자회사 통제와 관련하여 개념을 정리하면 다음과 같다.

- **본국중심주의 :** 본사 위주로 전략 및 경영관리 활동을 수행하는 조직으로 자회사 대해 하향적 조정 및 통제권을 행사한다. 본사의 역할과 영향력이 크며, 자회사는 보조적 지위를 갖는다. 각 자회사는 본사 관점에서 수립한 전략에 따라 본사가 부여한 임부를 수행한다. 글로벌통합화 조직의 통제시스템 원리와 관련지을 수 있다.

- **현지중심주의 :** 현지 자회사 위주의 전략 및 경영관리가 이루어지며, 본사와 자회사 간 수평적 조정·통제 관계를 형성한다. 현지에서 자회사가 경영활동의 중심이 되어 개별적으로 전략을 수립하고 실행한다. 현지시장에 일어나는 변화에 대한 신속한 대응을 중시한다. 현지반응화 조직의 통제시스템 원리와 관련지을 수 있다.

- **권역중심주의 :** 지리적으로 근접한 자회사들을 권역으로 묶어 해당 권역내 통합전략과 경영관리를 실행한다. 현지중심주의가 개별 현지국을 담당하는 각각의 현지 자회사에 초점을 맞춘 경영관리 활동인 반면에 권역중심주의는 권역을 한 단위로 하여 통합적으로 관리한다는 점에서 차이가 있다.

- **세계중심주의 :** 전 세계시장을 대상으로 글로벌 네트워크를 구축하고 사안에 따라 본사 또는 자회사가 구분 없이 주체가 되어 네트워크 내 주도적 조정자로서 역할을 능동적·창의적·유연적으로 수행하는 조직이다. 본국중심주의에서는 본사만이 주도적 조정자 지위를 가지지만 세계중심주의에서는 자회사도 본사역할의 지위를 가질 수 있으며, 본사 및 인근 자회사와 수직적/수평적 기능을 때에 따라 수행한다.

“관리거점형 자회사가 지역본부로 지역거점형 자회사와 구별된다.”

위의 내용을 이론적 근거로 하여 다국적기업의 자회사의 유형을 지역본부와 연결하여 나타낸 것이 [그림 2-4]이다. 그림에서는 개별시장중심과 권역시장중심으로 지리적 구분을 하여 4개 유형의 자회사를 소개한다. **자회사 유형 1**은 개별시장중심적 사고 하에 하나의 가치사슬활동만을 한 개 자회사에 배치한 경우로 본국중심주의 내지 글로벌통합화의 조직구조 및 통제시스템을 적용한 자회사 유형에 해당한다. **자회사 유형 2**는 개별시장중심적 사고하에 전체 가치사슬을 각 자회사에 배치한 경우로 현지중심주의 내지 현지반응화 통제시스템을 적용한 유형이다. **자회사 유형 3a**는 자회사 유형 1이 권역시장중심적 사고에서 설치된 자회사이다. 통제시스템은 유형 1과 같지만, 자회사 규모와 관할영역 측면에서 훨씬 크고 넓다는 차이가 있다. 외국인투자를 유치하는 정부나 정책기관이 지역거점형 투자라고 할 때 유형 3a에 해당한다고 이해하면 된다. **자회사 유형 4**는 지역본부(regional headquarter)이다. 실무 현장에서 지역거점형 투자와 지역본부가 용어로서 혼용되거나 모호하게 사용되고 있는데 본서에서는 지역본부를 관리거점형 투자로 분류하고 명명하여 이를 명확히 한다. 본사 입장에서 지역본부는 권역시장중심적 사고에서 현지반응화 통제시스템으로 지주(앵커) 자회사를 설치한 것이다. 관할 지역이 광대하거나 중요한 시장일 때 본사를 대신할 역할을 부여한 자회사 유형이다. 권역에서 본사 역할을 하는 작은 본사로 간주하면 이해하기 쉽다. 지역본부는 하부구조로 자회사를 다시 설치하고, 이들 자회사에 대해서 글로벌통합화 통제시스템으로 관리한다. 이때 하부 자회사가 유형 3b이다. **자회사 유형 3b**는 유형 3a와 같이 글로벌통합화 통제시스템에 해당하는 공통점이 있으나, 소속 모기업이 3a는 본사인 데 비해, 3b는 지역본부라는 점이 다르다. 또한 규모면에서도 3a에 비해 작게 설립되는 경우가 일반적이다.

본사 입장에서 해외직접투자 전략 수립 일환으로서 자회사 유형을 정리해 보자. 본사는 개별시장에 본사 소속 자회사로 글로벌통합화 전략과 현지반응화 전략의 선택하에 각각 자회사의 조직과 통제시스템을 적용하여 설립한다(유형 1 및

그림 2-4 자회사 유형과 지역본부

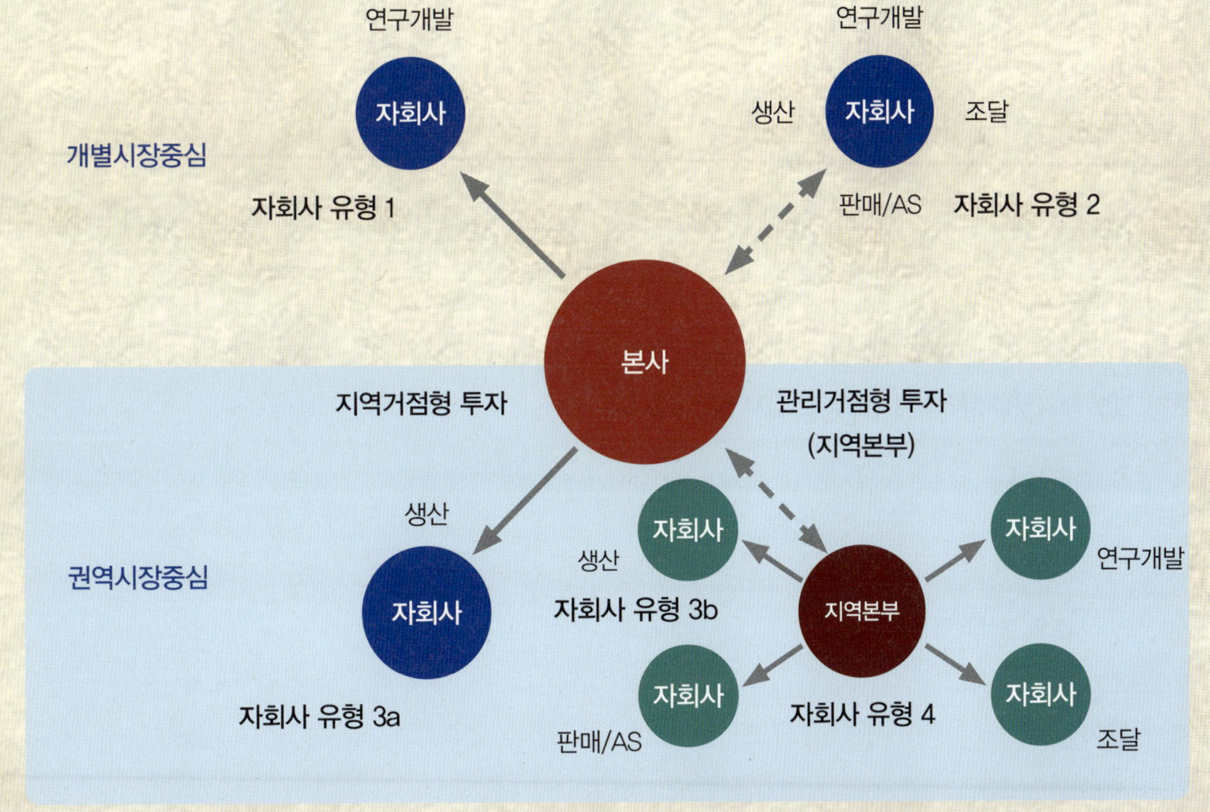

유형 2). 권역별 시장에서는 지역거점형 자회사와 관리거점형 자회사를 설치하는데, 지역거점형(유형 3a)은 글로벌통합화 관점에서 권역에 가치사슬 한 개를 배치하되 규모 면에서 개별시장보다는 큰 권역 수준 자회사이다. 관리거점형(유형 4)은 권역시장에서 본사 역할을 담당하는 지역본부 기능의 자회사로 본사와 관계는 현지반응화 관점이지만, 관리거점형 자회사와 그 하부 자회사(유형 3b) 간 통제시스템은 글로벌통합화 전략을 적용한다.

"다국적기업 지역본부 유치는 아시아 허브 정책의 핵심이다."

지역본부 유형이 외국인투자 유치대상으로 부상한 것은 2000년대에 들어서이다. 21세기를 맞이하여 아시아 주요 국가들 사이에서 국가 비전으로 아시아 허브(hub)를 지향하며 다국적기업의 지역본부 유치를 국가의 허브화에 대한 성과지표로 삼았다. 도시 기준으로는 홍콩, 싱가포르, 상하이, 인천 등이 해당한다. 특히 경제지인 포춘(Fortune) 선정 글로벌 500대 기업을 어느 도시에 몇 개 유치하였는가가 대표적인 허브 도시의 순위로 여겨졌다. 정부가 지역본부를 유치하는 것도 어려운 일이지만, 지역본부의 개념이 중구난방이라 통계마다 기준이 달랐다. 지역본부에 대한 정부 부처의 해석이 다르고 학술적으로 정의가 미흡한 상황에서 정책의 혼선을 빚으며 진행되었다. 지역본부의 결정요인은 일반적인 해외직접투자 결정요인과는 다음과 같은 측면에서 차이가 있다.

실증분석 결과인 〈표 2-2〉를 보면, **관리거점형 자회사의 입지결정요인**은 일반적인 자회사 또는 일반 해외직접투자의 경우와 달리 교통·금융·통신 인프라, 문

표 2-2 일반 해외직접투자와 지역본부 간 입지 결정요인 비교

	일반 해외직접투자	관리거점형 자회사(지역본부)
경제적 요인	**3.95**	3.77
산업요인	**3.98**	3.69
사회 · 정치 · 시장의 정성과 공정성	**4.35**	4.20
교통 · 금융 · 통신 인프라	4.21	**4.26**
문화 · 생활편의 인프라	3.61	**3.89**
출입국 · 사업편의 인프라	3.97	**4.03**

화·생활편의 인프라, 출입국·사업편의 인프라 등에 입지평가 점수(1-5점으로 측정)가 높으며 경제적 요인, 산업요인, 사회·정치·시장의 안정성/공정성 등은 상대적으로 낮은 점수를 보인다. 자회사가 관리거점형 기능을 수행하기 위해서는 인근의 자회사에 대한 빈번한 연락, 인근 시장에 대한 쉬운 지리적 접근 등이 가능하며, 관리자로 본사에서 임원급을 파견하므로 파견된 경영관리자들이 만족할 만한 쾌적한 사회적 환경을 요구한다. 즉, 커뮤니케이션, 영어 등 의사소통 편리성, 공항 및 항만과 같은 교통인프라, 지역 본부장 임원의 주거환경 및 이들 자녀의 교육환경 등은 관리형 지역본부 설립을 유도하는 요인들이 될 것이다. 이와는 달리 거점형 투자 중 생산거점을 예로 든다면, 저렴한 임금수준, 생산비용 등 일반적인 생산효율성 지향의 투자결정요인과 다를 바가 없을 것이다. 또 정치·노사안정성, 시장경쟁 공정성 등과 공급자확보 용이성, 관련 산업발전 정도 등의 산업요인도 지역본부에서보다 생산지향 자회사 혹은 생산거점형 자회사의 입지평가에서 선호하는 환경요소라고 하겠다.

조직 네트워크 설계

다국적기업의 네트워크의 구성을 폭넓게 정의하면, 본사와 자회사, 그리고 현지 사회적 관계망까지 포함하여 3차 네트워크로 구성된다.[48] 1차 네트워크는 본사부터 자회사 간 네트워크, 2차 네트워크는 자회사와 현지 이해관계자 사회적 관계망 간 네트워크, 3차는 현지 이해관계자의 파트너들과 협력 관계를 맺은 이해관계자의 계열화된 네트워크이다. 이때 본사는 본사뿐 아니라 본사가 맺은 다른 제휴회사(affiliate)나 자매 자회사(sister subsidiary)까지 포함한 것으로 '이들과 자회사 간 네트워크'라는 표현이 맞지만, 편의상 '본사와 자회사 간 네트워크'로 줄여서 지칭한다.

● 1차 네트워크 : 본사와 자회사 네트워크

다국적기업의 본사와 다른 자회사로 구성하는 **조직 내부 네트워크**이다. 다국적기업의 자회사가 현지 토착기업에 비해 차별적 위치에 있는 것은 전 세계에 구축된 네트워크를 활용할 수 있다는 것이다. 즉 **다국적기업 조직 내부 네트워크에 편입**에 있다. 자회사는 본사 및 본사의 제휴회사나 자매 자회사가 구축하고 운영하고 있는 기존 네트워크를 공유할 수 있다. 자회사는 본사가 과거부터 축적한 지식을 내부 네트워크를 통해 이전받는다. 이는 토착기업과 경쟁에서 자회사의 가용자원 증진에 도움이 된다. 암묵적 형태로 존재하는 지식은 외부시장에서보다 조직 내부 네트워크를 통해 이전받는 것이 효율적이다. 이러한 현상을 학술용어로는 **내부배태성**(internal embeddedness)이라 한다. 배태성이란 단어는 특정 제도에 대한 내재화 또는 착근화라는 뜻을 담고 있다. 어떤 사물이 주변 환경에 동화하거나 융합하는 것을 반영한 개념이다. 조직 구성원이 자신의 조직 내에 깊이 연결되어 있는 상태를 의미한다.

● 2차 네트워크 : 자회사와 현지 이해관계자 네트워크

“외부배태성은 현지화 방안을 설명하는 기본 논리이다.”

자회사의 현지 이해관계자 사회관계망과의 연계가 2차 네트워크이다. **외부배태성**(external embeddedness)이라 부른다. 자회사가 현지시장에 진출하여 현지 사회관계망 속에서 경제적 행위를 실행하고 관계성을 형성하는 것이다. 자회사의 경제행위가 현지 사회관계에 연계되어 사회관계망에 융합되고 이는 자회사를 현지 토착기업으로 보이게 한다. 자회사는 현지시장에서 소비자, 공급자, 유통업자 등과 관계성을 맺고 현지시장 자원에 대한 접근성, 현지 지식과 전문성의 교환, 현지국 제도와 운영원칙에 대한 풍부한 이해력 등에 대한 접근과 습득할 기회를 얻는다. 현지시장 네트워크에 편입하는 정도가 클수록 자회사가 현지 이해관계자로부터 유용한 정보에 접근하고 정보의 보유량은 증가한다. 이해관계자 네트워크와 연계 강화는 토착기업에 대하여 불리한 외국비용을 경감하거나 회피하게 하여 자회사의 운영 효율성 달성에 도움을 준다. 이러한 외부배태성 논리를 국제경영 연구분야에서는 **현지화**(localization)를 설명하는 기본 원리 중 하나로 삼고 있다. 자회사의 현지 이해관계자 네트워크에 편입과정을 현지화 과정으로 간주한다.

● 3차 네트워크 : 현지 이해관계자의 네트워크

자회사는 현지 이해관계자와 직접 관계를 맺어 구축한 네트워크를 통해 현지시장의 지식, 정보, 자원 등을 획득하기도 하지만 **이해관계자 보유한 기존 네트워크**를 통해서도 이들을 확보할 수 있다. 이러한 3차 네트워크는 이해관계자가 협력 관계를 맺고 있는 파트너들과 형성된 이해관계자의 계열화된 협력 네트워크이다. 3차 네트워크는 세 가지 특징을 가진다. 첫째, 2차 네트워크보다 장기간 형성한 네트워크로 관계망의 질적 수준과 깊이가 더 높고 깊다. 현지 이해관계자는 외국에서 새로 시장에 진입한 자회사에 비해 오랫동안 현지환경에 뿌리를 두고 있어 현지 소비자나 공급선, 관공서 및 지역기반 비정부기구 등과 장기적이고 밀착적인 관계성을 띤다. 둘째, 이들 네트워크는 광범위한 영역 전반에 분포돼 있다. 현지시장의 이해관계자는 현지 네트워크의 내부자로서 현지의 다양한 네크워크에 대해 쉽게 접근하여 각 분야와 광범위한 사회관계를 형성할 수 있다. 첫 번째 특징인 장기성도 광범위성을 형성하는 데 도움을 주었다고 볼 수 있다. 셋째, 암묵적 지식에 대한 접근을 가능하게 한다. 이해관계자의 관계망은 현지의 암묵적 지식을 보유하고 공유

그림 2-5 해외직접투자 조직 네트워크 유형

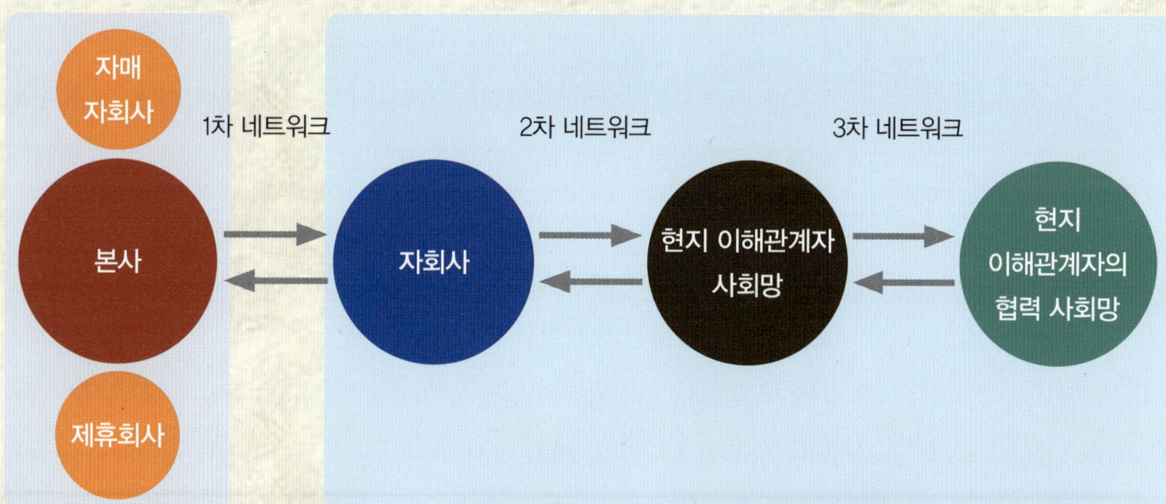

하고 있다. 현지시장에 존재하는 지식은 이방인으로서 자회사가 인식하는 일반적 지식의 속성보다 더 점착적이고 암묵적인 성격을 띤다. 즉 명확성과 객관성이 본국에서 접했던 지식보다는 더 크게 떨어질 수 있다. 그만큼 인식과 체득이 어렵다고 할 수 있다. 2차 네트워크에 대비하여 **3차 네트워크의 특징**을 요약하면, **질적 수준, 양적 수준, 암묵지에 대한 접근성** 등에서 차이가 있다고 할 수 있다.

이들 세 가지 네트워크 유형이 해외직접투자 전략 수립 시 고려할 전략과제와 시사점에 대해 알아보자. 먼저 **네트워크 장점을 이용하는 방법**이다. **현지화를 지향하는 관점**에서 네트워크 부가가치의 총량을 크게 하기 위한 요령을 결론지어 말하면, 본사가 자회사의 2차 네트워크의 강점을 최대한 발휘하게 하기 위해 본사와 자회사 간 네트워크인 **1차 네트워크를 약하게 설계**하고, 자회사가 현지 이해관계자들과 그들의 계열화된 협력자 관계망 간 네트워크인 3차 네트워크 강점을 최대한 발휘하기 위해 더욱 **2차 네트워크를 강하게 설계**한다. 2차 네트워크는 현지반응화 전략에 기초하여 현지화를 실행하는 방편으로 현지에서 형성한 네트워크이다. 따라서 본사가 이를 강하게 제어하고 간섭한다면 자회사의 자율성을 침해하여 현지화 네트워크 구성에 추진력과 속도저하가 일어나고 관계 범위를 좁게 할 우려가 있다. 반면 3차 네트워크는 2차 네트워크의 매개를 바탕으로 활용치를 증가시킬 수 있다. 자회사에게 2차 네트워크는 3차 네트워크의 매개자 또는 조정자 기능을 제공하기 때문이다. 자회사가 3차 네트워크에 직접 접촉할 수 없지만, 2차 네트워크를 강화는 3차 네트워크의 접근 효과를 더욱 크게 한다. 이때 자회사가 현지 이해관계자로부터 신뢰성과 몰입성을 끌어내는 정도가 곧 이해관계자의 관계망 활용 수준의 척도라고 할 수 있다.

“자회사의 강력한 2차/3차 네트워크의 구축은 본사에 대한 협상력 원천으로 작용한다.”

네트워크의 역방향성과 자회사 협상력에 관한 주제이다. 본사로부터 자회사에게 자원 및 역량이 이전되는 방향성은 역방향으로도 성립한다. 자회사가 본사의 지식이나 자원을 이전받고 이를 다시 현지시장에 토착기업과 경쟁에서 사용하는 순방향이 일반적이나, 역으로 현지시장에 있는 지식에 접근하여 습득하고 이를 다시 본사로 이전하는 **역방향성**이 나타나기도 한다. 본사 입장에선 외부배태성은 본사가 접근할 수 없는 현지시장에 존재하는 특화자원을 자회사의 현지 네트워크를 매개로 하여 얻을 수 있는 기회이다. 본사가 원하는 특화자원을 보유한 자회사는 조직 내부 네트워크에서 다른 자회사에 대해 차별적 지위를 갖게 한다. 자회사 입장에선 자회사 외부배태성의 가치가 높을수록 **본사에 대한 협상력**을 높게 한다. 특별하지만 이런 경우를 가정한다면, 더닝의 절충이론과 달리 소유경쟁우위가 없더라도 현지에 직접투자로 진출할 수 있다는 가설도 성립한다. 설립한 현지법인이 외부배태성을 활용하여 현지 진출 이후에 소유경쟁우위를 창출할 가능성까지 염두에 둔다면 해외직접투자의 필요조건이자 출발점인 경쟁우위에 대한 제약을 완화할 수 있다. 반면에 캔트웰의 경쟁자에 대비한 과점적 행동으로 해외입지를 정할 때 실리콘밸리와 같은 기술 중심지(technical pole)로 결정하는 이론은 논리적으로 옹호된다.[49] 앞서 기술한 해외직접투자 동기 중 '현지 지역 보유의 경쟁우위 습득 동기'와 관련되며, 1980년대에 삼성전자를 비롯한 신흥국 반도체기업들이 기술습득을 위해 선진국인 미국 실리콘밸리에 앞다투어 진출한 사례를 설명할 수 있게 한다.

네트워크와 외국인투자정책 간 관계에 관한 시사점이다. 네트워크는 해외투자를 추진하는 기업에게나 토착기업에게 모두, 기업이 보유한 핵심역량의 활용, 나아가 지식, 노하우, 자원 등을 습득하여 핵심역량을 강화하는 기회를 제공한다. 해외직접투자기업이 현지 네트워크를 구축하려는 시도는 현지 사회인프라 및 관계망과 밀착적인 연계를 의미한다. 다국적기업의 조직과 현지 네트워크 간 상호작용은 다국적기업에게 기업의 소유경쟁우위와 현지의 지리적 우위를 결합하여 부가가치를 창출하는 기회가 된다. 한편, 현지 지역경제 구성원이나 토착기업과 같은 현지 경제주체에게는 선진국 소유경쟁우위를 이전받고 학습할 기회로 작용한다. 투자유치국은 외국인투자 유치 시 자국 내 경제적 파급효과를 극대화하기 위해서 투자유치 노력과 함께 막대한 투자인센티브를 제공한다. 선진국 기업의 경영 노하우나 기술의 이전으로 자국 경쟁력을 향상하려는 경제적 파급효과 거양은 신흥국 외국인투자정책에서 우선순위를 차지한다. 외국인투자기업과 지역

"자회사 네트워크는 외자유치 정책에서 경제파급효과를 실현하는 통로이다."

경제 주체 간 형성한 네트워크는 **경제적 파급효과의 창출 경로**이다. 투자유치국 정부 또는 지자체의 외국인투자정책 수단에서 **합작투자**를 유도하거나 **링키지 프로그램**(linkage program)의 운영·강화에 반영된다. 외국인투자정책 중 단독투자를 제한하거나 합작투자기업에게만 인센티브를 제공하는 제도, 혹은 지역에서 부품조달에 대한 일정 비율(local contents) 사용을 제도화하거나 부품공급업체와 공동의 기술개발 프로젝트에 재정지원을 주는 정책은 모두 이러한 네트워크 효과를 최대한으로 하기 위함이다.

해외직접투자의 유형 선택

"소유지분율 기준으로 단독/합작투자, 자사 내 경쟁우위 보유 기준으로 그린필드/인수투자, 기존 투자대상물 기준으로 신규/추가투자로 구분된다."

국제경영 교과서는 기업의 국제화 단계와 진출방식을 비교할 때 크게 세 가지 종류, 즉 수출, 라이선싱, 해외직접투자 등으로 구분하여 비교한다. 그런데 해외직접투자를 합작투자와 단독투자로 나눠 네 가지의 속성을 비교하기도 한다. 해외직접투자라고 하면 으레 단독투자를 의미하지만 국제화 단계에서 합작투자를 거친 후 단독투자로 발전하는 경로를 설명하기 위해서다. 일부 학자들은 기업이 단독투자 단계로 곧바로 이행하는 것이 자원 및 경험의 제약으로 인해 부담스럽기 때문에 합작투자를 거친 후 단독투자로 발전하려 한다는 가설을 세우고 있다.[50] 이러한 관점에서는 기술(기업의 경쟁우위)을 공유하는 파트너가 있는 라이선싱을 합작투자를 하기 위한 의도된 사전 포석으로 간주한다. 이렇게 자회사의 **소유지분율 기준**으로 유형을 나눈 **단독투자와 합작투자** 외에도 그린필드투자와 인수투자, 신규투자와 추가투자 등의 유형이 있다.

그린필드투자는 투자기업이 현지에 법인을 신설하는 것으로 공장 및 회사를 새롭게 지어 진출할 때를 지칭한다. 이런 점에서 공장신설형투자라고 번역하기도 한다. 이와는 달리 인수투자는 현지에 설립된 기업의 자산을 인수하는 방식으로 진출하는 경우이다. 이처럼 **조직 신설 및 인수 여부**에 따라 유형을 나눈 것이 **그린필드투자와 인수투자 유형**이다. 이러한 구분은 경영전략이론에 근거를 둔다.

특정 사업부에서 경쟁기업에 대하여 차별적인 핵심역량을 보유하고 있다면 사업을 확장하기 위한 방안으로 국내외에 새로운 조직을 신설한다. 핵심역량 보유로 초과이윤을 올리고 있는 기업의 추가적인 조직 신설은 이윤총량의 확대를 가져온다. 하지만 불행히 핵심역량이 부족하여 이윤을 못 내고 있는 기업이라면 다른 기업이 보유한 핵심역량을 얻어서라도 이윤을 발생시키려 할 것이다. 만일 핵심역량만을 기업에게 분리하여 얻기가 힘든 경우에는 그 기업 자체를 통째로 인수하여 핵심역량을 확보하여야 하는데 이러한 전략이 인수·합병(M&A)이다. 전략개념으로 요약하면, 그린필드투자는 핵심역량의 확장, 인수투자는 핵심역량의 확보 차원에서 시도한다. 최근에는 그린필드형 직접투자보다는 인수형 직접투자가 증

그림 2-6 국경 간 인수·합병 증가 요인

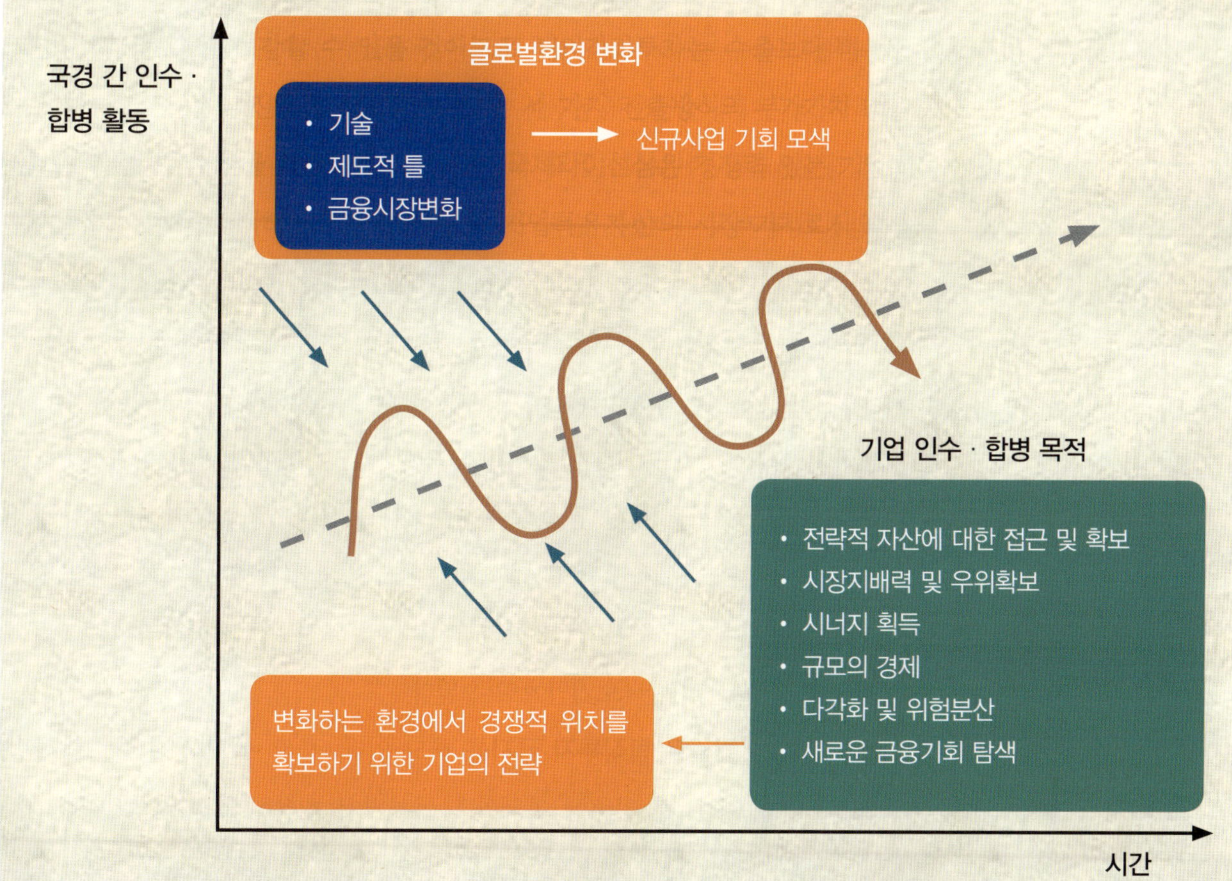

가세에 있다. 이와 같은 현상은 급속한 기술변화와 경쟁 심화로 불확실성 위험 회피를 위한 다각화가 요구되었고 기업들은 시장지배력 확보, 규모의 경제 실현, 새로운 자산 및 역량 습득, 신속한 시장접근 등을 이유로 국경 간 인수합병 수요가 증가하고 있기 때문이다.

또 다른 유형에는 신규투자와 추가투자가 있다. 신규투자는 말 그대로 기업이 최초로 투자한 경우이며, 추가투자는 신규투자 이후에 기존 대상물에 투자를 확대하는 증액투자를 말한다. 즉 **기존 투자대상물의 존재 유무**에 따라 **신규투자와 추가투자**로 구분한다. 우리나라를 비롯한 세계 각국에서 인수형 직접투자와 마찬가지로 증액투자에 의한 투자가 증가하는 추세에 있다.

단독투자와 합작투자

해외직접투자의 자회사에 대한 소유지분율 기준으로 투자자가 100% 지분율을 소유한 경우가 단독투자이고 100% 미만의 경우가 합작투자이다. 재무관점에서는 지분율 판단 기준이나 경영전략 관점에서는 95% 이상이면 단독투자로 분류한다. 기업이 경영관리적 측면에서 투자 시 단독이냐 합작이냐에 대한 기준은 자회사를 완전히 통제할 수 있는 방식으로 해외시장에 진출할 것인지, 아니면 동반자(partner)와 함께 진출하여 경영관리 일부를 일임할 것이냐가 된다. 학술용어로 완전소유자회사(Wholly Owned Subsidiary: WOS)와 공동사업체(joint venture)로 표기하는 것은 자회사 경영관리에 대한 통제력을 중시하기 때문이다.

기업은 자회사 통제수준과 관련하여 단독투자를 선호하며, 단독투자가 여의치 않을 때 합작투자를 시행한다. 단독투자는 현지에서의 생산 및 마케팅활동에 대한 완전한 통제를 가능하게 하고, 합작투자에서 발생할 수 있는 이해관계의 충돌과 관리상의 문제점들을 제거할 수 있다. 아울러 완전소유 자회사의 활동으로부터 획득되는 모든 이익은 모기업에 귀속된다.

일부 국가는 **법률로 합작투자 금지**를 하고 있다. 물론 서구 선진국들도 국방, 사회안전 분야 등 특정 업종에 외국인 단독투자를 허용하지 않지만 신흥국가에서 그 이유는 훨씬 다양하다. 산업정책 차원에서 자국 기업을 육성하고 선진국

기술을 습득하기 위해 외국기업과 공동사업체 형식으로 투자를 허용하는 정책을 채택하는 예도 있고, 국내 정치와 역사적 상황에서 국민(원주민)의 이익을 위해 일정 지분율을 반드시 자국민에 귀속시켜야 하는 사례도 있다. 사회주의 체제 국가 또는 사회주의 체제에서 시장체제를 수용한 국가들은 체제 유지를 위한 시장의 통제와 관리를 위해서도 서구 다국적기업의 자회사 지분율에 제한을 두는 경우가 있다.

현지의 사회적·제도적 측면에서 단독투자에 대한 제약이 없는데도, 고유의 **합작투자 장점**을 이용하기 위해 전략적으로 합작투자를 선택할 수 있다. 합작투자는 현지 파트너의 정보력과 네트워크 활용에 이점이 있다. 합작 파트너의 시장상황 및 소비자에 대한 지식, 현지 유통업자 및 정부 기관과 구축한 관계망을 활용한다면 단독투자로 진입하는 경우보다 쉽게 현지시장에 안착할 수 있다. 현지 파트너가 제공하는 시장환경, 고객의 욕구 및 반응, 주요 경쟁자 및 예상되는 반응 등에 관한 지식 공유와 피드백은 현지에서 필요한 경험을 축적하는 데 걸리는 시간과 비용을 절감하게 한다. 현지시장에 대한 지식이 거의 없고, 국내시장과 심리적, 문화적 차이가 큰 이질적 시장일 경우에는 진출 시 합작투자를 선택하고 난 후 점차 지분율을 증대하는 것이 통제력을 높이면서 동시에 위험을 감소하는 목적을 달성하는 투자전략이다. 해외시장 진출을 라이선싱, 합작투자, 단독투자 순서로 진행하는 경우는 바로 이와 같은 위험과 통제력을 시간의 흐름에 따라 관리하는 순차적 국제화 단계라고 할 수 있다.[51]

이처럼 합작투자는 투자에 대한 위험을 현지기업과 공유함으로써 분산시킨다는 것이 장점이다. 그런데 그런 만큼 투자에 대한 수익도 현지기업과 양분하며, 자신의 자원도 마찬가지로 현지기업에 공개된다. 즉 자원의 공유와 공개는 합작투자의 장점이자 **합작투자 단점**으로 작용한다. 현지정부는 단독투자보다는 합작투자를 선호하여 투자인센티브 수혜 및 각종 지원을 현지정부로부터 제공받기 어렵다. 파트너와 의사소통 문제도 장애요인이다. 사업운영방식과 문화 및 가치관에 있어 투자자와 합작선 간에 큰 차이가 있으면 갈등과 분쟁이 끊이질 않을 수 있다. 오랫동안 다른 시장에서 각기 다른 기업문화와 경영철학을 갖추고 성장한 합작 주체 간 상호 차이를 극복하고 조화로운 협력체제를 구축·유지하는 일은 생각보다는 쉽지 않다.

그린필드투자와 인수투자

전략적 차원에서 비교하면, 모기업의 충분한 핵심역량을 지니고 있어 이를 확장하여 직접 신규로 공장을 세우는 방법이 그린필드투자(greenfield investment) 방식이고, 이와 달리 새로운 핵심역량을 획득하기 위해 선택하는 진출방식이 인수투자(acquisition investment)이다. 경영전략 이론적 관점에서 전자는 핵심역량의 확장, 그리고 후자는 확보 차원이라는 전략적 목표가 양자를 구분하는 기준이다. **그린필드투자의 장점**은 기존 경영방식에 맞는 맞춤형 현지시설을 구축할 수 있어 기업 이미지 및 경영활동의 일관성을 유지할 수 있다. 또 그린필드투자는

표 2-3 그린필드투자와 인수투자 간 장·단점 비교

		그린필드형 직접투자	인수형 직접투자
전략적 차원	장점	• 기존 경영방식에 맞는 맞춤형 현지시설의 구축 • 내부학습효과 및 내부관리능력을 향상시킴 • 내부자원 활용으로 노사관계 안정에 도움 • 기업 및 제품 이미지에 대한 일관성 유지	• 새로운 전략적 자산을 확보할 수 있음 • 기존시장 및 신규시장에 대한 신속한 접근 • 비관련 사업분야에도 진출을 가능케 함 • 성숙된 시장에서 포화생산량을 흡수 • 현지시장 내 경쟁자 수의 변동없이 진출
	단점	• 새로운 전략적 자산 확보 불가능 • 시장진출 속도 저하 • 성숙된 시장에서 포화생산량을 추가로 늘림 • 현지시장 내 경쟁자수 증가(해당 시장에서 경쟁 심화를 가중)	• 자사뿐 아니라 인수대상 기업에서 조직적 저항이 발생 할 수 있음 • 조직의 관료화, 비대화에 따른 관리 효율성 감소 • 기업 및 제품 이미지에 대한 복잡성·상충성으로 고객이 혼란스러울 수 있음
비용적 차원	장점	• 진출 이전에 인수 프리미엄을 지불하지 않아 진출비용을 절감 • 진출 이후에 조정비용이 발생하지 않아 정착/운영비용을 절감	• 저평가 된 기업을 인수하는 경우 주식가치의 시세차익 혜택을 얻을 수 있음
	단점	• 신축공장 건설경험의 부족 시 기존 전문기업을 인수하는 것보다 더 많은 건설비용이 소요될 수 있음	• 진출 이전 인수대상 기업에 대한 인수 프리미엄 지불로 진출비용이 상승 • 진출 이후 중복자산에 대한 조정비용 발생으로 정착/운영비용 상승

신규로 진행하는 확장형 투자로 본사에서 인력을 파견하거나 현지에서 신규로 인력을 고용함으로써 기존 조직의 근로자 해고문제가 발생하지 않는다. 본사의 내부자원을 현지에 이식시키는 과정에서 내부 학습효과와 관리능력이 향상하는 효과를 거둘 수 있다. 하지만 현지시장 내 추가로 기업이 설립됨으로써 경쟁 심화를 부추긴다. 시장 내 기업의 수가 늘어나기 때문이다.

인수투자의 장점은 무엇보다 필요한 전략적 자산을 확보하면서 신속한 현지시장 접근이 가능하다는 데 있다. 기존에 기업이 강점이 있었던 핵심사업이 아닌 비관련 사업분야라도 진출이 가능하다. 현지시장이 성숙한 시장으로 경쟁자가 이미 포화하여 있더라도 현지 포화생산량을 흡수하는 효과가 발생하여 진출 후 시장의 과잉 공급량 우려가 적다. 그린필드투자와 달리 현지시장에서 신규로 경쟁자 수를 증가시키지 않으며 기존의 경쟁자 수를 유지하기 때문이다. 하지만 인수에 따른 구조조정 문제가 발생하므로 현지 노동조합이나 근로자는 거부감을 갖을 수 있다. 만일 비관련 다각화 일환으로 핵심사업과 상이한 업종에 인수투자가 일어나면 기업 및 제품 이미지에 대한 복잡성 내지 상충성으로 인해 고객을 혼란하게 하는 단점도 있다.

전략적 측면에서뿐만 아니라 **비용 차원에서 비교**해 보자. 일반적으로 비용 측면에서는 인수형 직접투자방식이 그린필드형 직접투자방식보다 더 많은 비용을 수반할 수 있다.[52] 기업 인수시 모기업이 필요한 핵심역량을 보유한 기업은 M&A 시장에서 그 수가 한정되어 있으므로 핵심역량 보유에 대한 **인수 프리미엄**을 지불해야 하기 때문이다. 또한 합당한 기업을 찾는 정보탐색비용이 추가로 소요된다. 더욱이 추가비용은 인수 초기 단계에서만 발생하는 것이 아니라 인수 후에도 **조정비용**이라는 사후비용도 발생하게 된다. 조정비용(coordination cost)이란 필요한 핵심역량 외에 불필요한 핵심역량(모기업의 핵심역량과 중복되는 핵심역량)을 제거하는 과정에서 발생하는 비용을 말한다. 따라서 일반적으로 인수방식이 그린필드 방식보다 비용 측면에서 더 많은 대가를 지불하는 투자형태라고 볼 수 있다.

“인수투자는 그린필드투자에는 없는 인수 프리미엄과 조정비용의 추가부담이 있다.”

신규투자와 추가투자

신규투자와 추가투자 간 투자의 결정요인은 어떤 차이가 있을까, 이보다는 ‘추가투자는 일반적인 해외직접투자 결정요인과 어떻게 다를까'가 더욱 정확한 표현일 것이다. 기존 투자이론들이 신규투자(initial investment)를 염두에 두고 이론을 수립·전개했기 때문인데, 가장 큰 구별점은 추가투자(additional investment)는 이미 신규투자한 자산 혹은 의사결정을 기반에 두고 투자를 결정한다는 데 있다. **신규투자와 추가투자의 결정요인 차이점**은 [그림 2-7]에서 보는 바와 같다. 추가투자의 결정요인은 신규투자의 결정요인 외에도 추가요인이 덧붙여진다. 즉 경제적 요인, 사회정치적 요인, 사업편의 등은 신규투자와 공통요인으로서 적용되지만, 이미 있는 투자의 유산들, 즉 자회사가 이미 존재하고 그러한 자회사의 경영상태는 신규투자와는 배타적인 추가로 투자를 결정할 것인지 아닌지에 대한 **추가요인**이다. 신규투자는 이러한 유산이 없다. 신규투자는 가보지 않은 신규시장에 대한 투자의사결정을 하는 것인데 비해, 반면 추가투자는 이미 시장에 진입한 이후 다시 투자를 더 할 것인지 말 것인지를 결정하는 단계로서 출발점이 다르다. 그러므로 추가투사사는 공통요인보다는 추가요인에 더욱 민감하며 투자결정요인에 더 큰 비중을 차지한다. 신규투자에서는 없는 환경인 자회사의 존재성, 그리고 자회사의 경영상태(현지시장에서 경영성과와 경쟁상태)는 다음과 같은 **매개요인**을 통해 추가투자 결정요인에 작용한다.

- **매몰비용** : 추가투자는 이미 결정된 입지 및 투자대상에 대해 추가로 투자를 확대하는 것이므로 이미 상당한 매몰비용(sunk cost)이 존재한다. 생산에 필요한 시설 설치, 신규로 구축한 마케팅 유통망, 근로자의 교육훈련 비용, 지역사회 구성원 및 기타 비정부기구 등과 맺은 우호적 관계망 등은 매몰비용으로 다른 입지에서 처음부터 경영활동을 시작할 때 다시 소요되는 비용이다. 만일 새로운 입지에 공장을 설립하는 결정은 기존 공장을 구축하기 위해 투입된 매몰비용 혹은 경영기반을 효용화하지 못한다는 것을 의미한다. 따라서 어느 정도 경영성과를 올리는 자회사라면 기존 공장을 기반으로 사업 확장을 시도하는 것이 투입된 고정비용을 효율적으로 사용하는 방법이 될 것이다.[53]

- **정보습득비용 :** 추가투자는 투자결정에 필요한 현지국 정보에 대한 접근 및 수집비용 측면에서 유리하다. 현지국에서 경영활동을 하는 추가투자기업은 신규투자를 감행할 때보다 현지시장에 대한 정보축적량에서 앞선다. 기초산업정보, 시장크기, 생산비용 등 일반정보 외에도 실제 경쟁자에 대응한 시장경쟁원리, 단골 고객 정보, 정부관료 응대요령, 정부정책에 대한 이해도 등 현장에서만 취득할 수 있는 정보를 축적해놓고 있다. 또한 새롭게 수집해야 할 필요정보에 대해서도 접근이 용이하다. 이미 운영 중인 자회사는 현지정부 및 비즈니스 분야에 다양한 네트워크를 구축해 놓고 있기 때문인데, 이러한 사회·경제적 기반은 정보습득비용을 낮추는 데 기여한다.[54]

- **경영자의 심리(경영자 평판 및 평가) :** 해외시장에서 투자기업을 철수시킬 때, 이때 기업의 철수를 방해하는 것은 법과 제도와 같은 물리적 장벽뿐만 아니라 경영자의 심리적 속성도 함께 작용한다.[55] 현지에 계열 자회사 설치를 결정한 모기업의 경영자는 현지 자회사가 축소되거나 철수되는 데 대해

그림 2-7 신규투자와 추가투자 결정요인

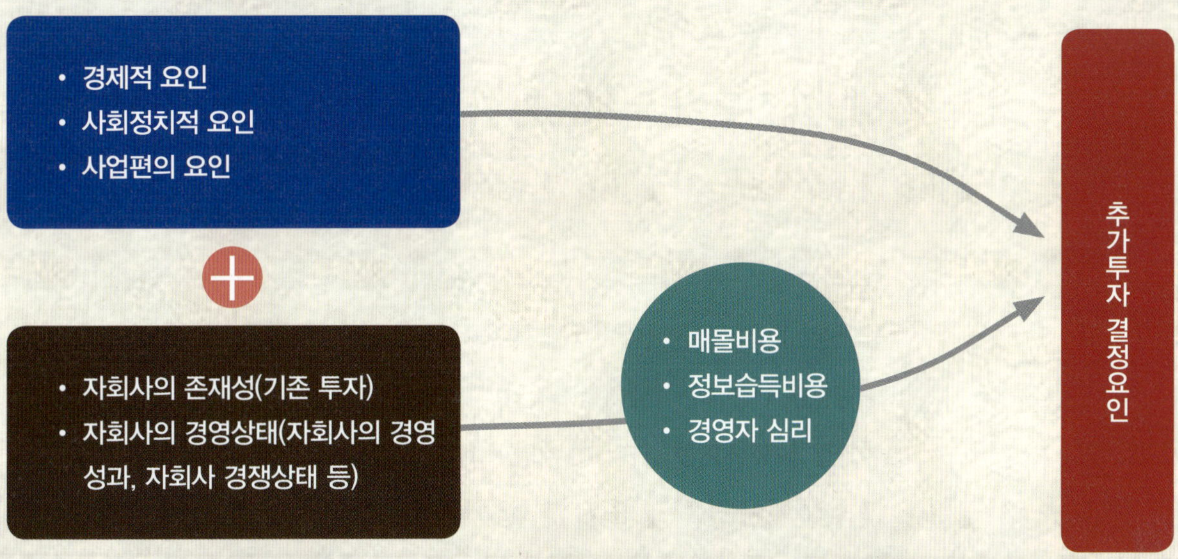

일반적인 거부감을 갖고 있다. 특정 시장에서 철수는 모기업 경영자의 잘못된 결정의 시인, 나아가 경영능력에 대한 의심요소로서 경영자 평판에 직접 작용할 수 있기 때문이다. 모기업 경영자 외에도 자회사 경영자 또한 자회사의 철수에 저항감을 갖고 있을 뿐만 아니라, 자회사의 규모를 확장하는 추가투자에 대해 적극적인 촉진활동을 전개한다. 자회사의 경영자가 파견된 주재국 시장에서 자신의 관리영역 확대를 위한 방편이기도 하지만, 자회사 확장은 자신의 관리능력에 대한 평가로 간주해 본국으로 귀국 시 승진기회에도 긍정적 영향을 주기 때문이다.

02 해외직접투자전략의 실행

해외직접투자 입지선정

기업이 소유한 경쟁우위가 지리적 우위와 결합할 때 기업은 더 많은 부가가치를 창출한다. 해외직접투자 기업이 자신이 소유한 경쟁우위를 기반으로 기업활동에 가장 유리한 지리적 우위를 습득할 수 있는 공간을 발견하는 의사결정 과정이 **입지선정**이다. 해외투자기업의 입지선정에 영향을 주는 요인은 곧 기업의 해외직접투자 결정요인이다. 기업이 해외직접투자를 결정에 영향을 주는 요소를 크게 세 가지 범주로, 즉 시장지향, 생산효율지향, 자원/자산습득지향 등 경제적 결정요인과 더불어 사회정치적 안정성, 정책 형평성, 국제협약 가입여부 등 정책 프레임워크, 그리고 투자인센티브, 행정지원 등 사업편의 요인으로 이미 나눈 바가 있다.

이 조건들을 만족하게 해주는 환경이 곧 해외직접투자기업이 지리적 우위를 활용할 수 있는 진출 대상지가 된다. 이들 조건들 모두를 만족시켜주는 입지가 최적의 투자입지겠지만 지구상의 어느 장소도 모든 요인에 대한 해외투자기업의 기대감을 충족시켜주지는 않을 것이다. 해외투자기업 입장에서도 모든 조건에 대해 투자결정 요인으로 보지는 않는다. 기업별로 각 요인 중에 해외투자 대상 시장에서 꼭 활용해야 하는 지리적 우위가 있고 덜 충족되어도 투자결정에 크게 문제될 것이 없는 요인도 있다. 기업이 추구하는 전략과 기업의 내·외부환경이 각각 다르기에 해외투자 실행전략으로서 입지선정에 대한 기준과 평가치도 다르다.

국제기구인 월드뱅크그룹이나 OECD는 주요 국가 및 회원국을 대상으로 국가별 해외투자환경에 대한 입지매력도를 평가하여 발표한다. 국가별 기관으로서 대한무역투자진흥공사(KOTRA)나 일본무역진흥기구(JETRO) 또한 자국기업의 해외시장 진출에 참고할 만한 투자환경조사를 정기적으로 실행한다.[56] 국별 투자환경을 평가하는 기준은 위의 해외직접투자 결정요인의 세 가지 범주를 벗어나지 않는다. 〈표 2-4〉와 〈표 2-5〉는 각각 KOTRA와 JETRO가 발표하는 투자환경 조사의 평가요소들이다. KOTRA는 투자결정요인에서 포괄적으로 조사항목을 선정한 데 비해 JETRO는 도시별 투자환경을 조사로 생산비용에 초점을 맞춰 항목을 구성하고 있다. 숫자는 예시로써 이해를 돕기 위해 임의로 작성하여 삽입하였다.

국제기구나 국·내외 국가기관이 발표한 투자환경 조사자료는 기업이 진출하고자 하는 투자입지 선정에 활용될 수 있다. 하지만 기업별로 해외시장 진출목적과 전략 지향성이 다르므로 용도에 맞는 구체적인 투자환경 조사자료나 입지선정 모형이 필요하다. 이에 본서에서는 성공적인 해외투자기업의 입지선정에 도움을 주고자 두 가지 입지선정 모형, 즉 **단일 입지선정 모형**과 **기회·위험 입지선정 모형**을 고안하여 제시한다. 단일 입지선정 모형은 예시한 KOTRA 또는 JETRO의 조사표처럼 각 항목의 투자환경 매력도에 대한 평가 점수가 높으면 우수한 입지

표 2-4 KOTRA의 주요국 투자환경 조사 항목

분류	세부항목	A국	B국	C국
시장	시장규모, 성장잠재력, 인접시장 접근성	8 5 4	5 3 7	6 9 5
인적자원	인력수급 용이성, 인건비, 유연성			
인프라	운송 및 물류, 통신, 전기			
연구개발/혁신환경	정부자금지원, 기술성숙도, 전문인력확보, 지재권보호			
행정	투명성, 일관성, 간소성			
금융	자금조달, 절차 간소성, 외환거래 용이성			
세제	조세부담			
입지	부지확보 용이성, 위치의 적합성			
정치/지정학적 요인	안정성, 지정학적 위협			
생활환경	접근성, 의료, 교육, 언어			

표 2-5 JETRO의 아시아 주요 도시 투자비용 조사 항목

투자비용			도시 1	도시 2
임금	제조업	종업원(일반공)	8	5
		엔지니어(중견기술자)	7	6
		중간매니저(영업담당과장급)	5	7
	비제조업	스태프(일반직)		
		점포 스태프(일반직, 어패럴)		
		점포 스태프(일반직, 음식)		
	최저임금, 명목임금상승률, 사회보장비			
지가, 임대료	공업단지, 사무실 임차료			
전기	산업용/일반용			
수도	산업용/일반용			
가스	산업용/일반용			
수송비	컨테이너/휘발유, 경유 가격			
교육	수업료			
세제	법인세/부가세 등			

로 평가받는다. 투자환경 항목별 측정 척도를 1~10점으로 점수화할 때 모든 항목에서 10점에 가까울수록 종합점수는 높게 나타난다. 반면에 기회·위험 입지선정 모형은 항목별 점수를 종합하여 나타난 점수가 높다고 하여 우수입지로 간주해 평가해서는 안 된다. 명칭에도 있듯이 기회와 위험은 상충한 개념으로 점수를 단순히 종합하면 상쇄한 평가가 결과치에 담아지기 때문이다. 즉 기회와 관련한 항목 점수는 높을수록 좋고, 위험과 관련한 항목 점수는 낮을수록 우수입지로 평가한다. 단일 입지선정 모형은 세부 항목 간 점수화에 대한 방향성이 한 방향(positive)으로 같아 결과치를 그대로 해석을 하면 되지만, 기회·위험 입지선정 모형은 항목 간에 일치하지 않는 두 가지 방향성(positive와 negative)의 속성을 내포하므로 이를 별도의 평가축으로 분리하여 두 축으로 해석하는 모형이라는 데 차별성이 있다. 이와 같이 서로 다른 성격을 가진 두 모형은 각기 상황이 다른 기업들의 입지선정 모형 선택에 사용할 수 있어 유연성을 높인다. 모형의 세부 내용과 특징, 장·단점 등은 다음 절에서 설명한다.

입지선정 모형으로 투자후보지에 대해 투자환경 조사를 시행하기에 앞서 사전 스캐닝을 실시하는 것을 추천한다. **사전 스캐닝**이란 투자 입지선정 과정에서 사전에 자격이 없는 후보대상지를 선별, 제외함으로써 투자입지 선정 작업의 시간과 비용을 절감하기 위한 기법이다. 예를 들면 합작투자를 고려하지 않고 단독투자를 시행하려는 기업은 현지국 정부가 외국인에 대한 100%의 소유지분율 제한하는 법률을 제정하고 있다면 다른 투자환경 조건이 우수하더라도 해당 국가를 환경조사대상에서 제외해야 할 것이다. 각국의 정부는 담배제조, 연근해 선박업, 방송 등에 대해 외국인투자를 제한하고 있는 경우가 많으므로 이에 해당하는 업종의 다국적기업은 해당 국가의 관련 외국인투자 법령을 먼저 파악해야 한다. 투자대상 지역을 권역이나 지역별로 스캐닝하여 본격적인 투자환경 조사에 앞서 후보지 대상군을 좁힐 필요도 있다. 해상물류 업종의 다국적기업이라면 항구가 없는 내륙 국가나 도시를 후보지로 염두에 둘 필요가 없을 것이다. 특히나 기술계약과 관련하여 직접투자 대상지로써 제약이 발생하는 사례도 있는데, 과거 대우자동차는 미국 GM과 맺은 기술 라이선싱 계약으로 인해 GM이 진출한 시장과 중복되는 시장에 판매와 진출이 불가능하였다. 따라서 대우자동차의 진출대상지는 아프리카 권역, 동남아 일부 국가와 당시 시장이 개방된 소수의 동유럽 국가 시장만이 목표시장이었던 만큼 나머지 권역에 대해서는 투자진출지로서 조사가 필요치 않았다.

“KOTRA와 JETRO의 투자환경 조사처럼 단일 입지선정 모형의 채택이 일반적이다.”

단일 입지선정 모형

단일 입지선정 모형의 투자환경 조사항목은 해당 기업의 국제전략이나 내·외부환경을 고려하여 세 가지 범주의 결정요인을 기반으로 항목을 선정한다. 각 범주에서 균형 있게 세부항목을 선정해도 되고, 만일 시장지향형 투자기업이라면 시장크기, 시장 성장성, 고소득 소비자 비중, 소비자 소비성향 등 관련된 다양한 지표를 항목에 추가한다. 또한 생산효율지향 투자기업은 JETRO가 작성한 〈표 2-5〉의 항목 내용처럼 근로자 군별 임금, 임차료, 전기/가스/수도 비용 등 생산 비용 측면에 치중하여 항목을 구성한다.

항목별 판정으로 점수화의 방법은 회사 내부 및 외부에서 발간한 자료를 활용하거나 전문가 초빙하여 판정단을 꾸려 수치를 작성하여도 된다. 또한 전문가 중심으로 설문지를 배포하여 다수의 의견을 수렴할 수도 있다.

단일 입지선정 모형의 계산과정은 다음과 같다. 주요 후보 입지에 대해 투자환경을 범주별, 세부항목별 등으로 등급을 매겨 지수화한다. 각 항목별로 가중치를 두어 총점에 반영할 수 있다. 다일 입지선정 모형은 모든 세부 투자환경 항목에 대해 높은 점수로 평가하므로 총점이 높은 순서가 상위의 투자입지 순위가 된다. 그러나 총점이 가장 높게 나온 입지라도 특정 항목에서 일정 수준의 점수, 즉 한계 기대치 이하의 점수를 기록한 경우에는 해당 후보지를 투자입지 대상에서 제외한다. 시험 채점 방식에서 일종의 과락제의 적용이다. 사전 스캐닝은 입지선정 평가표를 작성하기 이전에 특정 기준에서 자격이 미달하는 대상지를 제외한 것이지만, 이 경우는 평점을 매긴 이후 특정 항목에 자격이 미달하면 최종 입지선정에서 탈락으로 간주한다. 물론 과락제 적용을 하지 않거나 과락을 평가하는 수치를 아주 많이 낮춰서 운용하여도 무방하다.

〈표 2-6〉에 **단일 입지선정 모형 사례**를 제시하였다. 어떤 다국적기업이 생산효율화를 목적으로 자동차부품 생산 공장의 설립을 위해 5개 국가(지역)를 입지 후보로 고려하고 있다고 가정하자. 먼저 이들 국가 A, B, C, D, E에 대해 50개의 투자요인을 설정하고 기존 발간자료 참고, 전문가 의견 수렴, 투자입지 실사 등을 통해 항목별로 점수를 매긴다. 50개 투자요인에 대해 1점에서 10점까지 수치를 부여하였으니 500점이 만점이다. 투자환경 요소별 낙점제를 적용하여 2개 이상에서 3점 이하의 점수를 받는 경우 낙제로서 후보군에서 제외한다. 등급평가의 결과 A국가와 C국가를 투자후보지로 최종 선정되고, D국가는 노동의 질과 숙련도에 있어서 3점 이하를 받았기 때문에 총점 면에선 우수하지만 탈락하게 된다. 1위를 한 단수의 투자후보지를 선정하여도 되지만, 높은 점수를 받은 2~3개 지역을 선정하여 최고의사결정 기구에서 최종 입지를 선정하는 절차를 거치는 것이 일반적이다.

장점은 투자항목을 수치화하는 과정이나 결과를 해석하는 면에서 이해가 쉽고 간결하다는 점이다. 하지만 입지의 결격 사유가 될 입지의 부정적 측면을

표 2-6 단일 입지선정 모형 분석표(예시)

투자환경 요소	A국가	B국가	C국가	D국가	E국가
1. 노동비용	5	9	7	9	7
2. 노동의 질	8	4	7	2	8
3. 노동의 숙련도	8	5	5	2	5
4. 정치적 안정	7	6	8	6	6
·	·	·	·	·	·
·	·	·	·	·	·
48. 부품공급 용이성					
49. 물류인프라	8	5	8	7	5
50. 현지금융	9	6	7	6	5
49. 물류인프라	9	6	5	8	6
총점	370	298	337	301	254

예측하여 범주화고 사전에 세부 항목에 포함하지 않고, 긍정적 측면의 투자환경 요소를 선택하여 평점을 계산한 이후에, 항목에서 낙제항목이 다수 발생하면 후보지에서 탈락하는 방식은 낙제 항목 개수와 낙제점의 기준 등이 모호하다는 **단점**이 존재한다.

“기회·위험 입지선정 모형은 풍부하고 유연적인 결과해석이 가능하다.”

기회·위험 입지선정 모형

투자환경 조사항목, 항목별 판정, 투자입지 계산과정은 앞의 단일 입지선정 모형에 준해 시행한다. 다만 기회요인과 위험요인으로 범주를 나눠 측정하므로 이에 부합하는 조사항목을 선정하고 투자입지 계산의 합계도 총합이 아닌 범주별 합계로 항목점수를 취합한다. 기회요인은 점수가 높을수록 우수한 입지이며, 위험요인은 점수가 낮을수록 우수한 입지로 평가한다.

기회·위험 입지선정 모형 사례를 가상으로 작성한 〈표 2-7〉을 통해 예시한다. 요인을 두 범주로 나눠 측정한 결과, 기회요인에서는 A국가와 C국가가, 위험요인에서는 B국가와 D국가의 점수가 가장 우수하다. 만일 단일 입지선정 모형의 기준을 적용한다면, 이때 기회요인을 단일 요인으로 정하였다면 A국가와 C국가가 선정되고 위험요인을 단일 요인으로 정하였다면 B국가와 D국가를 선정하였을 것이다. 하지만 기회·위험 입지선정 모형에서는 기회와 위험이다는 상반된 평가기준을 함께 고려하므로 A국가와 B국가가 상위 후보군이다. 요인을 두 범주로 나눠 측정한 결과, 기회요인에서는 A국가와 C국가가, 위험요인에서는 B국가를 선정한다. 기회요인 100점이 만점이며, 위험요인은 0점이 만점이므로 두 요인을 함께 고려한 만점 기준에서 만점에 A국가는 기회요인이 20점이 부족(−20점)하며 위험요인은 30점(−30점)이 부족하다. 합하면 50점(−50점)이 부족하다, B국가의 경우에는 기회요인은 30점이 부족하며 위험요인은 20점이 부족하여 합하면 50점이 부족하다. 두 요인을 고려할 때 A국가와 B국가는 동점이다. 같은 방식을 적용하면 C국가와 B국가는 똑같이 100점이 부족하다. C국가는 기회요인 −20점과 위험요인 −80점, 그리고 D국가는 기회요인 −80점과 위험요인 −20점이다. 최하위 평가를 받은 국가는 E국가로 기회요인 −80점과 위험요인 −80점으로 160점이 만

표 2-7 기회·위험 입지선정 모형 분석표(예시)

	A국가	B국가	C국가	D국가	E국가
기회요인					
1. 시장성장 잠재력	5	5	5	5	5
2. 노동 숙련도	8	8	8	8	8
3. 기반시설 발달	8	8	8	8	8
·	·	·	·	·	·
·	·	·	·	·	·
9. 정부의 우호적 정책	7	7	7	7	7
10. 인근시장 진출기회	6	6	6	6	6
합계	80	70	80	20	20
위험요인					
1. 정치적 불안정	5	5	5	5	5
2. 외환통제/송금제한	8	8	8	8	8
3. 강력한 현지 경쟁자	8	8	8	8	8
·	·	·	·	·	·
·	·	·	·	·	·
9. 엄격한 환경규제	7	7	7	7	7
10. 자연재해 가능성	6	6	6	6	6
합계	30	20	80	20	80

점으로부터 부족하다.

이를 [그림 2-8]에 표시하였다. 입지선정에 이해를 돕고자 우하향하는 빗금의 가상선 두 개를 그림에 삽입하였는데, 우·상측에 있을수록 우수한 입지로 **입지 채택 영역**에 속한다. 좌·하측 영역은 입지 기각 영역에 해당한다. 두 빗금의 가운데 영역은 **선호에 따른 선택 영역**이다. 기업에 따라 기회증가와 위험감소에 대한 가중치가 다를 수 있기에 입지선정 의사결정과정에서 기업의 가중치에 대한 선호에 따라 채택 결과가 달라진다. 입지 채택의 상위 후보는 A국가와 B국가가,

그림 2-8 기회·위험 입지선정 모형과 네 가지 영역 해석

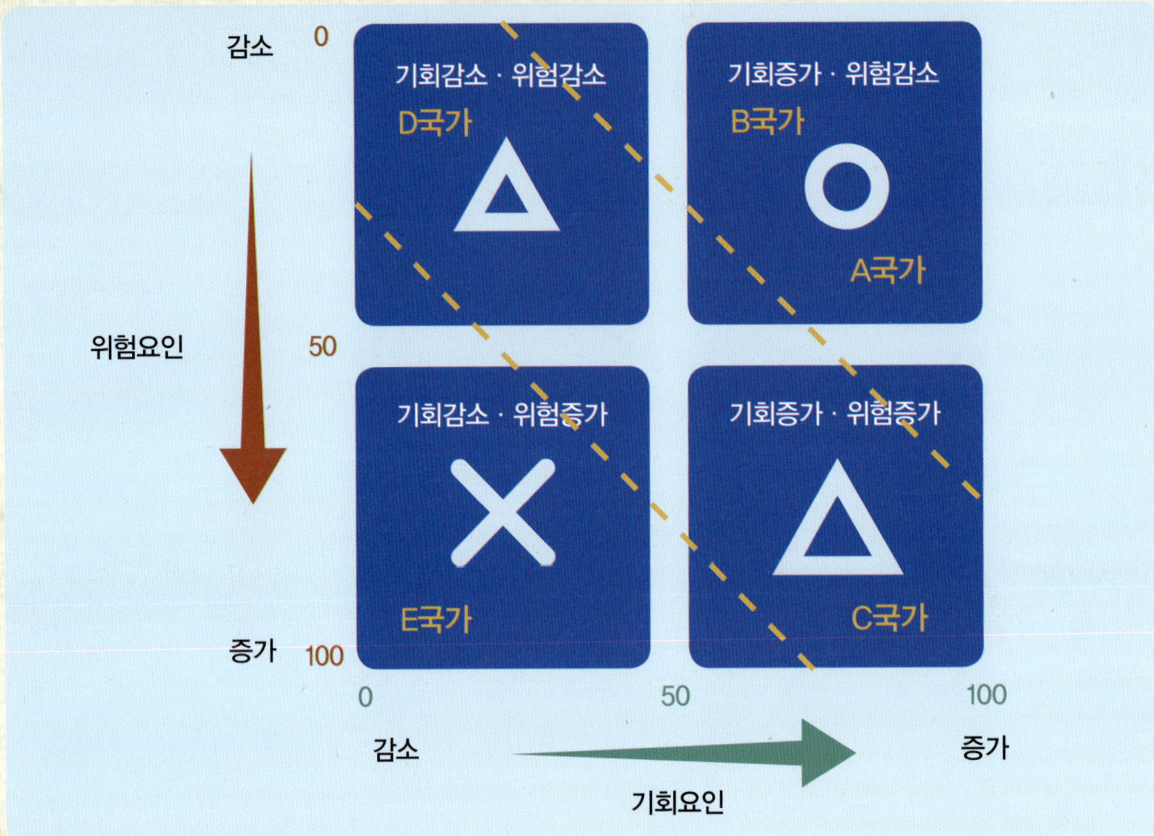

차상위 후보는 C국가와 D국가이다. 그러나 다국적기업은 규모와 경험면에서 해외위험에 대응할 수 있는 능력과 자산을 보유하고 있으며 국내를 떠나 불확실성이 큰 해외시장에서 새로운 기회를 탐색하는 기업을 지칭하는 만큼, 현장에서는 기회요인을 위험요인보다 더 선호하여 B국가보다는 A국가가, 또한 D국가보다는 C국가에 대한 입지선정 가능성이 크다.

장점은 단일 입지선정 모형과는 달리 두 개의 기준으로 그림에 각 입지에 대한 계산 결과치를 좌표로 넣을 수 있어 투자입지에 대한 최종 의사결정자가 시각적으로 이해하기 쉽다는 점이다. 그림에서 직관적으로 어느 입지가 우수한 입지로 후보자 군이고 탈락할 입지인지를 알 수 있다. 또한 각각의 요인에 대해 미래 환

경에서 변화 가능성을 고려할 수 있어, 추후 입지 이전과 추가투자에 대한 전략적 선택에도 도움을 준다. 그러나 앞서 기술한 현장의 다국적기업의 속성과 의사결정 성향을 고려한다면, 위험에 대한 고려 정도가 크지 않거나 이를 감수할 여지가 크다는 점에서 오히려 위험요인을 추가한 복수의 기준은 혼동을 줄 수 있어 이는 **단점**이 되기도 한다.

해외직접투자 국내절차

해외직접투자 진행절차를 편의상 [그림 2-9]와 같이 국내에서 추진해야 하는 절차와 진출시장 현지에서 추진하는 해외절차로 나눠서 설명한다.[57] 하지만 반드시 국내절차 이후에 해외절차를 순차적으로 추진해야 하는 것은 아니며, 개별 절차를 묶어서 함께 시행하거나 사정에 따라 순서를 바꿔서 시행할 수 있다. 입지 선정에 대한 의사결정을 마무리한 후 국내 관계기관에 투자신고를 시작으로 주재원 파견, 투자자금 송금 등 다음과 같이 **해외직접투자의 국내절차**를 진행한다.

● 해외직접투자 신고

우리나라 법령(외국환거래법 제3조 제1항 제18호)에 의하면 외국환 송금이 허용되는 해외직접투자 범위는 외화증권취득, 외화대부채권취득, 외국에서 영업소를 설치·확장·운영 또는 해외사업 활동을 위한 자금 지급 등 세 가지이다. 외화증권취득 비용은 진출 현지국 법령에 따라 설립한 해외법인의 경영에 참여하기 위해 10% 이상의 주식을 취득하는 대금이며, 외화대부채권 취득 비용은 해외법인에 대하여 상환기간을 1년 이상으로 하는 대여금이다. 여기에 외국지점 또는 사무소의 설치비 및 영업기금 등의 자금을 포함한다. 신고는 외국환은행으로 기업의 주채권은행(주채무계열 소속기업이 아닐 경우 여신최다은행)이 된다. 다음과 같은 투자에 외국환은행 신고 전에 관련 부처의 필요한 절차를 이행해야 한다. 즉 해외자원개발 사업으로서 광물은 산업통상자원부 장관에게, 농·축산물은 농림축산식품부 장관에게, 임산물은 산림청장에게 해외자원개발 사업계획을 신고해야 한다. 또한 해외건설업 사업은 국토교통부 장관에게 신고한다.

● 주재원 파견

해외법인을 개설할 준비요원으로서 본사에서 직원을 파견한다. 본사직원의 출장 시행으로도 해외법인 개설 업무을 추진할 수 있지만, 준비단계 초기 이후에는 전담할 직원을 선정하여 파견하는 것이 바람직하다. 공장을 신규로 건설하는 경우는 체류 기간이 길어질 수 있다. 개설 요원 파견 시 법인설립 이후 현지 근무자로서 발령을 동시에 내는 것이 설립과정에서 책임감을 부여할 수 있다. 현지 경영자 채용과 향후 주재 인력에 대한 교육과정을 마련하고 실시한다. 교육과정은 업무, 어학, 현지 문화에 대한 사전 교육을 포함한다. 주재 인력 파견에는 많은 비용이 소요되므로, 꼭 필요한 핵심 업무(제조, 관리, 마케팅 및 영업 등)에 한해 주재 인력을 파견하고 나머지는 현지인을 채용하는 경우가 일반적이다. 주재원 파견이 중요함에도 간과하고 있다가 파견이 임박하여 대상자를 선정하게 되면 적임자를 찾기 어렵고 현지 적응에 시간이 더 많이 소요되므로 적어도 영업개시 또는 공장가동 3개월 이전까지는 파견 적임자를 선정한다.

● 투자자금 송금

투자자금의 대상은 외화증권 취득대금, 외화대부채권 취득대금, 해외영업소 설립 및 해외사업 활동 자금 등이다. 외국환은행에 제출한 해외직접투자 신고내용에 따라 1년 내에 송금한다. 기간 내 송금하지 않으면 효력을 상실하므로 만일 기한을 넘기게 될 때는 신고기관에 유효기간 연장을 신청한다. 현지법인의 출자총액 중 10% 이상의 지분을 취득하기 위한 외화대부채권 취득대금은 합작투자의 경우에는 현금이나 현물 이외에 대체물 납입도 가능하므로 이를 감안하여 송금액을 산정한다. 합작계약서에 명시 내용에 따라서 상표권, 특허 등 무형자산(지식재산권)으로 출자금을 전부 또는 일부를 차감한 후 송금을 시행한다. 투자자금이 송금되면 신고한 내용대로 사용되는지에 대해 신고를 접수한 은행에서 사후관리를 담당하므로 은행 담당자와 협조 관계를 유지한다.

해외직접투자 해외절차

해외직접투자의 국내절차 진행과 아울러 **해외직접투자의 해외절차**를 진행한다. 해외절차는 현지국에서 투자허가 취득 및 법인등록, 공장 건축, 핵심인력 채용 및 교육, 건축완료 및 공장가동 순서로 진행한다.

● 투자허가 취득 및 법인등록

투자허가는 현지국 법령이 규정하는 절차에 따라 관할 기관에 신고하거나 허가를 신청한다. 비용이 들더라도 투자목적 및 사업계획에 맞는 투자가 이루어질 수 있도록 현지의 법률자문기관과 용역을 맺어 추진한다. 특히 기존 현지법인의 M&A 방식으로 진출하는 경우에는 전문기관을 통해 법률절차를 대행하게 하는 것이 바람직하다. 대부분의 현지국 중앙정부와 지자체는 자기 지역에 막대한 경제적 파급효과를 발생시키는 외국기업의 투자를 유치하기 위해 지원을 아끼지 않는다. 하지만 국가의 정부정책으로 업종별로 외국인의 100% 소유지분율 제한, 투자제한 업종 등에 규제를 가하는 경우가 존재한다. 이를 비롯해 업종과 생산제품에 대한 각종 법률 및 하위 시행령에 진입제한이 있을 수 있으므로 사전에 법률검토를 충분히 하여 투자허가 및 법인등록이 투자목적과 일정에 문제가 없도록 한다.

● 공장 건축

현지에 생산시설로서 공장을 설립하는 방법은 신규로 직접 건축하거나 기

그림 2-9 해외직접투자 진행절차

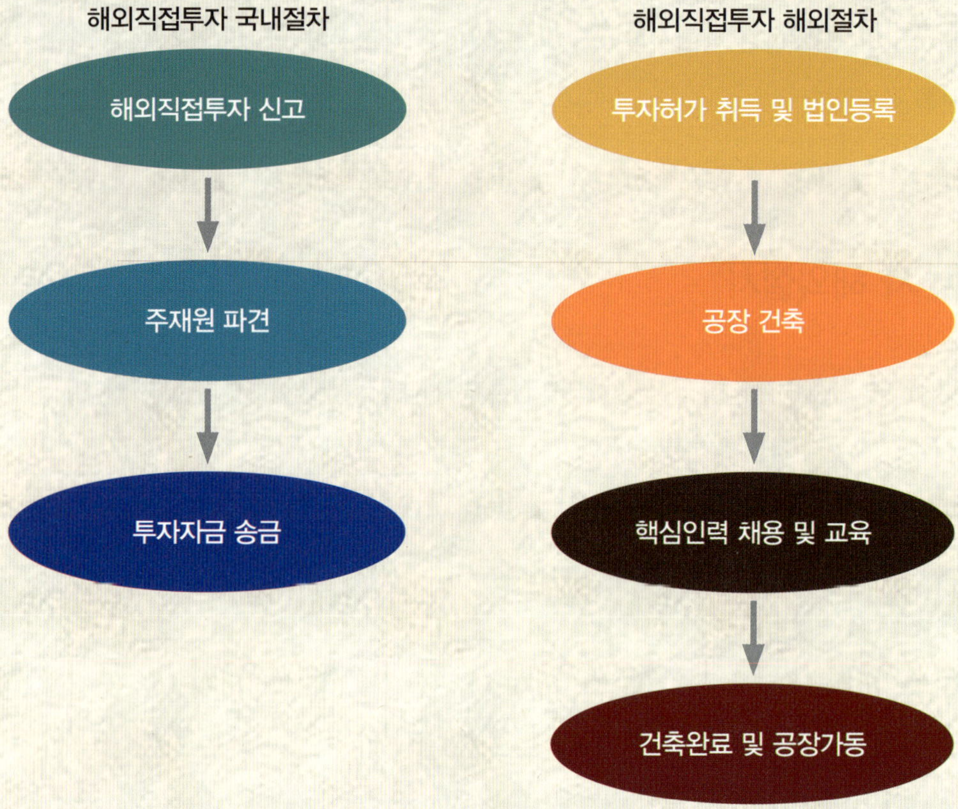

존 공장시설을 임차하여 사용하는 방법이 있다. 임차하는 경우에도 이미 지어진 공장을 임차하는 경우와 투자자의 공장건축 사양을 반영하여 전문임대업자가 공장을 신축하고 난 뒤 이를 임차하는 경우가 있다. 이미 지어진 공장을 임차하여 내부시설만을 수정하는 것은 현지시장에 진출속도를 빠르게 하는 장점이 있지만, 제품에 맞춤형 생산시설이 아니므로 운영효율성과 생산성에 부정적 영향을 끼칠 수 있음을 고려해야 한다. 공장건축 시는 공해 및 환경오염 규제, 화재관련 소방법, 지역 환경보호 대책, 교통 부담비용 등 각종 인허가 사항 및 추가비용의 부담으로 공기가 중단되거나 늦어질 수 있음도 염두에 둔다. 건축 공기는 설계능력, 시공방법, 건설업체의 능력, 기후 및 건축자재 조달 용이성 등에 따라 달라질 수 있다. 이를 감안하면 현지의 전문임대업자에게 건설을 일임하고 완공 후 임차하여 생산시설을 이용하는 것은 초기투자비용이 부족한 경우뿐 아니라 공장가동일정을 맞추는 데 대안이 될 수 있다.

● 핵심인력 채용 및 교육

관리직 현지 직원과 생산직 근로자의 채용이 필요하다. 본사에서 파견한 주재인력을 지원하며 노무관리와 영업관리를 수행할 관리직 직원과 제조라인의 핵심공정에 근무할 현지 숙련근로자를 공장가동 이전에 채용하여 교육훈련을 실시한다. 채용인력의 교육과정은 직무교육 외에도 기업문화와 기업비전에 관한 교육을 포함하여 구성한다. 가급적 공장가동 준비단계부터 채용을 하여 시운전 등 공장가동 과정에 참여시키는 것이 본격적인 공장가동 이후 차질 없이 제품생산 일정을 맞추는 데 도움이 된다. 핵심인력은 동종업계나 유사업무에 종사한 경력자 위주로 채용을 실시한다. 하지만 이직 이력이 빈번한 지원자의 경우, 경력이 풍부하고 유능하더라도 회사 내부사정과 영업비밀 등이 경쟁업계에 퍼지는 계기가 될 수 있으므로 신중한 채용이 필요하다.

● 건축완료 및 공장가동

공장 건축과 내부에 생산설비 설치가 완료되면 공장운영시스템 점검을 시행한다. 사규, 기준, 표준, 업무 매뉴얼 등 현지법인 운영기준을 현지어로 준비하여 근로자에게 숙지를 시킨다. 사용자 입장에 너무 치우치지 않고 현지 각종 제도나 문화 등을 반영해 근로자가 쉽게 이해하고 거부감 없이 준수할 수 있도록 하는 데 초점을 맞춰 작성한다. 아울러 초기 공장 시운전 과정에서 공장가동의 합격 또는 불합격을 판정할 수 있는 부문별 기준을 설정한다. 시운전 시 해당 기준에 따른 공정한 평가로 공장이 가동될 수 있는 수준에 이르렀는지를 엄밀히 판단한다. 제조, 품질, 구매, 전산, 판매 등 부문별로 일정한 점수 이상을 거둔 경우에 최종적인 공장운영시스템 점검을 종료한다. 사전에 정해진 가동일정을 맞추느라 준비가 되지 않은 상태에서 일단 가동하고 보자는 식의 공장운영은 더 큰 손실로 이어질 수 있다.

3

외국인투자정책의 수립 : 외국인투자정책의 전략적 접근

01 외국인투자정책의 전략적 접근

02 외국인투자 유치조직의 설계

01 외국인투자정책의 전략적 접근

외국인투자 마케팅전략의 프레임워크

"본서의 프레임워크는 '외국인투자정책의 목표와 투자마케팅 수단 간 적합성 달성'이다."

"외국인투자의 수요자는 정부(정책)이지만, 공급자는 기업(전략)이다."

기업이론과 경영학에서 **전략적 접근법**이란, 기업 외부환경에서 요구하는 핵심 성공 요인을 분석하고, 이에 적합한 수단의 선택에 있어 기업의 내부환경, 즉 기업의 내부능력을 고려하여 최종적인 수단을 선택하는 방식이다.[58] **외국인투자정책의 전략적 접근법**이란, 외국인투자정책과 같은 정부의 정책 수립과정에 기업의 전략적 방법론을 적용하여, 정부의 정책 효과성을 높이는 접근법이다. 정부의 정책 분야에서 기업의 전략을 적용하는 데 적합한 분야는 외국인투자와 관련한 정책 분야이다. 외국인투자의 공급자는 기업이며, 기업은 기업의 성장을 위한 전략 차원에서 해외시장 진출방식으로 해외직접투자를 결정한다. 수요자는 투자유치를 원하는 중앙정부와 지자체, 그리고 이를 위하여 설립한 외국인투자촉진기관(IPA)이다. 수요자 입장에서는 '정부 정책'이지만, 공급자 입장에서는 '기업 전략'인 것이다. 이 점에서 정부의 외국인투자정책과 기업의 해외직접투자전략으로 구분된다.

본서는 **외국인투자정책에 대한 전략적 접근에 대한 정의**를 '국가 경제정책목표 달성을 위하여 외국인투자를 활용할 수 있는 대상을 선정하고, 유치 효과를 극대화하는 데 적합한 외국인투자유치 수단을 마련하는 행위'라고 규정한다. 더 줄여서 **핵심어**로 **표현**하면, '외국인투자정책의 목표와 투자마케팅 수단 간 적합성 달성'이 본서의 관점이다.

외국인투자 마케팅 전략과 투자환경

외국인투자 마케팅의 목표를 설정하고 이를 달성하기 위한 수단을 마련하는 데 있어, 외국인투자 마케팅전략은 경제정책환경과 외국인투자환경으로부터 영향을 받는다. 한 국가의 정책체제 내에서 외국인투자 정책은 독자적이며 독립된 정책이 아니다. 상위의 경제정책의 하부 정책으로서 위치하여, 상위 경제정책을 실현하기 위한 수단으로서의 정책이다. 따라서 **외국인투자정책(마케팅) 목표**를 설정하는 데 영향을 주는 환경은 직접적으로는 **경제정책환경**이 되며([그림 3-1]의 ①), 한편 국가의 **외국인투자환경**으로부터는 간접적인 영향을 받는다([그림 3-1]의 ③).

"외국인투자정책은 독립된 정책이 아니며, 상위 경제정책을 실현하기 위한 수단적 정책이다."

이들 두 환경의 요소는 각각 **외국인투자 마케팅 수단**을 결정하는 데도 영향을 미친다. **경제정책환경**은 고용률 증가, 산업구조 고도화, 경제성장, 지역개발, 외환보유고 증대, 환율안정, 정부재정 증대 등 다방면에 걸쳐 있으며, 이는 조세, 기금, 예산, 노동 및 금융 관련 제도 등과 관련한 투자유치제도 및 투자인센티브의 설계에 영향을 준다([그림 3-1]의 ②). **외국인투자환경**은 마케팅수단과 역의 관계가 성립한다([그림 3-1]의 ④). 외국인투자환경이 매력적일수록 특별히 마케팅수단을 마련치 않아도 투자유치성과를 낼 수 있다. 그렇지 않은 경우라면 이를 보완하기 위해 제공하는 인센티브 수준의 강화 또는 적극적 외국인투자 마케팅활동을 전개해야 한다.

● 경제정책환경과 외국인투자 마케팅 목표 (①)

정부가 외국인투자 마케팅을 추진하는 목적은 경제목표인 고용, 외환안정, 국제수지 개선, 지역개발, 산업구조조정, 기업구조조정 등의 거시·산업정책에 외국인투자를 활용하여 경제발전을 이룩하는 데 있다. 따라서 외국인투자 마케팅전략은 **국가경제정책의 하위 차원**으로, 외국인투자 마케팅 목표는 국가 차원의 여러 경제목표 중 하나가 된다. 외국인투자 마케팅은 경제정책과 별도로 존재하는 것이 아니라 상위의 국가경제정책에 종속적이다. 즉 외국인투자정책은 상위의 경제정책을 달성하기 위한 **수단적 정책**이다. 또한 경제정책환경은 경제정책 목표 중 외국인투자 마케팅 목표를 정하는 **기본조건**이라 할 수 있다.

● 경제정책환경과 외국인투자 마케팅 수단 (②)

외국인투자 촉진을 위한 주요 외국인투자 유치수단으로는 조세감면, 보조금 지급, 임대료 감면 등 투자인센티브 제도가 있다. 그런데 외국인투자 마케팅 수단으로서 외국인투자기업에 조세감면 혜택을 주는 것은 건실한 국가재정을 달성하기 위해 수립한 다른 경제정책과 배치될 수 있다. 또한 외국기업에만 제공하는 인센티브는 국내기업에 대한 역차별 문제를 발생시켜, 정부의 기업정책과 마찰을 일으킬 수 있다. 이점에서 경제정책환경은 외국인투자 마케팅 수단을 정하는 데 있어 **제약조건**이라 할 수 있다. 따라서 외국인투자 마케팅 목표를 달성하기 위해 마련하는 수단은 다른 경제정책에 영향을 줄 수 있으므로, 우선 확실히 경제정책 간 우선순위를 정하고 그에 따른 외국인투자 마케팅 수단인 인센티브의 제공수준을 정한다. 투자마케팅 수단으로서 인센티브 수준과 인센티브 형태는 외국인투자정책의 상위 차원인 경제정책과 연계되며 이에 영향을 받는다. 예를 들어, 고용증대 경제정책환경은 외국인투자마케팅 목표에 고용창출형 외자유치로 반영되며, 동시에 고용보조금 형태의 인센티브를 제공하게 된다.

● 외국인투자환경과 외국인투자 마케팅 목표 (③)

외국인투자환경이 매력적일수록 경제목표 중 투자정책목표를 선택하는데 자유로우며, 선택한 외국인투자 마케팅 목표달성을 용이하게 한다. 기술 전문인력과 일정 수준 이상의 기술을 확보한 국가나 지자체는 첨단산업육성과 같은 외국인투자 마케팅 목표를 실현하는 데 있어 그렇지 못한 국가나 지자체보다 유리하다. 또한 투자대상 입지의 저임금 숙련근로자는 생산효율성을 지향하는 외국기업의 유인 요소로서 외국인투자 마케팅 목표인 고용창출 달성에 유리하다. 그러나 매력적인 외국인투자환경을 갖추지 못하였다면, 외국인투자 마케팅 목표를 달성하는 데 어려움이 뒤따른다. 즉 외국인투자환경은 외국인투자 마케팅 목표를 달성하는 데 바탕이 되는 **지원조건**이라 할 수 있다.

그림 3-1 **외국인투자 마케팅 전략수립의 환경 구조와 구성요소**

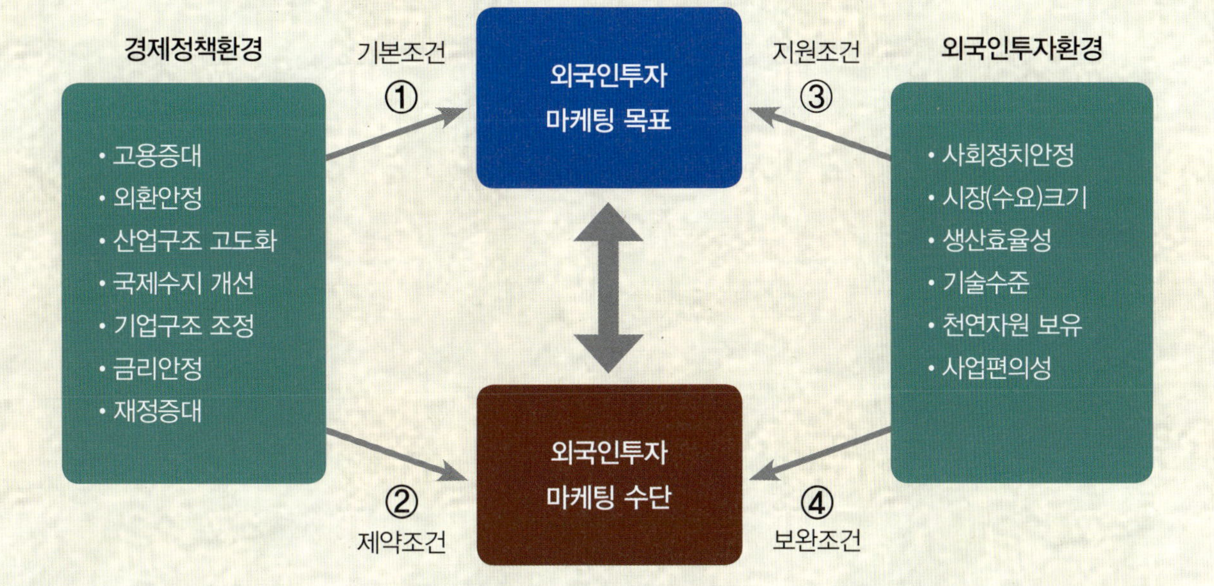

- **외국인투자환경과 외국인투자 마케팅 수단 (④)**

일반적으로 외국인투자자에게 제공하는 인센티브의 크기와 투자유치국의 투자입지 매력도는 **반비례 관계**에 있다. 소비시장의 규모가 크거나 생산요소 비용이 저렴한 국가의 경우에는 특별히 투자인센티브를 제공하지 않아도 수월하게 다국적기업을 유치할 수 있다. 반면 시장규모와 생산효율성 측면에서 불리한 국가라면 보완책으로 투자인센티브를 강화하여 투자환경의 개선을 이루어야 한다. 외국인투자 마케팅 수단은 현재의 외국인투자환경의 매력도에 맞춰 수준이 결정되며, 투자유치 상대 경쟁국대비 미흡한 투자환경의 보완책이라 할 수 있다. 즉 외국인투자환경은 외국인투자 마케팅 수단의 **보완조건**이라 할 수 있다.

"환경요소(경제정책환경과 외국인투자환경)를 고려하여 외국인투자 마케팅 목표와 수단 간 적합성을 달성한다."

외국인투자 마케팅 전략의 수립 절차

외국인투자 마케팅전략을 수립할 때 추진 주체가 가장 먼저 고려할 사항은 외국인투자를 우선하여 활용할 수 있는 분야를 선정하는 일이다. 외국인투자가 여러 경제 분야에 긍정적인 효과가 있다고 하여 모든 경제목표가 외국인투자의 달성목표가 될 수는 없다. 선택과 집중을 통하는 것이 정책 효과성을 높일 수 있을뿐더러, 경제목표 중에는 상반된 성격과 효과를 기대하는 목표도 있어 함께 투자정책목표에 포함하여 추진하면 상쇄 효과가 발생한다. 따라서 외국인투자정책의 수립에서 가장 먼저 고려할 사항은 외국인투자를 활용하여 해결하고자 하는 **경제목표 간 우선순위 결정**이라고 할 수 있다. 국가가 추구하는 경제목표 중 다른 경제목표와 상충하지 않으면서 외국인투자의 경제적 수익을 극대화하고 비용을 극소화할 수 있는 경제정책목표를 정한다.

“수단적 정책으로서 외국인투자정책은 경제목표 간 우선순위 결정에서 시작한다.”

다음 단계는 투자정책목표를 달성하기 위한 **투자유치 수단 마련**이다. 외국인투자기업은 투자입지 선택의 기준으로서 현지시장의 매력도, 생산효율성, 천연자원 확보 등 경제적 요인을 높게 평가한다.[59] 하지만 이러한 입지의 투자환경 매력도를 높이는 데는 오랜 시간이 필요하다. 인구와 천연자원 등은 큰 노력과 많은 시간으로도 개선하기 어려운 투자환경이다. 이러한 속성은 정책수단으로써의 채택을 꺼리게 한다. 따라서 정책수단은 주로 투자를 유인하기 위한 세금혜택이나 정책보조금 지원과 같은 투자인센티브, 그리고 투자입지 지역의 홍보, 해외로드쇼 및 방문상담, 사후 투자관리 서비스 등 투자마케팅 활동이 된다.

마지막 단계는 선정한 목표를 효과적으로 달성하기 위한 수단 선택이 필요하다. 즉 **투자목표와 수단 간 적합성**을 검토하여 가장 최적의 조합을 투자유치정책으로 채택한다. 외국인투자의 경제적 파급효과를 극대화하고 유치활동을 촉진하기 위한 적절한 수단 선택과 제도 마련은 투자유치성과에 직접적인 영향을 미친다. 촉진수단을 어떻게 설계하는지에 따라서 선정한 목표의 효과성 달성 정도가 다르게 나타날 수 있다. **단계별 외국인투자 마케팅전략의 수립 절차**를 다음과 같이 요약한다.

- **외국인투자 마케팅 목표 결정 :** 여러 경제정책 목표 중에서 외국인투자 마케팅을 우선하여 활용할 목표의 선정, 즉 투자유치를 통해 달성하고자 하는 경제정책목표 간 우선순위를 정한다.

- **외국인투자 마케팅 수단 개발 :** 선정한 외국인투자 마케팅 목표를 달성하기 위한 정책수단 개발 과정으로, 정부의 활동과 지원제도로서 구체화할 수 있는 범위에서 개발한다.

- **목표와 수단 간 적합성 평가 :** 투자마케팅 활동, 투자인센티브 등 투자촉진 수단이 외국인투자 마케팅 목표 실현에 공헌할 수 있도록 목표와 수단 간 적합성을 검토하고 평가한다.

외국인투자 마케팅 목표의 결정

외국인투자정책에 대한 전략적 접근에서 첫 번째 단계는 경제정책목표 간 우선순위를 결정하는 것이다. 경제정책 우선순위를 선정하려면 먼저 경제정책으로는 어떤 유형이 있으며 각각 속성은 무엇인지 파악하고 있어야 한다. 경제정책 간 상충성이 존재하기도 하고, 결합하여 추진할 때 상호 시너지 효과가 나기도 한다. 유형과 속성을 파악하지 못한 채 시행하면 기대하는 경제효과의 극대화나, 정책 추진비용의 극소화가 어려울 수 있다.

외국인투자정책의 효과를 적용 차원을 기준으로 구분하면, 고용안정, 외환안정, 금리안정, 국제수지개선, 재정증대 등과 같은 거시경제정책 차원, 산업구조 고도화, 첨단산업육성 등과 같은 산업정책 차원, 기업경쟁력 강화, 기업구조 조정 등의 기업 차원으로 나눌 수 있다. 또한 직접효과와 간접효과로 구분할 수 있다. 고용창출, 재정수입 증대, 외환보유고 증대, 기술이전, 수출증대, 기업의 경쟁력 향상, 시장 효율성 향상 등은 외국인투자유치로 인한 직접효과이며, 후방연쇄효과의 향상, 산학연 협동과 인적자본 구축, 지방의 분산성장, 지역 클러스터 기여 등은 간접효과이다. 직접효과가 1차 효과라고 할 때, 간접효과는 2차 효과로서 1차 효과를 매개로 투자입지 인근 지역으로 확산하며 나타나는 효과이다. 다음은 **직·간접효과를 기준으로 한 경제적 효과**를 살펴본다.

외국인투자 마케팅의 경제적 효과

“양적과 질적 경제효과 구분은 이에 적합한 투자 유치 수단(인센티브 유형) 구분과 연관된다.”

직접효과를 두 그룹으로 구분하면, 첫 번째 그룹은 고용창출, 재정수입 증대, 외환보유고 증대 등이, 두 번째 그룹은 기술이전, 수출증대, 기업의 경쟁력 향상, 시장 효율성 향상 등으로 나뉜다. 첫 번째 그룹인 고용창출, 재정수입, 외환보유고 등은 외국인투자 규모와 비례하여 나타난다. 규모가 큰 외국인투자나 많은 양의 외국자본을 수반한 투자는 이들 효과의 크기가 크다. 즉 외국인투자의 **양적 측면**을 반영하고 있다고 하겠다. 반면에 두 번째 그룹인 기술이전, 수출증대, 기업의 경쟁력 향상 등은 외국인투자기업의 성향과 투자 동기, 현지 네트워크 구축에 대한 태도 등과 관련이 있는 **질적 측면**이 작용한다. 현지시장에 이전이 가능한 기술인지의 여부, 지식의 명확성과 암묵성 정도 등에 따라 기술 파급효과 정도가 달라진다. 또한 외국인투자자의 수출성향과 지역 공급망과의 현업구조에 따라서 수출증대 효과와 기업경쟁력 향상 효과가 다르게 나타난다. 시장구조나 기업의 경쟁을 자극하는 현지시장의 효율성 향상 효과는 현지 토착기업의 독점력에 대항할 수 있는 능력을 갖춘 외국기업인지에 따라 달라진다.

● 고용창출

외국인투자가 현지에서 일어나면 외국인투자기업의 인력 채용에 따른 직접적인 고용창출이 일어난다. 더불어 현지 기업들도 외국인투자기업에 원부자재 공급과 유통서비스를 제공할 기회를 얻게 돼 파생적인 고용이 증가한다. 실업률은 경제성장에도 부정적이지만 경제적 측면 외에 정치적 측면에서도 중앙정부나 지자체에게 부담이 되는 사회정책지표이다. 외국인투자기업에 투자인센티브로서 현금보조금을 제공할 때 그 재원을 새로운 재정으로 투입하는 부분도 있지만, 주로 실업 보험금과 같은 실업구제 재원을 고용훈련 보조금으로 전환하여 충당한다. 이는 외국인투자유치는 고용을 창출하여 실업을 구제하는 효과가 있기에 예산과 재원의 인센티브 전용은 합리적 방안으로 간주된다.

● 재정수입 증대

외국인투자 유치로 지역 내 기업의 수가 늘고 기업활동이 활발해지면 법인세와 같은 중앙정부의 재정수입, 재산세와 취득세와 같은 지방정부의 재정수입 등이 연동되어 늘어나게 된다. 간접적으로는 고용된 인력이 증가함에 따라 유발 소득과 소비의 증가, 지역 내 협력업체의 경영 활성화 등으로 과세대상이 확대돼 재정수입에 긍정적 영향을 미친다. 비록 외국인투자를 유치하기 위해 세금감면과 공제, 현금보조금의 지출 등은 재정수입과 재정지출에 부정적 영향을 미치지만, 이는 단기적 측면이며 장기적으로는 지속적인 외국인투자기업의 활동 효과로 인해 재정수입이 증가하게 된다.

● 외환보유고 증대

외국인직접투자는 추가적인 외채의 부담 없이 국제자본의 안정적 도입을 가능하게 한다. 외국인의 증권투자에 비해 외국인직접투자는 경영권을 확보해 사업 이득을 목표로 한 투자이므로 투자 기간과 투자의 회수 측면에서 장기성 및 안정성에서 외국인증권투자보다 우수하다. 특히 차관도입이 어려운 저개발국이거나 외환위기를 겪은 국가에서 경제성장과 경제위기 탈출의 정책 도구로 선호도가 높다. 다만 외국인직접투자를 외환보유고 증대와 직접 연결하여 채택하는 경우는 선진국이나 일반 경제 상황의 국가에서는 보기 어려우며, 신용도가 낮은 저개발 국가나 신용도를 일시에 잃어버린 선진국에서 나타난다.

● 기술이전

외국인투자는 선진국 다국적기업에 의해 주로 시행되기 때문에, 선진 다국적기업이 가진 생산기술력과 경영노하우를 투자유치국에게 습득할 기회를 제공한다. 토착기업은 다국적기업과 합작투자, 부품공급 계약, 원부자재에 대한 기업 간 거래 등을 통해 선진 기술규격에 대한 정보를 습득한다. 또한 협업과정에서 학습을 통한 기술·노하우 공유로 기술·지식의 확산이 지역 내에 일어난다. 다국적기업이 필요한 인력을 수시로 사내외에서 교육·훈련을 하면서, 또한 퇴사한 근로자가 인근 토착기업에 재취업을 하면서 이러한 기술·지식의 이전 효과는 가속화된다.

● 수출증대

외국인투자의 수출증대 효과는 주로 개도국에서 발생하며, 개도국 정부의 투자정책 우선순위에 해당한다. 개도국에서 외국인투자기업 유치로 수출이 증가하는 경로를 두 가지로 나눠 볼 수 있다. 첫째는 기술력이 열위에 있어 수출상품을 제조할 능력이 없는 개도국 정부는 **수출자유지역**과 같은 보세구역을 만들고, 반제품을 외국으로부터 들여와 포장, 조립, 부가적 공정 등의 임가공 절차를 거친 후 다시 수출하여 국가의 수출액 총량을 높이는 경로이다. 이때 다른 지역과 배타적으로 보세구역 내에서만 각종 혜택을 주며 외국기업을 유치하는 정책을 병행한다. 이는 둘째의 기술이전을 통한 수출경쟁력 습득과 수출확대 경로와 연결된다. 수출자유지역에 주재한 토착기업뿐 아니라 보세구역 밖으로 확산하며 전국적으로 수출경쟁력이 향상한다. 이 과정이 성공적으로 마무리된다면, 전국 전역이 수출지향 동기를 가진 다국적기업의 투자입지 환경이 된다.

● 기업의 경쟁력 향상

지역 내 토착기업은 외국인투자기업에 부품이나 중간재를 공급하면서 품질 향상이나 납품 신뢰성을 높일 수 있다. 신제품 소개와 새로운 생산공정은 토착기업에게 모방 기회로서 작용한다. 토착기업은 외국투자기업들과 부품공급, 투자기업 제품의 구매, 기술 협업 등 다양한 사업교류와 함께, 한편으로는 경쟁자 관계를 형성함으로써 혁신에 대한 자극과 도전 환경에 놓이게 된다. 이는 잠재경쟁력을 실질 경쟁력으로 표출하게 하는 데 도움을 준다. 외국기업은 비즈니스 협력파트너이자 혁신에 자극을 주는 경쟁자로서 장기적으로 기업의 경쟁력 향상에 이바지한다.

● 시장 효율성 향상

국영기업의 민영화, 기업과 산업의 구조조정 등에 외국인투자를 활용하여 기업의 경영 효율화와 산업합리화를 이룰 수 있다. 외국인투자기업의 국내 진출은 그동안 독점적 구조였던 국내시장을 경쟁구조로 전환하게 하여 시장의 효율성을 높이는 데 도움을 준다. 국내기업만 있었던 시장에서 외국기업의 진입은 시장에 존재하는 전근대적인 관행이나 투명하지 못한 경쟁원리를 개선하는 데 도움을 주는, 이른바 글로벌 스탠다드 효과가 발생한다. **글로벌 스탠다드 효과**는 경쟁하는 기업뿐 아니라 시장경쟁과 관계된 중앙 및 지방의 행정조직, 관련 기관 등에게도 영향을 미쳐 전반적인 시장경쟁의 효율을 높이는 데 공헌한다.

외국인투자 마케팅 효과의 전략적 활용

외국인투자의 경제적 효과에 대한 정책 성과는 주로 외국인투자 유치액, 고용창출 인원, 특정 산업 분야의 기업유치 등으로 나타난다. 중앙정부와 지자체는 이보다 조금 더 복합적이고 구조적인 경제정책의 목적을 달성하는 데에 외국인투자를 전략적으로 활용한다. 그 예로 투자한 입지에서 외국기업이 대학교, 지역 연구소 등과 협력파트너 역할을 기대하며 외국인투자를 유치하고, 또 조립제조업체의 지역 내 유치를 통해 부품공급업체, 납품업체 등에 후방연쇄효과 발생을 목적으로 투자마케팅을 전개한다. 지역 내 산업클러스터 구축은 지역경쟁력 창출의 기간경제구조 또는 경쟁력 플랫폼으로서 모든 지자체가 중시하는 지역경제정책이다. 여기에도 외국인투자 마케팅이 전략적으로 활용된다. 한편, 지역경쟁력 확대, 지방의 성장은 비단 지방정부 및 지자체의 경제발전정책에만 연관된 것은 아니다. 어느 국가에서나 경제가 성장하고 발전할수록 대도시와 지방, 수도권과 비수도권의 경제성장의 양극화 심화가 발생한다. 외국인투자 유치를 통하여 지역의 산학연 네트워크 또는 지역의 산업클러스터를 형성하는 데에 중앙정부도 지방의 분산성장 차원에서 적극 외국인투자 마케팅을 활용한다. 이와 같은 **외국인투자 마케팅 효과의 전략적 활용방안**을 다음과 같이 세부적으로 설명한다.

● 후방 연쇄효과의 향상

“후방 연쇄효과는 고용 창출(노동정책 측면)에, 전방 연쇄효과는 부품산업 육성(산업정책 측면)에 유효하다.”

전방 연쇄효과(forward linkage effect)는 특정 산업의 생산물을 중간 투입물로 사용하여 다른 산업을 발전시키는 효과이며, **후방 연쇄효과**(backward linkage effect)는 특정 산업의 생산 증가가 그 산업의 생산에 필요한 중간재나 원료를 공급하는 다른 산업부문의 생산을 유발하여 증가시키는 경제효과를 의미한다. **외국인투자의 전후방 연쇄효과**란 기업의 가치사슬과 관련 있다. 외국인투자기업은 투자입지에서 전체 가치사슬의 모두를 기업활동에 포함할 수도 있고, 한두 가지 가치사슬만을 입지에서 배치하여 수행한 후 다른 지역과 연계하여 전체 가치사슬을 완성하는 전략을 수행할 수 있다. 예컨대, 연구개발부터, 부품조달, 생산·조립, 판매, 사후관리 등 전 과정을 한 곳에서 모두 수행할 수도 있고, 이 중 부품조달, 생산 등과 같이 일부 활동만 할당하고 다른 해외시장에 판매 또는 연구개발 기능을 두는 형태를 채택할 수 있다. 만일 다국적기업이 입지에서 생산·조립기능에 치중한 활동을 하고 있다면, 연구개발 기능, 부품조달 기능 등을 담당하는 현지 토착기업에게 후방 연쇄효과를 발생시킨다. 외국인투자기업의 생산·조립 가치사슬의 뒤쪽(후방)에 위치한 연구개발 및 부품조달에 영향을 준다고 이해하면 된다. 같은 이치로 앞쪽(전방)에 있는 판매기능, 사후관리 기능 등을 담당하는 현지 토착기업에게는 전방 연쇄효과를 발생시킨다.

“실업률 문제가 각국 정부의 중요 정책이슈가 됨에 따라, 후방 연쇄효과는 선·후진국 모두에게 선호된다.”

그런데 개도국에 투자하는 다국적기업의 특성상, 주로 조립생산이나 조립판매를 위해 생산시설을 구축하는 경우가 일반적이다. 현지의 저렴한 인건비 확보를 추구하는 다국적기업은 부품생산보다는 완제품 조립을 위주로 개도국에 투자한다. 일반적으로 부품생산에는 기술비율이 높고 조립공정에는 인력비율 비중이 높은 속성이 있다. 현지에는 본국보다 저렴한 근로인력이 풍부하므로 이를 입지의 매력요인으로 간주하여 조립생산 투자를 시행한다. 개도국은 부품생산, 공급망과 관련한 물류 인프라, 납품제품의 규격과 인증을 받기 위한 연구개발 등을 연속적으로 자극하고 유도하는 후방 연쇄효과를 외국기업으로부터 얻는다. 그런데 후방 연쇄효과는 개도국 정부뿐 아니라 영국, 미국 등 선진국의 정부도 선호하는 경제효과이다. 많은 인력 고용을 유발하는 속성이 있기 때문인데 자국의 실업 문제를 해결할 수 있으며, 또 낙후지역에 대한 지역의 분산성장 차원에서도 유용성이 크다.

● 산학연 협동과 인적자본 구축

지역 내 진입한 외국기업을 기존의 산업, 학교, 연구기관 등의 연결고리로서 산학연 협동을 향상하는 데 활용하기 위해 유치를 추진한다. **아일랜드 산업개발청**(IDA)은 생산거점으로서 아일랜드의 입지 우위가 폴란드, 체코 등 동유럽 국가들로부터 위협을 받자, 차별화한 전략으로 정보통신과 생명과학 분야의 유명 외국대학부설 연구소나 다국적기업을 유치하려는 계획을 수립하였다. 기초기술뿐만 아니라 상품화 기술을 가진 다국적기업은 현지의 기초연구기관이나 기업의 연구능력 강화를 위한 투자유치대상이다. 다국적기업의 연구개발센터는 현지의 연구인력을 흡수하며 연구인력의 신규 수요를 창출하여 새로운 전문인력 육성의 자극제가 된다. 연구개발센터 운영에 필요한 연구재료나 연구 관련 장비를 조달하는 과정에서 관련 분야에 대한 발전이 유도된다. 다국적기업이 시행하는 선진 인력개발 프로그램은 인근의 토착기업에게 모방의 기회를 제공하여 전반적인 인적자원 발전의 토대가 된다.

● 외국인투자를 활용한 지방의 분산성장

수출증대와 산업을 육성하는 것이 주로 개도국 정부의 외국인투자유치 정책의 목표에 해당한다. 하지만 선진국 정부, 또 개도국을 벗어나 이제 선진국으로 진입하려는 정부에게는 지방의 균형적 발전을 위한 외국인투자 위치는 주요한 정책목표 중 하나이다. 국가의 경제개발과 성장 과정에서 사회와 경제 분야의 '부익부 빈익빈' 현상은 필연적으로 나타난다. 자본이 축적되면서 소득 계층 간 양극화가 진행되고, 사회기반시설과 국내외 기업들이 대도시와 수도권에 집중하는 수도권 집중화 현상이 고착된다. 선진국 정부는 이러한 사회적, 경제적 문제를 해소하는 데 외국인투자 유치가 도움을 줄 것으로 기대한다. 영국 경우, 중앙정부와 IPA가 북아일랜드를 비롯한 경제발전 낙후지역에 투자유치를 우선하여 지원한다. 주요 낙후지역을 선정하고 다른 입지보다 더 많은 혜택과 높은 수준의 인센티브를 제공한다. 우리나라 중앙정부와 Invest KOREA도 지방경제의 활성화를 위해 지자체 간 협력 네트워크를 구축하여 투자마케팅 활동을 지원하고 있다. 그러나 영국처럼 다른 지역과 낙후지역을 구분하여 인센티브 제공 폭을 달리하는 차별정책은 시행하고 있지는 않다. 낙후지역에 대한 차별적 인센티브 제공에 관해서 실증연구 결과는 일치된 견해를 보이지는 않는다. 낙후지역에서의 외국인투자의 경제적 효과에 관한 경험적 연구는 장기적으로 이득은 크지 않다고 한다.[60] 입지 매력도 측면에서 투자유치 경쟁력이 떨어지는 지방의 투자유치에 대하여 '사막 위의 성채(cathedral in the desert)', '종속 발전(dependent development)', '성장 없는 산업화(industrialization without growth)' 등의 은유들은 정부의 의도와 다국적기업의 투자전략 사이의 불일치를 드러내는 표현이라 하겠다.[61] 지방 분산 성장을 위해 외국인투자 유치는 바람직하나 인센티브에 의존한 단기적 처방보다는 부작용이 적고 근본적인 정책수단을 마련하는 것이 필요하다. 그중 하나는 다음에 설명하는 외국인투자를 활용하여 지역산업 클러스터를 꾀하는 일이라 할 수 있다.

● 클러스터 형성에 기여

포터(Porter)는 "선진경제로 진입하기 위한 필수조건 중 하나는 운영이 잘되는 클러스터를 개발하는 일이다"라고 하여 향후 경쟁우위에서 개별기업이나 산업보다 클러스터(cluster)가 주도 개념으로 부상하고 있음을 지적하였다.[62] **클러스터**란 관련 기업과 기관, 지원서비스 기업들이 모여 네트워크를 통한 상호작용으로 시너지를 발휘하는 일정 범위의 지역을 말한다.[63] 지역의 클러스터 형성에 외국인투자는 중요한 역할을 한다. 기존 클러스터에서 부족한 부문을 보완할 수도 있으며 또한 새로운 클러스터 형성의 구심점으로 외국인투자 기업을 활용한다. 비록 많은 클러스터가 정부의 인위적 설계보다는 자생적으로 형성되는 경우가 많다고 하지만 국내에서 조달받기 어려운 지식이나 공정의 경우, 이러한 특성이 있는 외국인투자를 유치한다면 한층 클러스터 형성에 도움을 줄 것이다. 방법은 우선 지역 클러스터에 필요한 가치나 분야를 파악하고 이에 도움을 줄 수 있는 외국기업을 유치한다. 그리고 유치한 외국인투자기업과 지역기업 간 연계를 강화하는 **링키지 프로그램**(linkage program)을 개발하고 적용한다. 링키지는 결국 클러스터를 완성하기 위한 구체적 실현수단이다. 프로그램은 인력지원 센터 운영, 부품조달정보센터 설립, 링키지 촉진을 위한 인센티브 제공, 산학연 연구개발 네트워킹 사업 등이 해당한다.

"외국인투자의 질적 경제효과를 구현하는 수단은 링키지 프로그램 강화이다."

외국인투자 마케팅 수단의 개발

외국인투자 결정요인과 마케팅 수단의 속성

다국적기업은 투자의 동기와 전략적 목적에 따라 투자대상 입지의 매력도 평가를 달리한다. **자원추구형 투자**의 다국적기업은 입지의 천연자원 활용의 용이성, 천연자원의 질적 수준을 입지매력요소로서 비중 높게 고려한다. 현지에서 천연자원을 개발하고 확보하는 과정에서 현지국의 정치사회 안정성, 일관된 정책 기조와 투자의 법정성 등도 우선순위로 고려한다. **생산효율의 지향형 투자**의 경우에는 풍부하고 저렴한 노동력과 함께 사회정치적 환경으로서 노동시장의 안정성, 노동조합의 준법성 등도 투자 시 고려하는 중요한 요인이다. 저렴한 생산비용은 노동비용으로만 이루어지는 것이 아니므로 투자 인센티브, 공공시설 이용요금, 수출입 규제, 관세환급 제도 등 사업편의 요인도 투자자의 관심을 높이는 결정요인이다. **시장추구형 투자** 경우에는 자사 생산제품에 대한 잠재 소비시장 규모와 향후 시장 성장성에 높은 관심을 가진다. 과거 소비에트 연방의 붕괴로 러시아 및 동유럽 시장이 갑자기 열리거나, 한국의 유통시장 개방으로 외국인투자가 허용되는 경우이다. 당시 다국적기업은 시장을 선점하기 위해 공장신설형의 투자방식보다는 현지기업을 인수하는 방식으로 시장진출을 시도하였다. 이처럼 시장추구형 투자이지만 인수합병을 통해 이루어지는 경우는 현지국의 민영화 정책, 노동 유연성 정책, 경영 안정성을 위한 투자협정 준수 여부 등 사회정치환경 요인까지 고려하게 된다. 즉 다국적기업의 해외직접투자 결정은 복합적 요인이 작용하므로, 외국인투자를 유치하고자 하는 정부 정책 담당자는 다양한 투자유치 정책수단과 제도를 마련하고, 각 투자 사안별로 투자자의 입지 만족도를 높이도록 대응해야 한다.

그런데 외국인투자 마케팅 환경의 구성요소 중에 경제적 요인 및 사회정치적 요인, 즉 국내시장 확대, 생산효율성 증대, 기술인프라 증대, 천연자원 개발, 사회정치의 안정 등은 속성상 **단기적 개선에 어려움**이 있다. 물론 사회정치 요인은 경제적 요인보다는 개선의 어려움이 덜한 측면이 있고, 또 세부 요소별로 다분히 단기적 개선 가능성이 있는 경우도 있다. 그러나 이보다는 투자인센티브

표 3-1 외국인투자 결정요인의 내용과 특성

속성	구분	세부 요소	개선 소요기간
근원적 결정요인	경제적 요인	**• 시장수요(시장규모, 1인당 소득수준, 시장 성장성, 수입장벽, 지역시장 접근성, 소비자 특성과 선호도)** **• 생산효율성(숙련 및 비숙련공의 생산성, 부품 · 원자재 비용, 교통 · 통신 · 공공설비 사용요금, 금융비용)** **• 자원의 가용성(석유, 가스, 광물, 원재료, 농지, 관광자원)** **• 전략적 자산 습득(M&A 시장의 형성/용이성, 기술 수준)**	단기적 개선 곤란
부수적 결정요인	사회정치적 요인	• 사회정치적 안정(국가위험도, 사회정서) • 노조 현황(노조설립 비율, 노조 성향) • 민영화 정책(정부의 정책 성향 및 관련 법규) • 법률체계(지적재산권, 공정거래법, 노동법, 조세행정, 기업 신설 관련 규정) • 국제협약(조세협약, 투자협정, 자유무역협정)	
	사업편의 요인	• 투자인센티브(조세감면, 현금보조금, 공장용지 지원) • 투자촉진활동(IPA의 지원활동, 원스톱서비스 지원) • 생활편의 환경(외국인을 위한 학교,주거시설,병원, 문화생활) • 기업경영환경(회계 투명성, 관료주의, 부패 정도) • 사후투자관리 서비스(옴부즈만, 고충처리 제도)	단기적 개선이 상대적으로 용이

제공, 투자홍보 활동, 사회생활 편의 제공, 사후 투자관리 서비스 등 사업편의 결정요인이 상대적으로 **단기적 개선**과 정부의 노력에 의한 **인위적 개선 가능성**이 훨씬 높다. 이러한 속성으로 인해 세계 각국의 투자정책 수단은 주로 사업편의 요인으로 구성된다.

"경제적 요인이 가장 중요한 외국인투자 결정요인이지만, 단기적/인위적 개선 가능성 측면에서 사업편의 요인이 주요 투자유치정책 수단이 된다."

다국적기업의 해외직접투자는 시장추구 목적이 가장 많고 뒤이어 생산효율성 추구 목적이 뒤를 잇는다.[64] 즉 경제적 요인이 **근원적 결정요인**이며, 사회정치적 요인과 사업편의 요인은 **부수적 결정요인**이다. 경쟁국과 투자유치 경쟁에서 자국의 투자유치 가능성을 높이려면 경제적 요인 개선에 집중한 정책을 수립하고 시행해야 한다. 그러나 결정요인의 속성상 경제적 요인은 단기적으로, 또 정부의 인위적 노력으로 개선이 가능한 투자환경 요인이 아니므로 정책변수로 채택하기 어렵다는 데 중앙정부나 지방정부의 고민이 있다. 따라서 현실에서는 부수적 결정요인인 사업편의 요인을 위주로 정책변수로 채택하는 현상이 나타난다.

투자인센티브 제도의 이론적 접근

투자인센티브 제공에 대한 이론적 근거는 외부경제효과(externality)의 보상 측면과 유치산업(infant industry) 보호 측면에서 살펴볼 수 있다.[65] 피구(Pigou)는 외국기업의 생산활동은 현지에서 생산한 재화를 판매하여 수익을 창출할 뿐만 아니라 생산과 판매과정에서 새로운 기술과 지식을 창출하고, 인근의 기업과 근로자에게 교육과 능력 향상을 일으키는 긍정적 외부효과를 발생시킨다고 하였다.[66] 그는 또 외국기업의 이러한 행위는 다른 기업의 투자를 유도하는 확산 효과(spillover effect)와 특정 지역에 집중되어 일어나는 응집 효과(agglomeration effect)를 발생시킨다고 하였다.

생산자는 이렇게 주변 시장에 시장의 긍정적인 효과를 발생시킨다. 긍정적 효과를 발생시키고도 시장의 불완전성으로 인해 시장에서 충분한 보상을 받지 못한다. 이러한 **긍정적 외부경제효과**에 대한 보상이 인센티브를 부여하는 근거이다. 인센티브는 생산자에게 귀속되는 사적 투자수익률(private rate of return)과 전체 사회에 창출한 사회적 투자수익률(social rate of return) 간 차이, 즉 틈새(wedge)에 대한 보상이며, 인센티브의 크기는 틈새 크기에 대한 보상 정도가 된다.

"외국인투자의 외부경제 효과는 외국기업에 대한 인센티브 역차별 비판을 완화하는 근거를 제공한다."

외국인투자자에게 제공하는 인센티브의 논리도 마찬가지다. 해외시장 진출방식으로서 기업의 해외직접투자는 기업이 소유한 기술력이나 노하우와 같은 무형의 경쟁우위를 바탕으로 현지에서 생산시설을 구축하고 생산활동을 하는 방식이다. 그런데 이러한 무형자산이 현지에서 충분히 자신의 가치만큼 부가가치를 생산하고, 또 이를 기업의 수익으로 귀속하는 데 어려움이 있다. 현지의 부족한 생산지원 인프라, 비숙련 근로자, 비효율적인 상거래 제도와 공급망 등이 장애 요인으로 작용한다. 이를 극복하기 위하여 외국기업은 직·간접적으로 현지 인프라 개발과 구축, 근로자의 교육훈련, 납품업체 및 산학연 네트워크 구축 등에 참여한다. 본국과 같은 선진국 사업환경에서는 하지 않아도 될 일을 현지국에서 추가로 수행하는 것이다. 기업, 정부, 비정부기구, 근로자와 소비자 등 시장의 경제주체 간 역할 구분으로 본다면, 이러한 일들은 기업이 아니라 현지 정부가 재정을 투입해서 개선해야 할 일이다. 이러한 일들을 현지 정부를 대신하여 외국기업이 대행하고 있으므로 그에 대한 보상이 따라야 하는데, 이에 대한 대가가 투자인센티브 제공이다. 투자유치국에 교육제도 및 노동자 훈련제도가 미비해 외국인투자기업이 필요로 하는 기술적 숙련도를 갖춘 인력을 양성하지 못한 상황에서, 어찌 보면 현지 정부가 투자기업의 자체적으로 시행하는 고용훈련 프로그램에 드는 경비를 정부의 교육훈련 예산에서 투자보조금으로 전용하여 주는 것은 당연한 보상 절차이다. 이를 넓게 해석하면, 고용 및 근로자 시장에서 효율성과 질적 향상을 위해 투입할 재정을 그 일을 대신한 외국기업에게 용역대가로 지급하는 것으로 간주할 수 있다.

정부의 **유치산업 육성정책**도 같은 논리상에 있다. 시장에서 기업의 투자가 진행되어 확대해 나갈수록 일반적으로는 단위생산비용 감소와 이에 따른 생산성 향상이 발생한다. 그런데 유치산업의 경우에는 시장이 충분히 성숙하지 못하므로 이러한 이점들이 기업의 수익에 반영되지 않는다. 따라서 당분간 조세감면과 보조금 지급으로 기업의 수익을 보전해 주면서 유치산업을 성숙시킬 필요가 있다. 외국인투자는 투자의 속성상 개도국의 유치산업 분야에 투자되는 경우가 빈번하다. 현지 정부는 유치산업 육성정책에 이바지하는 외국기업에게 인센티브를 제공함으로써 보상한다. 정부가 해야 할 일을 외국의 기업이 대신해 주는 데에 대한 보상인 것이다.

목표와 수단 간 적합성 평가

외국인투자 마케팅 타겟팅 모형

외국인투자 마케팅의 목표와 수단이 선정되었다면 다음에는 어느 투자유치 대상에 대해 집중적으로 유치활동을 전개해 나가는가에 관한 결정이다. 타겟팅의 대상은 중앙정부와 지자체가 관할 지역에 투자유치를 하고 싶은 특정한 산업 및 시장, 외국기업 등이 된다. 본서는 타겟팅 방법에 대해 다음과 같이 두 가지 형태의 모형을 제시한다. 한 모형은 타겟팅의 기준 축으로 투자유치의 '필요성'과 현재 산업의 '경쟁력'으로 하는 **경쟁력 모형**이고, 또 다른 모형으로 '필요성'과 '가능성'을 기준 축으로 한 **가능성 모형**이다.

● 경쟁력 강조모형

영(Young)은 발전적 타겟팅(developmental targeting)[67]이라는 개념을 외국인투자유치전략에 도입하였다. **발전적 타켓팅**이란 고용창출, 기술이전, 무역수지 개선 등 외국인투자의 긍정적 효과와 대응하여 국가나 지역이 가진 경쟁우위와 부합하는 투자유치 대상으로서 '산업 세그먼트'를 파악해 나가는 과정이다. 목표지향적 접근인 발전적 타겟팅은 외국인투자 마케팅의 목표인 경제적 효과를 발생시키는 데 부합하는 특정 산업에 외국인투자를 유치하는 것을 말한다. **투자유치 대상의 선정과정**은 경제개발과 성장의 관점에서 유치할 만한 대상 세그먼트(segment)를 파악하고, 국가나 지역의 경쟁적 우위를 평가한 후에 이 둘의 조건을 고려하여 국가나 지역에 유치할 만한 산업 세그먼트를 확정한다.

위의 논리를 [그림 3-2]의 내용처럼 본서가 제안하는 **경쟁력 강조모형**으로 표현한다. **가로축**은 국가나 지역의 **경쟁우위 정도**를 나타낸다. 투자유치국가(지역)의 투자유치환경의 매력도를 의미한다.

“매력적인(선호하는) 대상에 대해 자신의 경쟁우위(경쟁력)를 매칭하여 타겟팅하는 경쟁력 강조모형은 전형적인 경쟁전략의 모형이다.”

세로축은 **외국인투자 정책목표 선호도**이다. 투자유치 중앙정부나 지자체는 외국인투자로부터 발생하는 긍정적 효과 중에 가장 선호하는 효과를 결정하여 세로축에 나타낸다. 외국인투자의 경제적 효과는 산업구조 고도화, 고용창출, 지역개발 등이 있는데, 이 중에서 중앙정부와 지자체가 가장 달성하고 싶은, 즉 외국인투자 정책목표에 대한 선호도를 말한다.

예를 들면, 이 중 가장 선호하는 효과가 산업구조 고도화라고 한다면, 고부가치의 산업, 고도기술수준의 산업, 첨단의 업종 등을 유치하고 싶을 것이다. 즉 자본집약적 산업이 선호도 높은 업종이 된다. 반대로 노동집약적 업종의 경우는 투자유치 대상에서 제외하거나 소극적 투자마케팅 활동의 대상이 된다. 반도체, 자동차 첨단배터리, 정밀기계 등의 유치를 선호하지만, 입지조건이 이를 충족할 만큼 경쟁우위를 가지지 못하므로 노동력 기반의 생산 효율성 달성에 적합한 업종인 전자제품 조립공장, 일반 전자부품, 일반 자동차부품 등이 성공률을 높이는 투자유치대상이 되는 것이다. 이 경우, 그림에서 왼쪽의 위는 자본집약 업종, 첨단업종 등이 되고, 아래는 노동집약 업종, 일반 제조 및 조립 업종 등이 된다. 하지만 노동집약적인 산업이나 제품생산이 항상 외국인투자 유치대상의 후순위가 되는 것은 아니다. 각 국가의 사정에 따라 뒤바뀔 수 있다. 영국과 같은 선진국도 자국의 특정 지역의 실업률을 완화하고 지역개발을 하기 위해 고용창출을 위한 투자유치에 선순위를 부여한다. 마찬가지로 지자체의 경우에도 지역 내 실업률 해소와 주민소득의 증대를 위해 자본집약적 제조공정보다 노동집약적 제조공정의 외국인투자 유치를 더 선호하는 경향이 있다. 일반적으로 첨단산업을 육성하고 싶은 욕망은 아시아 개도국 또는 후발공업국에서 주로 선호하는 중앙정부의 정책목표이다. 이렇듯 선진국과 개도국, 중앙정부와 지자체 간 외국인투자 유치를 통한 긍정적 기대효과는 다르며, 기대효과 간 자체의 중요성으로는 국가의 외국인투자정책 목표를 평가할 수 없다. 그래서 세로축 기준은 중요성이 아닌 '선호도'로 표기한다. 즉 각 국가가 투자입지 경쟁우위를 바탕으로 선호하는 투자정책의 기준을 투자마케팅 전략에 반영할 수 있도록 고안한 모형이 **경쟁력 강조모형**이다.

두 축을 조합한 [그림 3-2]에서 왼쪽·위쪽에 있는 세 개의 구역(세그먼트)은 **타겟팅 적정 그룹**이며, 가운데 부분에 있는 대각선상의 세 개의 구역은 **타겟팅 수정 그룹**으로 전략 변경이 요구되며, 오른쪽·아래쪽에 있는 세 개의 구역은 **타겟팅 부적정 그룹**으로 정책 폐기 및 마케팅활동 중단 영역을 의미한다. 그림에서 **포지셔닝 1**에 위치한 중앙정부와 지자체는 현재 투자유치 환경(매력도)이 기대하는 투자유치 목표에 부합하고 있는 상황으로 다른 나라 또는 지자체에 대하여 경쟁력이 앞서있어 투자유치 가능성이 크다. 조처로서 현재의 투자정책목표에 대한 마케팅활동을 적극적으로 시행하고, 한편으로는 이에 더욱 적합한 투자환경 구축을 위해 규제완화 및 인센티브 확대 등

그림 3-2 경쟁력 강조모형의 타겟팅 매트릭스

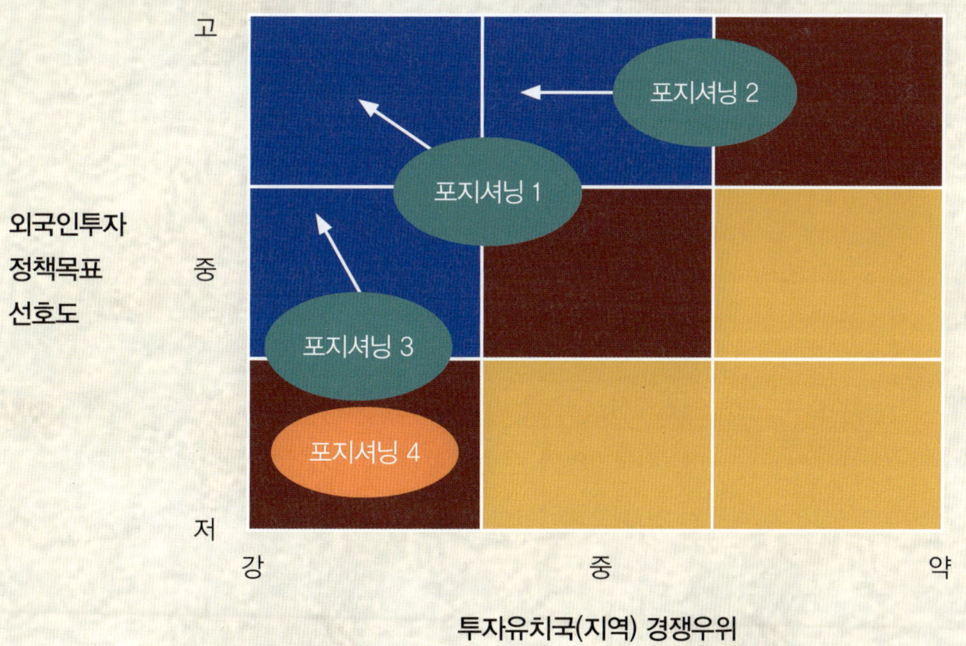

제도개선 노력을 기울여야 한다. 즉 현재 전략의 방향으로 **지속적인 진행**을 하면 된다.

포지셔닝 2는 목표로 선정한 외국인투자정책에 대해 자신의 투자환경 조건이 부족하거나 다른 경쟁입지에 비해 경쟁우위가 떨어지는 상황에 놓여 있는 경우이다. 투자유치 가능성은 적으며, 따라서 많은 재원을 투입하여 입지 매력도를 높이고 투자마케팅 활동을 적극적으로 시행해야 하는 위치이다. 실질적인 외국인투자 유치성과까지 이르는 데 많은 시간이 소요되며, 이 과정에서 추진 주체가 리더십을 잃거나 부정적 여론이 높아지면 최종적으로 중단하는 상태에 이를 수 있는 위험이 크다. 즉 다른 투자정책 목표로 아예 전환하거나, **투자마케팅 전략과 활동을 재조정**해야 하는 영역이다.

포지셔닝 3은 진화론적 투자정책 추진이 필요한 영역이다. 포지셔닝 3은 왼쪽·위쪽 세 개 세그먼트 영역에 속한 위치로서 목표한 투자정책 효과를 발생하는 외국인투자를 유치할 가능성이 있는 상황이다. 그림에서 볼 수 있는 것처럼, 만일 중간 선호도의 외국인투자 정책목표를 설정하였다면 투자유치 가능성이 가장 큰 세그먼트에 있게 된다. 이 위치에서는 **단계적 투자정책 목표 조정**을 통하여 최종적으로 선호하는 투자정책 목표까지 도달하는 과정에서, 중간목표 설정으로 과도기의 투자유치 성과까지 볼 수 있는 투자마케팅을 시행한다. 예컨대, 최종 정책목표가 산업구조 고도화 또는 수출경쟁력 증대에 있다면, 자국의 산업과 수출경쟁력을 높이는 데 도움을 주는 기술력이나 노하우를 가진 외국기업 유치가 타켓팅 대상이다. 하지만 현재 위치(세로축 중간 위치)는 최종 목표와는 거리가 있지만, 한편으로 목표 도달의 과정단계로 중간 선호도의 투자정책 목표에는 부합하는 위치이다. 이 위치에서는 수출 비중이 높은 업종이나 수출성향의 외국기업을 먼저 유치하여, 외국기업의 수출역량을 국내기업에게 이전시킬 기회를 먼저 얻는다. 이후 점차 국내기업의 기술 수준이 높아지면 최종적인 첨단산업 또는 세계적으로 경쟁력을 갖춘 기업을 유치할 환경이 조성될 것이다. 그때까지는 과도기 정책을 시행하여 적당한 투자유치 (중간)성과와 함께, 최종적으로 궁극적 투자정책 목표를 달성하기 위한 단계적 투자마케팅 활동을 추진한다.

포지셔닝 4은 투자정책 선호도가 높은 분야에 대해서 입지의 유치 경쟁력이 너무 낮은 위치이다. 현재의 전략 방향과 마케팅활동은 목표한 정책에 부합한 외국인투자를 유치하는 데 소용이 없으므로, 중단하고 자신의 입지 경쟁우위에 적합한 투자정책 목표로 재설정하는 정책판단이 요구된다. 따라서 **다른 투자정책목표로 전환**이 필요한 영역이다.

경쟁력 모형의 **시사점**은 투자유치국 또는 지역의 투자유치환경 경쟁력을 기반으로 하여 투자정책의 목표를 선정하여야 투자유치 성과를 높일 수 있다는 것이다. 그 경우가 포지셔닝 1에 해당하며, 만일 경쟁우위가 없는데도 희망 선호도의 정책목표를 선정한다면 포지셔닝 2 또는 포지셔닝 3의 처지에 있게 된다. 산업에서 요구하는 핵심성공요인에 자신의 경쟁우위가 적합한지를 살펴보는, 즉 외부환경에 대한 내부능력의 적합성의 **전략적 적합성** 프레임워크를 외국인투자정책 분야에 적용한 예라 할 수 있다.

● 가능성 강조모형

가능성 강조모형은 투자유치 목표의 가중치와 투자유치 가능성을 두 축으로 하여 타겟팅의 대상을 선정한다.[68] 가능성 강조모형의 가로축인 가능성에는 유치지역의 기존 입지 경쟁력뿐만 아니라 향후 노력에 의한 입지의 경쟁력 구축 가능성까지, 즉 달성하고자 하는 지역 경쟁력까지 고려한다. 세로축은 외국인투자 마케팅의 목표 중 가중치를 두어 높음과 낮음으로 구분한다.

[그림 3-3]에서 **세로축**의 기준인 **외국인투자 정책목표 가중치**를 보면, 일반적으로 지자체 입장에서는 지역개발과 고용창출에 높은 가중치를 부여하여 아래쪽에 위치할 것이며, 중앙정부 입장에서는 산업구조 고도화, 수출경쟁력 증대 등이 역시 가중치가 높은 아래쪽에 위치할 것이다. 가능성 모형의 '가중치' 개념은 경쟁력 강조모형에서 기준인 '정책목표 선호도'에 따른 정책목표 선정과 다르다. 정책목표에 대한 일방적인 선호도가 아니라 가로축의 '가능성을 고려한 선호도'를 반영한다는 데 의사결정 기준으로서 차이점이

있다. 즉 선호도에 가능성을 고려한 것이다. 따라서 가능성 모형의 특징은 무엇보다 투자유치 성공률을 높일 수 있는 투자유치 대상을 타겟팅한다는 데 있다. 그런데 만일 낙후지역에 있는 지자체와 달리, 수도권 인근의 지자체라면 입지환경 측면에서 고부가가치를 생산하는 외국기업 유치가 가능할 것이다. 이때는 경쟁력 모형을 적용하면 된다. 다만 그러한 수도권 지자체라도 새롭게 지자체 조직 내 투자유치팀을 신설하거나, 바뀐 지자체 단체장 입장에서 가시적 유치성과가 필요할 때, 또 지역주민으로부터 외국인투자유치에 관한 관심과 지원이 필요할 때는 일단 '가능성'에 초점에 두고 조속히 투자유치 성과를 내야 하는 상황에 직면한다. 이런 경우, 앞의 경쟁력 강조모형은 설명력이 부족하나, 다음과 같은 구성의 가능성 강조모형으로는 설명이 가능하다.

"가능성 강조모형은 이미 자신의 덜 완성된 내부능력을 고려하고 투자유치 가능성에 맞춰 투자정책목표를 (가중치로) 조정한 모형으로 낙후지역 지자체에 적합한 모형이다."

가로축은 입지의 경쟁력이 아니라 **투자유치 가능성** 기준이다. 투자유치 목표를 설정할 때 현재의 경쟁력만을 투자유치 모형의 변수로만 측정한다면, 거의 모든 개도국의 중앙정부와 낙후지역 지방정부 입장에서 투자정책 목표 설정에 유연성이 떨어질 것이다. 투자정책 목표를 다양화하고, 미래 지향적으로 설정하는 것이 불가능하다. 투자유치는 1~2년 동안 단기간에 이루어지는 것이 아니라 중장기 프로젝트의 속성을 가지고 있다. 따라서 타겟팅을 하여 투자유치활동을 펼치는 기간에도 전문투자조직 설립, 투자유치인력 교육과 확보, 인센티브와 규제완화 관련한 투자촉진법 개정, 기타 행정비용 절감대책 등 제도개선을 통한 투자환경 매력도 개선사업을 추진한다. 일정 계획에 따른 향후 투자환경 개선 수준까지 감안한 타겟팅이 모형 가능성 강조모형이다.

[그림 3-3]의 9개의 세그먼트에서 의미있는 구역은 X군, Y군, Z군이다. **X군**의 경우는 투자유치 가능성은 크지만, 투자유치정책 목표는 낮은 가중치 영역으로 투자유치의 필요성이 낮다. 유치에 성공한다고 하더라도 지역경제에 도움이 되는 투자유치 효과는 아니다. **Z군**은 목적에 부합하는 투자유치 대상이지만 현재 투자유치 지역의 경쟁력으론 유치를 성사시키기가 어려운 분

야로 성공까지 이를 가능성이 적다. 투여되는 마케팅 노력과 비용보다 성과 효율성이 낮은 분야라 할 수 있다. **Y군**은 투자 마케팅활동의 효과를 볼 가능성 큰 영역이자 높은 가중치의 정책목표를 부여한 세그먼트들이다.

이 세 가지 영역에 대한 지자체의 투자유치 조직 혹은 IPA의 **마케팅전략으로서 활용방안**은 다음과 같다. 지자체와 IPA에게는 Y군을 우선적 투자마케팅 대상으로 삼는 것이 바람직하다. 그러나 모든 지자체와 IPA가 Y군을 타겟팅 대상으로만 해야 한다는 것은 아니다. 이미 국내외 투자가 많이 이루어져 외국인투자에 대해서 양적 실적 외에 선별적 입장을 취해도 된다면 Y군보다 최상의 투자유치 대상인 Z군을 우선 투자마케팅 대상에 포함하여야 할 것이다. 한편, 또한 극심한 낙후지역의 개발을 위해서라면 지자체는 가장 가능성이 큰 X군을 지역 내에 최우선으로 유치하는 마케팅전략을 시행하고 점차적으로 Y군으로 확대한다. 지역 내 기업의 수가 부족한 환경에서 지역경제를 살릴 수 있는 출발점은 기업을 많이 유치하는 것이다. 어느 외국인투자

그림 3-3 **가능성 강조모형의 타겟팅 매트릭스**

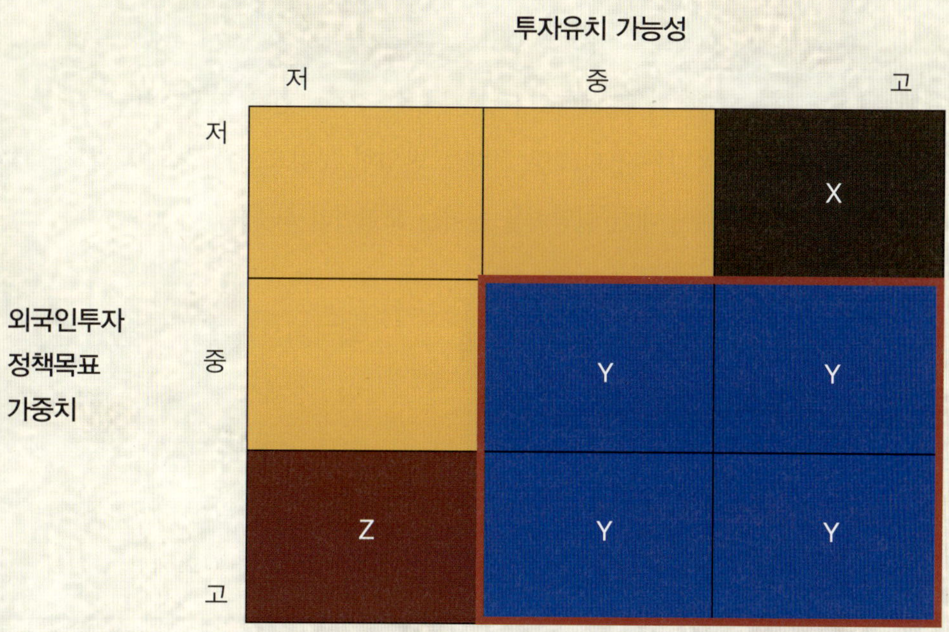

라도 지역에 고용창출과 지역개발 효과를 내지 않는 경우는 없다. 정책목표별 효과는 다를 수 있겠으나 고용과 건설 인프라 효과를 항시 발생시킨다. 특히 IPA가 새로 설립됐거나, 지자체의 투자유치 실적이 오랫동안 저조한 경우에는 최초의 성공 사례를 만드는 것이 무엇보다 중요하다. 이럴 때는 Z군을 선택하여 지역의 여론과 지지를 먼저 얻는 것이 좋다.

가능성 강조모형처럼 경쟁력 기준 대신 가능성 기준으로 하는 것은 다음과 같은 **시사점**을 제공한다. 경쟁력의 개념을 현재의 경쟁력 외에도 향후 미래에 확보할 경쟁력까지 포함할 수 있어 외국인투자 마케팅활동에 대한 투자유치 주체의 전략적 의지를 담기에 적합하다. 즉 미래의 가능성으로 가능성의 의미를 확대하면, 현재 경쟁력이 없는 분야, 예를 들면 유치산업의 경우라도 향후 경쟁력 확보가 가능한 분야로 간주하여 타겟팅 대상에 포함시킬 수 있다. 이는 외국인투자 마케팅에 대한 기존의 전략적 개념을 역방향에서 생각하게 해 준다. 즉 기존의 외국인투자유치 방법은 현재의 투자환경의 경쟁력을 기초로 외국인투자를 유도하는 것이지만, 잠재 가능성이 있는 분야에 대해 외국인투자기업을 유치하여 투자환경을 개선하는 데도 외국인투자 마케팅의 전략적 포지션을 둘 수 있다는 점을 시사한다. 제시한 두 가지 타겟팅 모형의 시사점을 요약하면, 경쟁력 강조모형이 중앙정부의 입장을 반영한 모형이라 할 수 있다면, 가능성 강조모형은 지자체의 입장, 또는 개도국의 외국인투자 마케팅 전략을 반영한 모형으로서 각 주체의 차별적인 전략적 행위에 대한 설명력을 높이는 모형이라 하겠다.

중앙/지방정부 투자정책 목표와 수단 간 적합성

외국인투자정책은 국가 수준의 정책이며, 경제성장, 고용, 수출, 외환보유고 등 거시경제 지표와 직접적 관계가 있는 경제정책의 일부이다. 하지만 투자유치 주체로서 중앙정부와 지자체의 투자유치 전략은 일치하거나 같지 않다. 투자유치 목적의 우선순위에서 차이가 있으며, 이에 따른 투자유치 수단도 각각 다르게 구성한다. 중앙정부와 지자체 간 투자마케팅전략과 추진수단이 어떻게 차이가 있는지를 살펴보기 위해 다음과 같이 투자정책 목표 유형, 투자인센티브 유형, 투자목표와 수단 간 전략적 적합성의 달성 방법 등을 순서대로 기술한다.

● 투자정책 목표 유형

해외직접투자투자는 다국적기업이 해외시장 진출방식 중 직접투자를 실행하는 방식이다. 중앙정부와 지자체 입장에서 이러한 외국인투자에 대해 정책의 초점은 실행 주체가 외국의 **다국적기업**, 그리고 방식은 외국 물품의 수입 또는 브랜드·기술 라이선싱 방식이 아니라 특정 입지에 생산시설을 건설하는 **직접투자** 방식이라는 데 있다. 본서가 외국인투자 유치를 국제적인 브랜드와 기술을 보유한 다국적기업의 생산시설 건설을 '입지로 유치'하는 일종의 입지 마케팅으로 간주하는 이유이다.

외국인투자 유치 효과는 투자 주체가 '외국인', 즉 다국적기업이기 때문에 발생하는 효과와 '투자'로서 발생하는 효과로 구분된다. 현지 토착기업에 비해 기술력 및 경영노하우에서 앞선 다국적기업이 투자함으로써 입지에 발생하는 효과는 기술이전, 현지기업의 수출 및 경쟁력 향상, 산업구조 고도화 등이다. 이외 다른 경제효과로는 재정수입 증대, 고용창출, 지역개발 등이 있다. 이들 효과는 반드시 선진 기술력을 보유한 다국적기업이 아니더라도, '투자'의 속성으로 발생하는 효과들이다. 입지에 생산력을 위해 고정자산이 축적되는 투자과정에서는 정도의 차이는 있겠지만, 으레 고용창출, 지역개발, 재정수입 등이 늘어나게 된다.

> "외국인투자에서 '외국인'은 경제우위를 가진 주체로, '투자'는 일반적 투자속성으로 해석하여 발생시키는 경제효과를 구분한다."

한편, 입지 마케팅의 주체는 크게 중앙정부와 지자체로 나뉜다. 중앙정부의 투자유치 입지는 국가 모든 지역이며, 지자체는 지자체의 행정관할권이 영향을 미치는 고유 담당 지역에 한정한다. 이러한 차이는 입지의 주체별 외국인투자의 경제적 효과, 즉 중앙정부 또는 지자체 간 외국인투자정책 목표의 우선순위에서 차이가 있음을 시사한다.

중앙정부의 경제정책은 수출증대를 통한 국가경쟁력 강화와 경제성장으로

그림 3-4 외국인투자정책 목표와 수단 간 적합성 모형

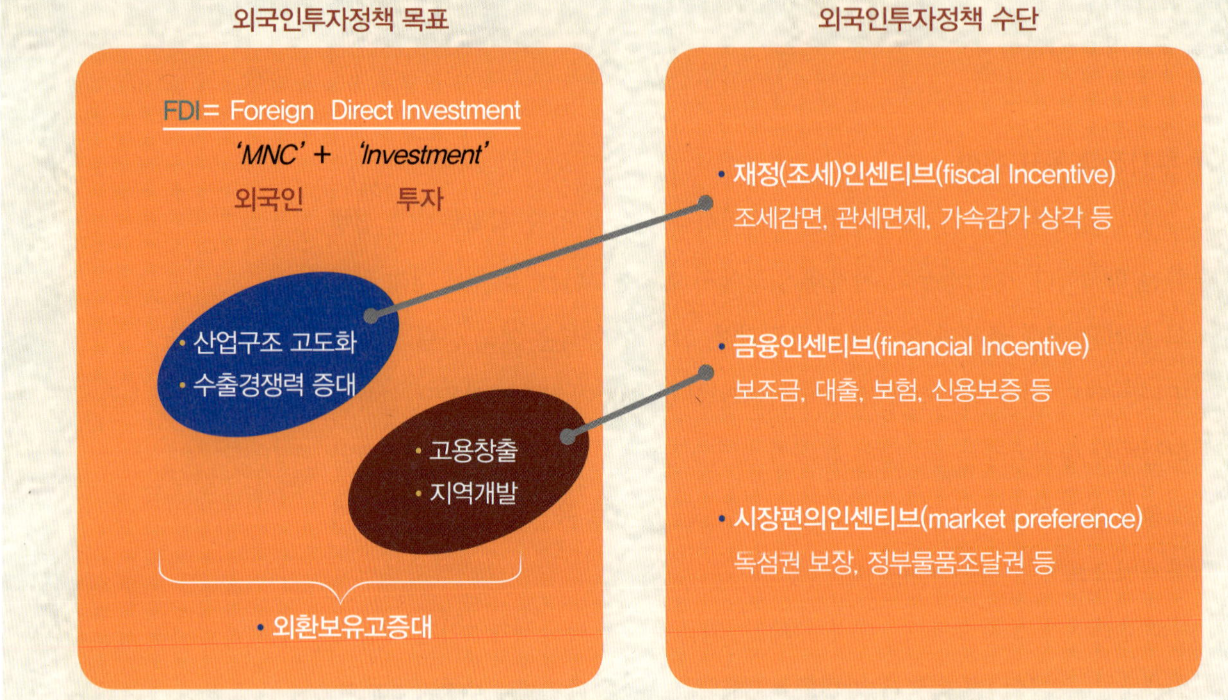

경쟁자는 국경 밖의 다른 나라 혹은 외국 정부이다. **지자체의 경제정책**은 지역 내 지역개발과 고용창출이 중요하며, 직접적인 경쟁자는 해외에 있는 다른 지자체가 아니라 국내의 다른 지자체이다. 지자체에게 국내의 다른 지자체에 입지한 외국인투자기업은 해외에 입지한 외국인투자기업과 마찬가지로 자신의 지역경제에는 도움이 되지 않는다. 내 앞마당과 뒤뜰에 입지한 외국인투자만이 내게 도움을 주는 외국인투자이다.

> "명칭에서 '외국인'으로 비롯된 경제효과는 중앙정부가, '투자'의 속성으로 인한 효과는 지방정부가 상대적으로 더 선호한다."

요약하면, 외국인투자의 경제효과는 '외국인'과 '투자'로 나뉘며, 외국인으로부터 발생하는 효과는 수출경쟁력 증대, 산업구조 고도화, 첨단기술의 이전 등이며, 반면에 투자로부터 발생하는 효과는 고용창출, 지역개발 등이라 할 수 있다. 이러한 효과에 대하여 중앙정부는 '외국인'으로부터 발생하는 경제효과에, 반면에 지자체는 '투자'로부터 발생한 경제효과에 더 외국인투자정책의 우선순위를 두는 것이 일반적이다.

● 투자인센티브 유형

투자인센티브의 유형은 크게 재정인센티브(fiscal incentive), 금융인센티브(financial incentive), 시장편의 인센티브(market preference) 등으로 나눠진다. **재정인센티브**는 소득세 감면, 법인세 감면, 수입관세 면제, 회계상 가속상각 허용 등 조세감면에 관한 인센티브가 해당한다. **금융인센티브**는 정부보조금, 신용보증, 정부 지분참여, 보험가입 우대 등 직접적인 투자금액을 지원해 주는 제도가 해당한다. 이러한 금전적 보상과는 달리 **시장편의 인센티브**는 시장독점권 허용, 독점 수입권 부여, 정부 수주사업 우선권 부여, 타 기업의 시장진입 제한 등과 같이 시장 차원의 직접적·금전적 지원이 아닌 간접적으로 금전적 이득을 보장하는 차원의 인센티브이다.

재정인센티브는 조세감면이 주가 되므로 **조세인센티브**(tax incentive)라고 불린다. 금융인센티브는 현금성 인센티브가 대부분이므로 **현금보조금**(cash grant)이라고 통칭한다. 또한 시장편의 인센티브는 시장에서 경쟁을 제한하는 부작용이 있어 선진국을 비롯한 대다수 국가에서는 거의 채택하지 않는다.

● 투자정책목표와 수단 간 전략적 적합성

정책목표와 수단을 속성에 따라 분류해 보자. 먼저 **정책목표의 분류**는 경제효과의 범위와 시점에 따라 다음과 같이 분류한다. 경제효과가 미치는 **범위 기준**에서 산업구조 고도화, 수출경쟁력 강화, 외환유입 증대 등의 경우는 국가 전체에 경제적 파급효과가 귀속된다. 이에 반해 지역개발과 고용창출의 경우는 투자를 유치한 지역에 집중적인 효과가 발생한다. 넓게 보면, 고용창출은 국가 수준과 지자체 수준, 모두에 영향을 미친다고 할 수 있지만, 실질적인 영향의 범위와 효과는 지역개발과 마찬가지로 외국기업이 유치된 지역에 집중적인 경제효과가 발생한다.

경제효과가 발생하는 **시점 기준**에서 보면, 투자가 일어난 진입 초기에서부터 그 효과가 정해지는 경우와 일정 시간이 지나면서 점차 효과가 발생하는 경우로 나눌 수 있다. 고용창출, 지역개발 등은 입지에 외국인투자 시설을 설립하는 시점부터 즉시 발생하지만, 산업구조 고도화, 수출경쟁력 강화 등은 일정 시간이 지나면서 경제효과가 발생한다. 다국적기업의 기술이전, 자원 및 지식공유 등에 의해 현지국의 산업구조 고도화, 수출경쟁력 향상이 이루어지는 경제효과는 투자 이후에 외국인투자기업의 경영활동 과정에서 점진적으로 개발되고 증진한다.

투자유치 수단은 유연성과 실현시점에 따라 구분한다. **유연성 기준**에서 보면, 조세인센티브는 관세법, 조세법 등의 법률에 근거하므로 투자 사안별로 탄력적인 적용이 어렵다. 기존보다 더 높은 수준의 조세감면을 제공하기 위해서는 법률 개정으로 새로운 규정을 만들어야 하며, 상법, 근로기준법, 각종 무역관련 법규 등에 예외 조항 등으로 인한 법체계 전반에 조정이 필요하다. 반면 현금보조금은 이러한 법적 절차나 관련 법규의 개정 없이 재정의 범위에서 외국인투자기업과 사안별로 개별협상에 따라서 탄력적인 운영이 가능하다. 유연성 기준에서 조세인센티브는 비유연적 인센티브, 현금보조금은 유연적 인센티브라고 할 수 있다.

외국인투자자에게 이익이 귀속되는 **실현시점 기준**에서 금융인센티브는 외국인투자기업이 투자결정단계 또는 현지시장 진입초기에 보조금 규모, 우대금리 등 인센티브 정도가 이미 정해지는 사전적(ex-ante) 성격이 강하다. 시장편의인센티브도 투자 초기단계에서 현지국 정부와 투자기업 간 계약으로 특정 시장의 독점권 허용, 특정 물품의 수요보장 등의 수혜 정도가 결정된다는 점에서 사전적 인센티브 유형으로 분류할 수 있다. 반면 조세인센티브의 경우에는 투자기업의 수익, 즉 부가가치창출에 대해 법인세를 감면해 주는 것이므로 투자기업의 경영성과에 따라 수혜 정도가 연동하여 결정되는 사후적(ex-post) 인센티브라고 할 수 있다.

이처럼 외국인직접투자 정책목표, 즉 현지국 정부가 외국인직접투자를 이용하여 달성하고자 하는 경제효과와 지원수단으로서 투자인센티브 유형을 분류하여 나타내면 [그림 3-4]와 같다. 이를 바탕으로 **중앙정부와 지자체의 투자유치 정책 간 차이**에 적용하면, 수출경쟁력 증대와 산업구조 고도화를 정책목표로 우선하는 중앙정부는 조세인센티브가, 고용창출과 지역개발을 우선순위 정책으로 하는 지자체는 현금보조금이 적합한 정책수단이 된다.[69]

이러한 전략적 접합성 논리를 **투자수단의 사전/사후성 및 유연성 기준**으로 설명한다. **중앙정부**가 유치하는 외국인투자기업이 현지국 수출경쟁력 및 산업구조 고도화에 미치는 기여 정도를 산정하기는 쉽지 않다. 특히 투자유치 초기 단계에서 이를 계산하여 잠재투자자와 투자협상 테이블에서 인센티브 제공수준을 확정하여 약속하는 것은 위험이 따른다. 그러므로 실제 경제효과가 발생한 시점에서, 즉 입지에 투자를 결정한 이후에 기술이전과 경쟁력 향상 효과가 실현하는 정도에 따라 인센티브 크기를 결정하는 **사후적 결정방식**을 선호한다. 또한 법인세 및 소득세 감면 등과 같은 **조세인센티브 방식**은 기업이 창출한 부가가치에 인센티브 제공수준이 연동된다. 기술력이 높아 높은 부가가치를 창출하여 기업이 수익이 높으면 기업은 세제 감면으로 인한 혜택을 더 누릴 수 있다. 이러한 **조세인센티브와 기업성과 간 연동성**은 부가가치가 높은 기업 또는 산업을 육성하는 데 그만큼 유리하다.

"중앙정부의 산업구조고도화 목표에는 사후적·비유연적인 조세인센티브가, 지방정부의 고용창출/지역개발 목표에는 사전적·유연적인 보조금 인센티브가 적합성 달성을 충족한다."

반면 **지자체**가 유치를 희망하는 지역 내 고용창출과 지역개발은 투자유치 초기 단계부터 경제효과에 대한 예측과 산정이 비교적 용이하다. 채용계획에 따른 고용인원 수, 생산시설 및 투자규모 등은 투자계획서에 명시되어 있고, 전문용역기관을 통해 예상치를 산정하는 것도 어렵지 않다. 투자액 일부를 보조해 주는 **보조금 지급방식**은 투자진출 초기에 인센티브 제공수준이 결정되는 **사전적 결정방식**으로, 초기 투자유인에 민감한 고용창출, 지역개발 등의 경제효과를 목표로 한 투자유치에 더욱 효과적이다.

지자체가 채택하는 현금보조금은 **높은 유연성**의 인센티브이다. 인센티브의 유연성은 잠재투자자를 다른 경쟁 지자체에 빼앗기지 않고 자신이 입지를 선정하게 하는 효과에 강점이 있다. 이는 지역 간 과다한 투자유치 보조금 경쟁이 일어나는 이유이기도 하다. 잠재 투자자가 특정 국가를 투자대상 국가로 결정하였다면, 특정 국가 내 최종적인 시설물을 건설할 입지를 선택하는 데에 있어, 지자체나 지역 간 요인은 거의 비슷하다고 할 수 있다. 예를 들어, 임금수준과 노동시장의 크기에 있어 한국과 중국, 중국과 베트남 등 국가 간 투자환경의 차이는 크지만, 각 국가 내 지자체 간 임금과 노동시장의 투자환경 차이는 국가 간 편차보다는 작다. 잠재 투자자는 더 많이 투자액을 보조해 주는 지자체를 투자입지로 선택할 가능성이 크다. 생산시설물을 건설할 최종 입지선정을 망설이는 투자자에게 다른 지자체로부터 당장 현금으로 제공하겠다는 더 높은 수준의 새로운 인센티브 제안은 뿌리치기 어려운 유혹이다.

한국의 전략적 외국인투자 마케팅

한국의 외국인투자정책 변천 단계

현행 우리나라의 외국인투자정책은 산업육성정책에 중심을 두고, 고용, 지역개발, 국가안보 등 일부 정책요소가 가미된 성격을 갖는다. 그러나 지금의 산업정책 중심의 외국인투자정책이 본격적으로 추진된 것은 2000년대 들어서다. 1960년대에 산업정책으로 시작한 인도네시아, 말레이시아 등의 외국인투자정책 역사와 비교하면 한없이 짧다. 당시 우리나라에서는 외자도입과 외자의 관리가 외국인투자유치 정책의 중심에 있었다. 부족한 외환의 공급, 환율안정 등 금융시장 측면에서 정책의 무게를 두었다. 지금처럼 외국인직접투자에 우호적 태도가 아니라, 우리나라 기업의 경영권 방어와 정부의 시장통제력을 외국으로부터 방해받지 않기 위해 외국인직접투자에 대해 규제 입장이 취하돼, 필요한 외환의 공급처로만 활용하고자 하였다. 1980년대 후반에 잠깐 산업정책 성격이 나타났다. 3저 현상(저금리, 저유가, 저달러)으로 호황을 맞이하면서 경제에 자신감이 생기자, 전체 업종의 투자인센티브 제공에서 고도기술 업종으로 대상을 좁혀 인센티브를 제공하였다. 그러나 오래가지 않아 정책 기조가 외환보유고 증대로 전환됐다. 1997년 11월, 외환위기를 맞은 한국 정부는 국제통화기금(IMF)에 구제금융을 신청하였다. 이후 외환위기를 극복하고 2003년에 '전

> “외자유치정책이 주목받은 것은 1990년대 말 외환위기(IMF)를 맞게 되면서부터다.”

략적 외자유치 계획'을 발표하면서 우리나라는 진정한 산업정책 기반의 전략적 외국인투자유치 정책이 시작됐다. 지금의 우리나라 외국인투자정책의 근간이 되고 있다.

● 외자관리정책기 : 1960년대~1980년대

1단계 기간인 외자관리정책기는 1960년대부터 1980년대 중반까지가 해당한다. 1960년대 초에는 외국인의 경영권행사에 대한 부정적인 견해로 인해

그림 3-5 우리나라 외국인투자정책 변천 단계

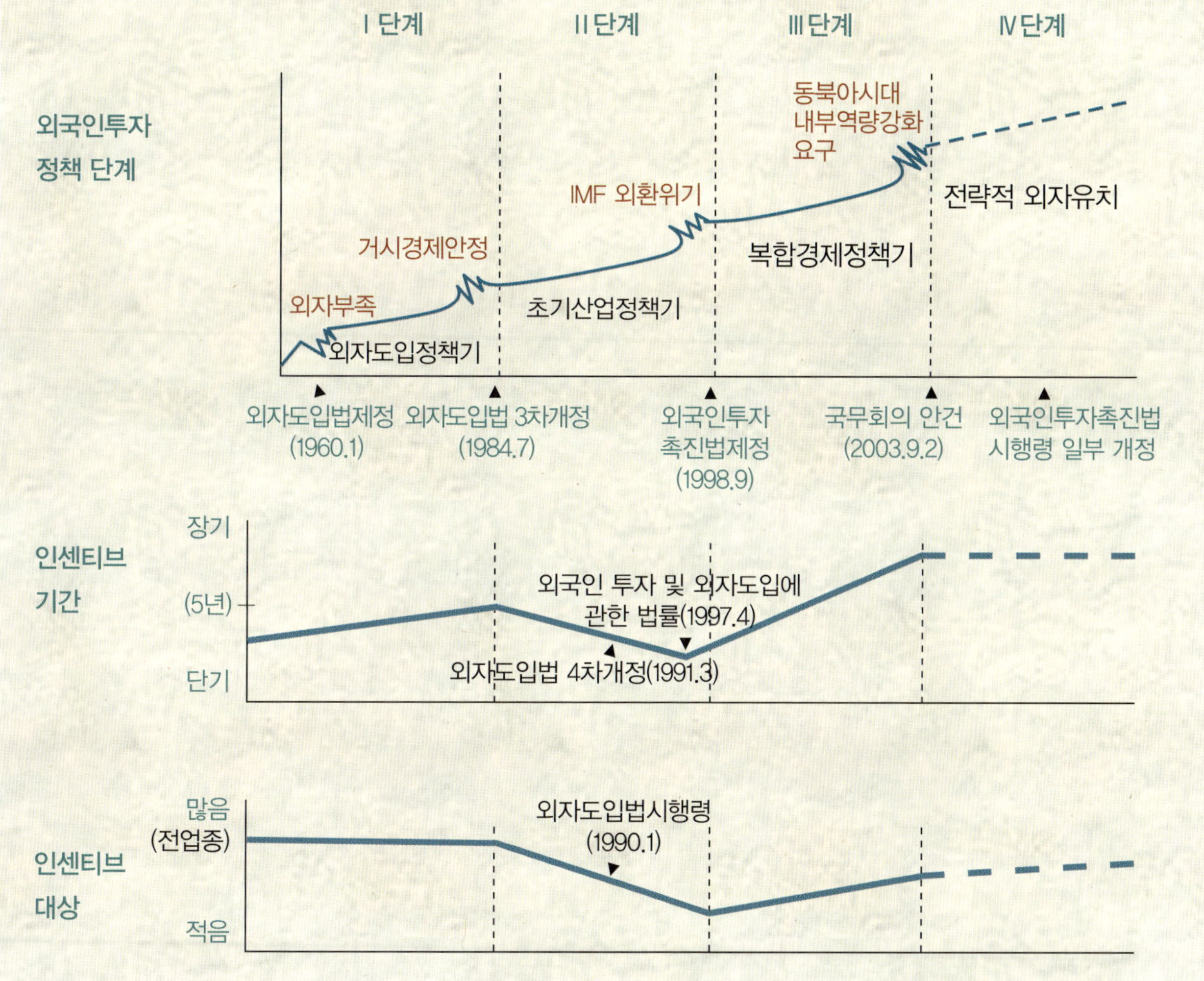

외국인직접투자 방식보다는 세계은행(IBRD) 등으로부터 상업차관 중심의 외자도입을 추진하였다. 그러다가 1965년 이후에 격증한 상업차관에 따른 대외채무부담에 직면하자 국내산업과 과도한 마찰이 없는 범위 내에서 외국인투자를 허용하였다. 외화 가득을 목적으로 수출촉진 전략에 따른 수출산업, 수입대체산업에 한해서 제한적 허용이다. 수출산업에 대한 투자를 우선 인가하고, 합작투자 원칙을 적용하였다. 외국인 단독투자는 국내에서 생산된 제품을 전량 수출하는 경우에만 허용하였다. 1970년대에는 생산설비, 중간재 생산기반 확충을 위한 중화학공업 부문에 외국인투자자를 참여시켰으나 여전히 외국인의 경영 참여에는 제한을 가하여 외국인투자비율은 내·외국인 간 50:50 원칙을 고수하였다. 외국인투자를 극히 제한적으로 허용하는 정부의 태도는 1970년대 말에 불어닥친 제2차 석유파동, 그리고 개도국의 채무불이행선언 등 국세금융시상 불안이 가중되면서 수정이 필요하였다. 차관 중심의 외자도입이 한계에 직면하면서 상환 부담이 없는 외국인투자유치의 필요성이 대두되기 시작하였다. 이로써 투자대상의 개방화라는 큰 변화를 맞게 됐다.

● 초기산업정책기 : 1984년~1998년대

2단계인 초기산업정책기는 1984년 7월부터 외환위기 발발 후 외국인투자촉진법이 제정된 1998년 9월까지가 해당한다. 허용업종을 열거방식(positive system)에서 금지·제한업종열거방식(negative system)으로 전환하였으며, 또한 제한업종에 대한 일률적인 50%의 투자비율 제한을 폐지하고 업종별로 상이한 투자비율을 설정하여 개방화를 가속화하였다. 그러나 80년 후반부터는 국내외 경제호황으로 외환 사정이 호전되자 외국인투자에 대해 무조건적 개방에서 계획적 개방으로 전환하기 시작했다. 이 기간의 투자정책 기조는 투자대상은 개방하되, 이전처럼 외국인투자기업 모두에게 인센티브를 부여하는 것은 아니고, 인센티브 제공 대상 업종을 제한(7개 업종)하여 국가경제정책 차원에서 특정 산업과 특정 효과를 이루기 위한 인센티브로 한정하였다. 비로소 산업정책적 요소가 외국인투자정책에 가미되기 시작한 시기로 전략적 마케팅 개념이 초보적이나마 도입되었다고 할 수 있다. 7개 조세감면대상 업종은 다시 고도기술수반사업, 수출자유지역 입주사업에만 국한하면서 산업정책 성격이 점차 짙어졌다.

● 복합경제정책기 : 1998년~2003년

3단계는 외국인투자촉진법[70]이 제정된 1998년 9월부터 2003년까지로 '복합경제정책기'라 칭할 수 있다. 외환위기로 인해 외환보유가 고갈되자 정부는 외환안정을 위해 시급히 외국인직접투자 유치제도를 정비하고 외자유치 확대정책을 시도하였다. 평소 과도한 부채비율에 시달리던 기업들은 경제가 갑자기 어려워지자 기업도산과 대량해고 사태에 직면했다. 정부는 외환 고갈, 기업부실, 실업증가 등 삼중고에 시달리게 되었다. 정부는 외국인투자를 삼중고를 모두 해결할 수 있는 만병통치약으로 간주했다. 외국인투자기업으로 하여금 퇴출 상황에 놓여 있는 국내의 부실기업을 인수하게 하여 투자금액의 국내 유입뿐만 아니라 기업구조조정, 실업구제 효과를 노렸다. 정부는 투자인센티브 수혜 기간을 확대하고 장·단기 국채 및 채권시장, 국경 간 인수합병(M&A)시장을 개방하여 M&A형 투자의 활성화 발판을 마련하였다. 투자개방업종[71]도 선진국 수준으로 대폭 확대하였다.

“초기산업정책기는 외환위기로 복합적 경제정책기로 전환되었고, 위기가 극복된 후 다시 산업정책 기반의 전략적 외자유치가 추진됐다.”

● 전략적 외자유치 : 2003년~현재

현행 우리나라 외국인투자정책의 근간인 4단계 '전략적 외자유치'는 참여정부가 들어서면서부터 시작되었다. 동북아경제중심추진위원회는 외국인투자 마케팅전략의 개념을 적용한 전략적 외자유치 추진방안을 2003년 9월 2일 국무회의에 제출하였으며[72] 그 후 참여정부의 정책 방향으로 채택하였다.[73] '국가정책수단으로써 외국인투자 유치정책목표를 선정하고, 목표를 달성하기 위해 투자유치대상 선정 및 유치활동, 투자인센티브 및 규제에 대한 제도개선, 투자성과 모니터링 등 적합한 수단의 마련과 체계적 관리의 추진'이라는 전략적 외자유치의 개념이 우리나라 투자정책에 도입됐다. 이전 40년간 외국인투자정책에 커다란 분기점으로 여타 선진국의 외자유치정책보다 일찍 시작됐다. 이후에는 전략적 외자유치 정책의 큰 틀에는 변화가 없다. 2020년대에 들어 정부가 발표한 다음의 외국인투자정책 내용에도 반영·유지되고 있다. "신성장동력 및 첨단산업 분야 외국인투자 유치로 산업의 고도화하고 지역본부 및 R&D센터 유치를 통해 외국인투자기업의 글로벌 허브화를 촉진하며, 주력산업의 핵심 소재부품에 대한 국내 생산기반을 확충하는 등 기술이전을 활성화"이다.[74] 이와 2003년도 국무회의 안건인 전략적 외자유치정책 내용은 동일하다([그림 3-6] 참조). 법령 측면에서는 2010년 중반부터 외국인투자정책에 국가안보와 관련하여 규제에 대한 논의가 일기 시작하여 마침내 2020년 8월에 국가첨단전략사업이 외국인투자 사전허가 대상에 추가됐다. 국가안보를 이유로 자국 내 외국인투자를 제한하는 전 세계적 경향이 반영됐다고 볼 수 있다. 2020년에 외국인투자기업이 미처분이익잉여금으로 공장의 신설 및 증설 등에 재투자하는 경우에, 투자금액 중 외국인투자기업의 외국인투자비율에 해당하는 부분은 외국인투자로 인정하는 외국인투자촉진법 개정이 있었다. 변화는 인센티브제도에서 일어났다. 정부는 국제사회의 요구와 내·외국 자본 간 과세 형평성을 위해 2019년부터(2020년 법률 개정에 반영) 외국인투자기업에 대한 법인세와 소득세감면이 폐지됐다. 이와 같은 국내외 조세환경을 반영하여 조세인센티브보다는 보조금을 확대하는 추세이다. 첨단산업과 지방투자촉진을 위한 보조금 한도의 증액이 그 예이다.

산업육성을 위한 전략적 외자유치

'전략적 외자유치'는 한국의 외환위기 이후에 새로운 투자정책목표의 선정과 이를 효과적으로 추진하기 위해 마련됐다.[75] 전략적 외국인투자 유치정책의 목표는 신규첨단산업 개발유도 및 기존산업의 첨단화를 위한 외국인투자, 비즈니스 중심국가 실현을 위한 외국인투자, 지역특화산업 육성 및 지역발전을 위한 외국인투자에 초점을 두고 있다. 산업정책 수립에 본서에서 설명한 외국인투자 마케팅 전략이 어떻게 적용되었는지 살펴보기로 하자.

[그룹 I]인 제조업에 대한 투자는 산업의 속성과 외국인투자유치 활용목적에 따라 다음과 같이 세 그룹으로 나뉘며 이에 적합한 투자마케팅 활동계획이 수립된다. 먼저 정밀기계, 자동차부품(전장품 및 일반부품), 통신장비, 정밀화학, 운송기계, 부품소재, 일반기계 등은 단위산업 자체로도 높은 부가가치를 창출하지만 전후방연쇄 효과가 크며 각 산업을 뒷받침하는 산업의 허리라고 할 수 있다. 동 분야는 국내뿐 아니라 해외에서도 거대 기업보다는 중소형 기업들이 집단적으로 시장을 주도하고 있다. 따라서 개별 외국기업을 유치하기보다는 궁극적으로 관련 있는 기업군을 집단으로 유치할 방안이 필요하다. 투자인센티브를 기술이전 및 R&D와 연계하여 제도화하고 외국인투자기업에 대한 부품조달 정보 제공을 통해 국내 기업에 대한 기술이전을 유도한다.

"참여정부의 전략적 외자유치는 [그룹 I]에 정책 초점을 맞추고 산업정책의 방향성을 제시했다."

[그룹 II]인 LCD(TFT), 통신기기(단말기), 디지털 가전, 첨단반도체 분야는 국내시장이 활성화되어 있어 어느 정도 국가경쟁력을 확보한 분야이다. 특히 휴대폰의 경우 우리나라는 세계의 신제품 테스트 시장이다. 우리나라에는 신제품에 대해 과감한 선택을 하는 젊은 소비자층이 형성되어 있어 다국적기업은 한국시장에서 신제품 성공 여부로 세계시장에서 성공 여부를 가늠한다. 동 분야에 대한 투자유치 활동전략은 앞의 기계/부품산업과는 다른 접근을 요구한다. 국내에 형성된 시장은 충분히 외국기업의 유치기반으로 작용할 것이므로 단순 생산시설 투자에 인센티브를 제공은 제한적으로 하고 다양한 투자마케팅 활동을 통해 유치를 추진한다. 이 분야는 생산원가에 소구한 일반적 제품생산 기능의 외국기업을 유치하기보다는 더욱 고급화와 첨단화를 위하여 R&D 및 디자인개발 등의 심화 기능을 수행하는 외국기업 유치에 초점을 맞춘다. 이에 해당한다면 첨단기술이전과 연계한 대폭적인 인센티브를 제공한다.

[그룹 III]인 의류, 섬유, 음식료업, 생활용품 등은 성숙산업으로 외국인투자를 동 산업의 공정개선 및 부가가치 증대에 활용한다. 또한 지자체의 고용창출형 투자유치, 지역특화산업 육성을 위한 투자유치에 활용하고, 해외투자사절단 파견

그림 3-6 산업육성을 위한 전략적 외자유치의 활용

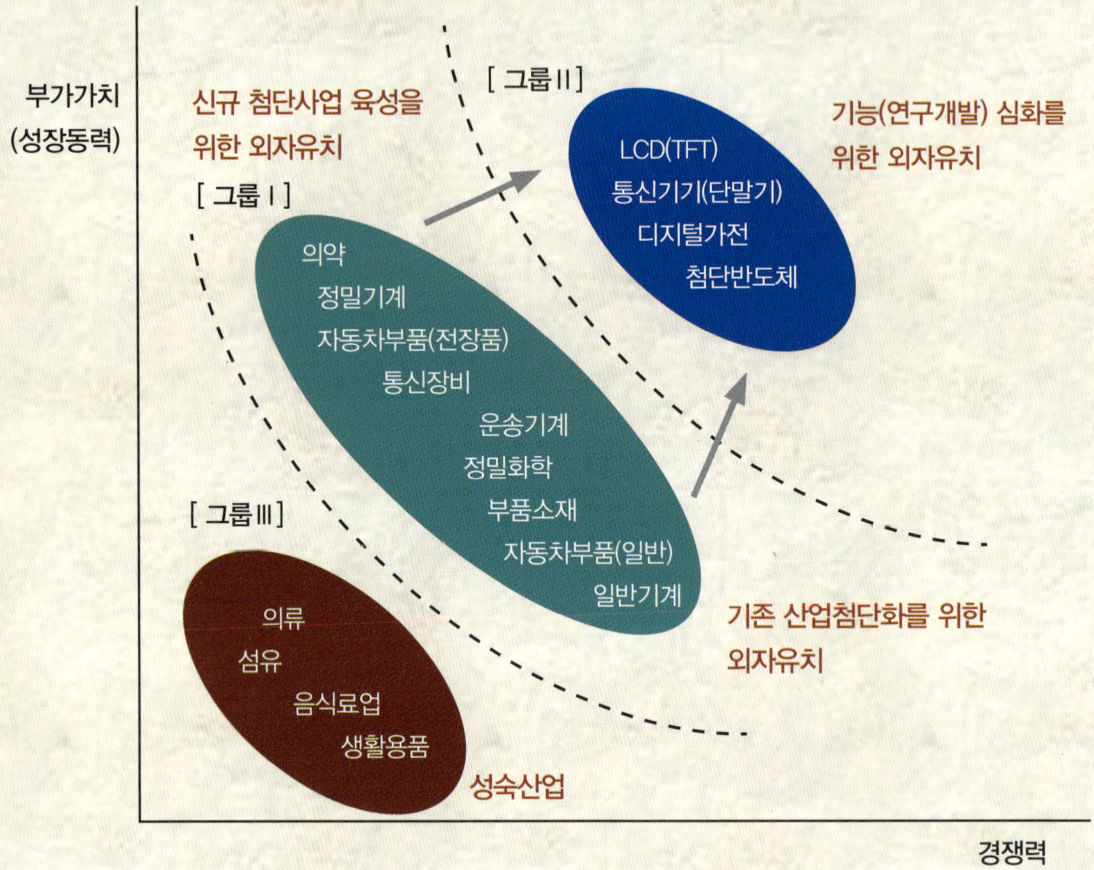

과 같은 투자유치활동도 지자체 중심으로 추진한다.

[그림 3-6]에서 왼쪽 축은 산업의 부가가치로 국가의 성장동력을 의미한다. 아래 축은 해당 산업별 국가의 현재 경쟁력이다. 앞의 타겟팅모형 중에서 경쟁력 강조모형과 동일하다. 산업육성을 위한 중앙정부의 외자유치정책이므로 전형적인 경쟁력 강조모형에 해당한다. 경쟁력 강조모형의 논리에 의하면, [그룹 II]가 가장 유력한 투자유치 대상이며, 그다음 순서가 [그룹 I]이다. 그러나 **시사점으로 주의할 점**이 있다. 참여정부의 전략적 외자유치는 무조건 유력한 투자대상을 우선적으로 유치대상으로 지정하는 것이 아니라, 각 그룹에 부가 조건을 붙여 추진할

것을 권고한다. 그것은 **[그룹 II]**에 속하는 LCD 반도체의 외자유치는 단순 LCD 생산기능에 기여하는 외국기업 유치가 아니고, 연구개발과 같은 심화한 기능으로 전환하기 위하여 외국기업을 유치하고 적극적으로 활용하라는 것이다. 전략적 외자유치 계획이 출범할 2003년 당시, 한국이 LCD 제조 강국이었지만 지금은 중국으로 제조 입지가 대체된 것을 보면, 고급형 LCD 생산과 이를 지원하는 연구개발 기능의 다국적기업을 유치해야 한다는 주장이 새삼 설득력 있어 보인다.

반면에 유력 유치대상 차순위인 **[그룹 I]**의 경우에는 생산기능을 가진 외국기업도 좋은 투자유치 대상이라 주장한다. 왜냐하면, 정밀화학과 같은 [그룹 II]의 업종은 고급형, 첨단형 LCD를 생산하는 데 꼭 필요하며 부가가치가 높은 산업 분야이다. [그룹 II]에 대한 투자정책 방향성처럼 연구개발 기능을 가진 다국적기업을 유치하면 더 좋겠지만 투자환경 경쟁력이 낮아 현실성이 떨어지므로, 이때는 정밀화학의 생산기능 외자유치도 좋은 전략목표가 된다는 것이다. 왜냐하면 [그룹 I]은 [그룹 II]의 첨단화를 지원하는 기반산업으로 우리나라 전체 산업에서 허리에 해당하는 중추 기반 성격을 가지기 때문이다.

한편, 경쟁력 강조모형에서 **[그룹 III]**은 투자유치 대상으로서 관심 밖에 있는 사업군이다. 따라서 중앙정부의 경쟁력 강조모형이 아닌, 지자체 입장에서 가능성 강조모형을 적용할 대상이다. 즉 의류, 섬유, 음식료업 등은 지역 내 고용창출과 지역개발 효과를 내는 데 오히려 적합한 노동집약적 업종으로, 지방정부는 중앙정부와 차별화하여 '경쟁력'이 아닌 '가능성'을 보고 투자유치전략을 적용할 대상이라는 것이다.

[그림 3-7]은 시사점의 내용을 바탕으로 한 전략적 **외자유치 포지셔닝 지도**이다. 그림은 투자유치 업종과 업종의 가치사슬을 조합하여 향후 전략적 외자유치의 타겟팅 방향을 제시한다. 원의 크기는 현재의 상대적인 전략적 외자유치 목표의 비중을 나타내며 화살표는 향후 이동해야 할 목표 방향이다. [그룹 I]의 정밀기계, 정밀화학, 바이오(의약) 등은 국내의 생산기능부터 외자를 도입하여 기반을 닦고 경쟁력을 확보한 다음, [그룹 II]와 같이 연구개발 기능으로 심화하는 발전적 타겟팅을 전개한다.

“외자유치 타겟팅으로 업종별 가치사슬을 반영하여 타임일정표를 제시한 것은 한 단계 더 진보한 분석모형이다.”

그림 3-7 산업별 가치사슬 경쟁력과 미래 전략적 외자유치 포지셔닝

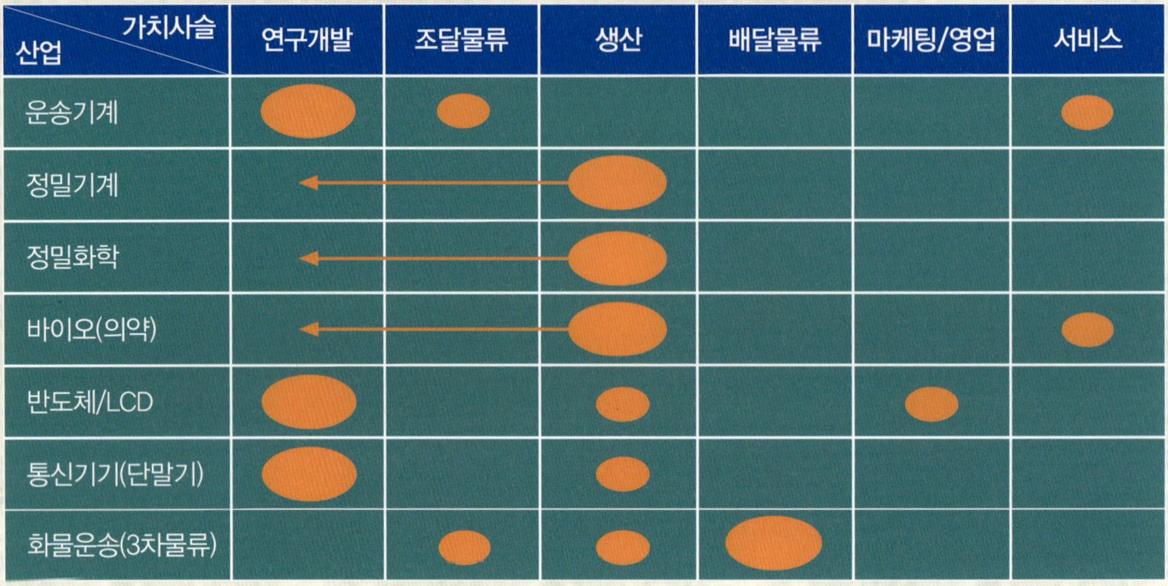

02 외국인투자 유치조직의 설계

외국인투자촉진기관의 조직구조 분석모형

투자유치 정책 및 전략을 잘 수립하였다고 하더라도 실질적인 투자유치 업무를 추진하는 조직체계가 뒷받침하지 않으면 효과적인 투자성과를 얻기가 어렵다. 가장 훌륭한 형태의 IPA 조직이란 정해져 있는 것이 아니다. 각 나라의 정치, 사회,

문화, 경제환경, 정부의 조직구조 등의 특성을 반영하여 다르게 설계하고 운영한다. 본서는 한 가지의 바람직한 조직구조 형태를 지정하여 제시하는 데 목적이 있는 것이 아니라 조직유형 모형을 장단점과 함께 제시함으로써 현재의 각국 IPA의 제도와 향후 바람직한 체제 구축에 시사점을 제공하고자 한다.

조직구조 분석모형

조직구조 형태는 크게 두 가지 기준에서 분류할 수 있다.[76] 하나의 기준은 소속에 관한 기준이고 또 다른 하나는 그 소속에 대하여 자율적으로 운영하는지 독립성에 관한 기준이다. **소속 기준**에서는 IPA를 특정 정부 부처의 상위조직, 즉 대통령 및 총리에 소속시킬 것인가, 아니면 특정 부처에 소속시킬 것인가에 관한 결정이다. 부처의 상위조직에 소속하는 것은 IPA가 최소한 부처와 동등한 권한을 갖거나 부처보다 상위의 권한을 갖는 것을 의미한다. 부처 소속이란 부처 내 하나의 단위 기구로, 이를테면 투자유치국으로 부처 내 소속부서로 존재함을 의미한다. 다시 말해 첫 번째 기준인 소속에 관한 결정은 IPA를 일반부처보다 권한의 상위성과 포괄성을 가진 상층적 정부 기관에 둘 것인가, 아니면 전문성 있는 정부 기관에 둘 것인가를 의미한다. 소속한 정부 기관이 상층의 기관일수록 투자유치 과정에서 이해관계자 간 발생하는 이해 상충의 문제를 상대적으로 손쉽게 해결할 수 있다. 대통령 또는 총리는 부처의 업무를 총괄하고 조정하는 최고의 상위적이며, 포괄적 업무를 수행한다. 만일 외국인투자 민원이 한 개 부처의 영역을 벗어나 부처 간 조정이 필요한 경우에는 부처의 최상위 기관에 소속되어 있는 것이 유리하다.[77] 소속의 상층성은 곧 **IPA의 원스톱 능력**과 비례한다. 원스톱서비스(one-stop service)는 '한곳에서 투자에 필요한 모든 서비스를 제공하는 것'을 지칭하는 용어이다. 영어 표현인 원스톱쇼핑(one-stop shopping)에서 유래했다. 투자자가 한 곳에서 모든 민원을 해결할 수 있도록 하는 것이다. 정부나 IPA와 같은 서비스 제공자 관점에서 원스톱서비스 제도의 의미는 여러 단계로 나눠진 민원처리 기관의 프로세스를 한 곳에서 처리할 수 있는 시스템을 갖추었는가에 있다. 부처마다 고유하게 위임된 각종 인·허가권은 부처 업무의 통합화가 높은 수준으로 이루어

"조직 소속의 상층성은 원스톱서비스의 범위이며, 독립성은 운영 유연성의 척도이다."

질수록 원스톱서비스 제공의 완성도가 높아진다. 즉 IPA가 소속한 정부 기관이 보유한 권한의 폭이 넓거나, 또는 실질적으로 상부조직으로서 나눠진 부처 간 인·허가권에 대한 조정 권한을 가졌다면 투자자가 직면한 여러 애로사항을 한 번에 처리할 수 있을 것이다. [그림 3-8]의 세로축인 IPA 소속기관의 특성은 곧 원스톱서비스 제공능력과 연계된다.

두 번째 **독립성 기준**은 그 소속에 대해 얼마만큼 독립적으로 운영할 수 있는가에 대한 기준이다. 즉 전략수립, 예산과 조직운영 등에서 정부 부처에 대해 얼마나 독립적이냐를 말한다. [그림 3-8]의 가로축인 독립성은 조직이 얼마나 유연적으로 투자유치활동을 실행할 수 있느냐에 대한, 즉 **조직운영 유연성**의 척도이다. IPA가 최고의 투자서비스를 제공하기 위해선 서비스 정신이 고취된 능력 있는 투자유치 인력의 확보와 유치활동자원의 탄력적 운용이 필수적이다. 웰즈·윈트는 순수 정부 기관보다 민간기구적 성격이 가미된 준정부조직(quasi-government)의 경우에 국내외 다양한 네트워크를 통한 투자촉진활동에 이점이 있다고 하였

그림 3-8 투자촉진기관 유형 구분 모형

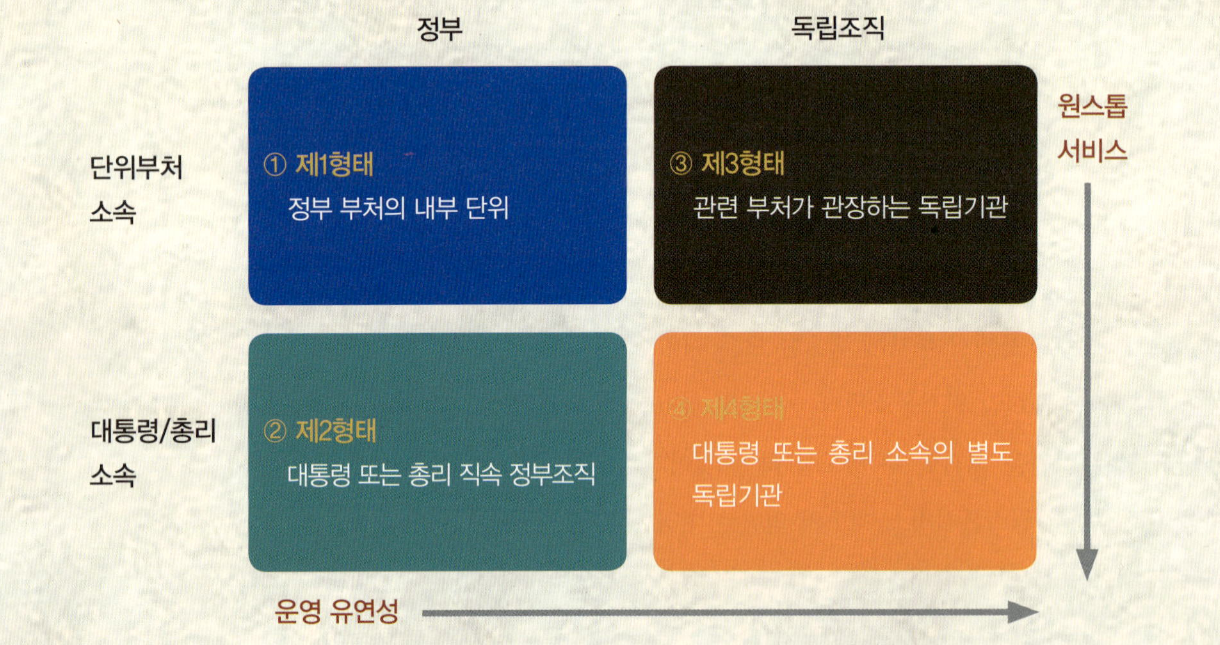

다.[78] 준정부 형태의 조직은 상대적으로 정부 형태의 조직보다 투자유치에 조직 자원 투입의 집중화가 가능하고, 투자유치 전문인력 채용 및 조직의 신축성이 보장되며, 정보 및 통제시스템 구축에 있어 유연성을 발휘하기 쉽다. 일반적으로 공공성을 강조하는 정부조직은 다른 민간조직보다 더욱 까다로운 예산집행규정이나 엄격한 감사제도를 적용받는 경우가 많다.

IPA 조직을 구분하는 두 가지 구분, 즉 소속과 독립성을 기준으로 **네 가지 투자조직 매트릭스**를 구성하면 ① 정부 부처의 내부 단위, ② 대통령 또는 총리실 직속 정부조직 ③ 관련 부처가 관장하는 독립기관, ④ 별도 독립기관(부처와 같은 급으로 독립적으로 운영) 등으로 나눌 수 있다.

조직유형별 장단점

이처럼 원스톱서비스와 조직운영의 유연성 측면에서 IPA의 조직구조를 [그림 3-8]의 네 가지 형태로 구분할 수 있다. 두 기준에서, 즉 원스톱서비스의 제공수준과 IPA 조직의 운영 유연성이 높을수록 투자유치활동에 효율적임을 암시한다. 그렇다고 이 두 기준만으로 투자조직을 설계하고 평가하는 데 **주의가 필요**하다. 행정시스템, 사회정치구조, 조직문화, 법률체제, 재정 상황과 운영비용, 인적구조, 외국인투자활동 기간 및 IPA 설립 역사, 그 밖에 여론과 이해관계자 현황 등은 국가마다 다르므로 두 기준만으로 투자성과와 투자유치활동에 대한 모범구조를 선택하고 권고하는 것은 무리가 따른다. **영국의** IPA는 정부조직과 민간조직을 넘나들며, 혹은 민간·정부 공동운영 내지, 두 부처 간 공동조직으로 운영하기도 한다. 이러한 지배구조나 제도를 아시아 개도국에서 그대로 모방하여 적용할 경우, 기대하는 조직운영 성과가 나오지 않을 가능성이 크다. 아시아 국가들 사이에서도 차이가 있다. 예컨대 **싱가포르** IPA인 싱가포르 경제개발청(EDB)의 구성원은 공무원이지만 싱가포르의 최고 인재로 어느 민간기업보다 최고의 서비스 정신을 갖고 있으며, 그만큼 보수 측면에서 최고의 대우를 받고 있다. 분류 기준에서 '독립성'의 의미도 좁게 해석해야 한다. IPA는 공공업무를 수행하는 공공기관이므로 정부로부터 독립된 민간기구라고 하더라도, 투자유치체제 내 위치상으로 특정 정부조직

> “조직유형별 우열 비교는 각 나라의 정치체계와 경제 상황, 사회적 의식구조 등 다른 요소까지 함께 고려해야 하므로 단순한 평가는 금물이다.”

의 관할에 있는 경우가 일반적이다. 독립성이라는 어휘가 다른 기관과 배타적이거나 대치하는 개념은 아니다.

IPA 유형별 장단점을 요약하면 다음과 같다. 먼저 **정부 부처의 내부 단위의 IPA**는 정부 내에서 외국인투자유치 업무에 대한 주관부처가 명확하고, 소속부처 내에서 업무협조에 용이하며, 소속부처는 외국인투자유치와 관련한 주제에 강한 주인의식을 가질 수 있다. 이는 장점인 동시에 단점의 원인이 될 수 있다. 여러 부처의 협조를 받아야 하는 종합 프로젝트의 경우에 다른 부처와 기관으로서 동급 위치는 부처 간 협력 및 조정을 어렵게 한다. 또한 내부조직으로 소속부처의 규정을 따라야 하므로 탄력적인 조직운영, 민간인 전문가의 확보, 인원 충원, 예산 집행 등에 제한이 발생한다.

대통령 또는 총리 직속 정부조직의 IPA는 부처에 소속되어 있지 않아 특정 부처의 이해관계에 중립을 지킬 수 있으며, 부처 상위 기관에 위치하여 각 부처에 대한 조정이 가능한 것은 장점이다. 잠재 투자자에게는 정부 최상위 조직에서 외국인투자 업무를 다루고 있다는 인식을 심어줌으로써 IPA의 이미지 형성에도 긍정적이다. 하지만 최상위 정부 부처도 정부조직인 만큼 자율적인 투자서비스 활동과 탄력적 조직운영에는 제한적이라는 단점이 있다.

관련 부처가 관장하는 독립기관의 IPA는 부처 단위의 수준이지만 '정부 부처의 내부 단위의 IPA'처럼 부처의 국(局) 단위가 아닌 독립된 부처에 속한 독립조직으로 존재하여, 이는 투자유치 인력 및 예산이 확대·강화된 부처의 외부기관으로서 독립적 지위는 운영상의 여러 장점을 제공한다. 그러나 주관부처가 거대 부처가 아니고 소부처인 경우, 또한 주관부처의 업무위임이 완전하게 이전되지 않으면 독립성에 대한 실질적 효과가 떨어질 수 있으며, 원스톱서비스에 대한 권한 범위도 축소되는 단점이 있다.

별도 독립기관의 IPA는 무엇보다도 여러 부처 업무에 걸친 포괄적 투자민원에 대해 부처의 상층기관에 소속되어 있어 부처 간 조정과 갈등 해소가 용이하며, 예산 및 인력, 투자유치활동 측면에서 독립성이 보장돼 보다 적극적인 투자유치 활동을 전개할 수 있는 장점이 있다. 그러나 각 부처 소관인 인·허가권, 승인서 발급 등의 업무에 대한 위임과 조정 권한을 IPA가 직접 처리할 수 있도록 하는데 각 부처가 소극적이어서, 이럴 경우는 IPA가 다시 다른 부처에 형식적 절차를 밟아 시행해야 하는 더 큰 비효율성과 혼란이 발생할 수 있는 단점이 있다.

● 제1형태 : 정부 부처의 내부 단위

이러한 조직형태의 IPA 설립은 투자유치의 정책수립, 투자유치 활동, 제도 마련 등 투자마케팅 전 과정을 부처의 하나의 국이나 팀의 수준에서 추진하는 경우다. IPA를 부처의 내부 단위로 하여 10~20명의 인원으로 구성하는 것은 외국인투자유치를 적극적으로 추진하려는 국가에선 찾아보기 어려운 형태이다. 폐쇄적 경제체제를 갖거나 외국인투자에 관한 관심과 의지가 적은 국가라고 할 수 있다. 이런 이유에서보다는 주로 1960~1970년대 IPA의 원시 형태에서, 또는 출범 초기 유형에서 그 유형을 발견할 수 있다. IPA의 설립 시기는 지금의 선진국과 개도국, 또는 유럽과 아시아 국가의 경제발전 수준을 떠나, 외국인투자가 필요한 국가에서 먼저 시작됐다. 한국은 외환위기를 겪은 후 본격적으로 IPA 조직이 구축되었지만, 인도네시아와 말레이시아는 1960년대 말부터 시작돼 1970년대 초에 이미 구체적으로 기능을 수행하는 조직이 창설됐다. 오히려 영국투자국 혹은 영국투자청(Invest in Britain Bureau: IBB)은 이들 국가보다 늦은 1977년에 설립됐다. 즉 오래전 정부 부처의 내부 단위로 IPA가 설립되는 일은 있으나, 만일 지금 새롭게 IPA를 설립하는 국가가 있다면 제1형태를 채택하는 경우는 극히 드물 것이다. 갑자기 국가의 경제위기로 인해 외국인투자 유치의 필요성이 발생하였다면 오히려 처음부터 대규모 조직으로 설립할 가능성이 크다.

"분류상 정부 부처 내부 단위라도 영국 IBB와 같이 대규모 조직이 존재한다."

다른 유형을 설명하는 데도 도움이 될 **중앙정부 IPA**인 IBB의 변천 과정을 간략히 소개한다. 설립 후 20여 년이 지난 1999년에 IBB는 Invest UK로 개편됐다. 영국 정부는 무역투자청(British Trade International: BTI)을 설립하고 하위 부서로 수출을 촉진하는 무역진흥청(Trade Partners UK)과 외국인투자 유치의 투자청(Invest UK)을 예하에 두었다. 2003년

표 3-2 정부 부처의 내부 단위 형태 IPA의 장단점

장 점	단 점
• 외국인투자 유치업무의 소관 부처가 명확 • 투자유치와 관련한 부처의 내부정책 수립에 영향력 행사가 원할 • 내부에서 문제가 해결되므로 상반된 안건과 목표를 갖고 있을 정부의 타 부처와 논쟁을 피할 수 있음 • 새로운 IPA 조직이 소속부처에 대한 예산확보, 조직정원 확보, 정책수립 기능에 기여함으로써 해당 부처는 투자 관련 주제에 강한 주인의식을 느낌 • 큰 법적 노력 없이 기존 부처 내에 IPA 신설 용이	• 여러 부처가 연계된 종합 외국인투자 프로젝트의 경우에 타 부처의 협조를 얻기가 어려움 • 성과급, 승진 등 개인 인센티브 규정이 소속부처와 별도로 적용하기 어려워 수동적 서비스가 제공될 수 있음 • 촉진활동에 필요한 경비의 집행이 탄력적으로 운용하기 어려움 • 최고경영자(부서장)에 전문경영인으로 민간인과 외국인을 채용하기가 어려움(공무원법의 적용의 한계) • 소속 부처의 비대화에 대한 비판으로 필요 인원을 확충하기가 어려워 일정 수 이상의 조직 구성이 곤란

에는 두 부서를 병합하여 영국 무역투자청(UK Trade & Investment: UKTI)을 발족했다. UKTI는 외무부(FCO)와 기업혁신기술부(BIS)의 공동 관할의 비각료급 부처이다. 2016년에 UKTI는 각료급 부처인 국제통상부(Department for International Trade: DIT)로 출범하였고, 2023년에는 새로운 내각의 출범으로 에너지 산업정책을 포함하는 산업통상부(Department for Business and Trade: DBT)로 대체됐다.

IBB, BTI(Invest UK, Trade Partners UK), UKTI 등은 부처에서 독립한 별도의 조직이지만 비각료급 부처로 최고경영자는 외무부 장관과 통상산업부 장관에 각각 업무를 보고한다. 일종의 외청으로서 주무 부처 소속의 투자청 또는 무역청으로 이해할 수 있다. 반면에 DIT와 DBT는 독립된 각료급 부처로 직접 총리에 보고한다. 즉 외무부 및 다른 각료급 부처와 동등한 지위를 갖는다. [그림 3-8]의 네 가지 형태에 적용하면, IBB와 BTI, UKTI 등은 제3형태, 그리고 DIT, DBT 등은 제4형태에 속한다고 볼 수 있다.

영국은 **지방정부 IPA**가 발달해 있다. 지자체인 잉글랜드, 스코틀랜드, 웨일즈, 북아일랜드 등에는 각각 경제정책과 개발을 담당하는 지역개발청이 있다. **지역개발청**은 프로젝트 매니저를 두고 각 지자체의 외국인투자 마케팅을 수행하며, 영국투자청은 이를 지원하며 해외에서 영국을 대표하여 투자홍보활동을 전개한다. 지역개발청은 자체적으로 잠재 투자자 발굴을 위한 해외네트워크 조직을 설치하고 있지만, 주로 대사관을 통해서 방대하게 구축된 영국 투자청 해외네트워크를 활용한다. 지역개발청은 외국인투자만을 전담하는 기구가 아니라 지자체 내 투자를 비롯한 모든 경제활동을 담당한다. 지역개발청의 비중 높은 업무가 지역 내로 국내외 투자를 유치하는 것이다.

● 제2형태 : 대통령/총리 직속 정부조직

IPA의 형태로서 순수한 대통령 또는 총리실 직속의 정부 기구를 적용한 사례를 찾기란 쉽지 않다. 대통령/총리실이 외국인투자 유치활동과 관련해 직접 업무를 추진하는 인원을 내부에 두기는 어렵다. 따라서 주로 직속 기구로서 **위원회제도**를 활용하여 본 형태의 취지를 살리게 된다. 위원회를 대통령 또는 총리 산하에 두고 정부 부처의 외국인투자 관련 업무를 관리·조정한다. 투자유치활동은 위원회의 인원 및 조직 구성의 한계로 인해 각 부처에서 추진하되 외국인투자의 중장기 전략, 대규모 프로젝트 지원방침 등을 위원회에서 결정하게 된다.

이 조직형태의 장점은 IPA가 부처에 소속되어 있지 않아 특정 부처의 이해관계에 중립을 지킬 수 있으며 부처 상위의 기관으로서 각 부처에 대한 조정

표 3-3 대통령 또는 총리 직속 형태 IPA 조직의 장단점

장 점	단 점
• 대통령 · 총리와 연관됨은 IPA의 위상과 잠재 영향력을 증대시킴 • IPA가 특정 부처의 업무와 관계가 없으므로 다른 부처들이 경쟁 관계에 있는 부처의 업무에 동조하고 있다는 느낌을 덜 가지게 되어 업무협조의 가능성이 증대함 • (위원회가 업무위임규정이 명확한 경우) 일반부처의 상위조직에 소속되어 부처 간 이해관계 조정이 용이함 • 외국인투자유치 업무가 대통령/총리가 직접 관장함으로써 IPA가 정부의 중심적인 정책이라는 믿음을 잠재 투자자에게 보임	• 일상적인 결정사항까지 대통령 또는 총리의 결재를 받아야 하는 경우가 발생하여 신속해야 할 의사결정이 지체될 수 있음 • IPA의 일상 마케팅활동에 대한 제약이 존재함(잦은 해외 출장, 사치스러운 잠재 투자자 접대 등이 언론의 비판 대상이 될 수 있음) • 대규모 프로젝트가 경제적, 상업적 기준이 아닌 단기적인 정치적 고려로 결정될 수 있으며, 상대 투자자는 투자협상 과정에서 이점을 이용할 가능성이 있음 • 제1형태와 마찬가지로 조직운영, 민간인 전문가의 확보, 인원 충원, 예산 집행 등에 제한

이 가능하다는 것이다. 또한 잠재 투자자에게 최고 정부 최상위 조직에서 외국인투자 업무를 다루고 있다는 인식을 심어줌으로써 IPA의 이미지 형성에 긍정적인 영향을 끼친다. 그러나 단점으로는 제1형태와 마찬가지로 정부조직으로서 자율적인 투자서비스 활동과 탄력적 조직운영에 제한적이며, 특히 실행 조직이 없는 대통령 또는 총리 직속의 위원회 조직으로서 적극적인 투자유치활동을 기대하기 어렵다. 또한 소속 신분에서 오는 불이익도 발생할 수 있다. 설사 협상에서 투자자에게 제공하는 투자인센티브, 규제완화 등의 조치가 경제적, 상업적 판단에서 이루어졌다 하더라도 신분상 주변 여론으로부터 정치적 고려를 배제하고 내린 의사결정이라는 믿음을 주기가 쉽지 않다는 점도 단점으로 작용한다.

“위원회제도로 최상의 외국인투자정책 의사결정 기구가 운영된 것은 세계 사례에서도 특이한 경우이다.”

위원회제도는 대통령 또는 총리 산하에 직속 기관이긴 하지만 법적인 권한과 예산권 등을 부여하지 않으면 관련 부처를 조정하고 관리하는 데 어려움이 발생한다. 이러한 보장이 없는 위원회는 과도기적 기구의 성격이 강하며 장기적으로는 제3형태나 제4형태와 같이 별도의 독립기관을 신설할 때까지 임시적 역할을 하게 되는 경우가 많다. 우리나라에서 2003년에 출범한 **동북아경제중심추진위원회**가 해당한다.

● 제3형태 : 관련 부처가 관장하는 독립기관

제3형태는 특정 부처의 소속으로 전문성과 독립성을 발휘하겠다는 의도가 담긴 투자조직 유형이다. 그런데 이러한 두 속성은 상충의 여지가 있다. 소속한 부처가 전문성 있는 특정 부처라면, 비록 독립한 조직으로 구성되었더라도 부처는 자신의 분야에 대해 지속적으로 IPA에 관여하려는 경향이 있다. 그렇다고 부처의 전문적 권한과 업무가 완전히 독립된 IPA에 이관된다면 굳이 전문성이 강조된 부처에 소속할 이유가 없다. IPA가 원스톱서비스를 수행하기 위해서는 투자 인허가와 관련하여 여러 부처의 소관 사항을 위임받는 것이 필요하다. 즉 포괄적 위임이 필요한데, 정부조직법 체제에서 각 부처는 전문성에 따라 나뉘어 있으므로 특정 부처로부터 전문성을 위임받고 독립적으로 수행하는 한편, 동시에 주무 부처에 보고해야 하는 것은 모순이라 할 수 있다. 따라서 제3형태로 존재하기보다는 제4형태처럼 상층 권한과 포괄 위임이 가능한 대통령 및 총리에 소속하는 경우가 IPA의 전문성과 독립성을 강화하는데 더 좋은 조합이라 할 수 있다.

제3형태 조직의 장점은 부처 수준이지만 제1형태처럼 부처의 국(局) 단위가 아닌 독립된 부처로 존재하여 제1형태보다 투자유치 인력 및 예산이 확대, 강화된 투자조직이 된다. 그러나 주무 부처가 거대 부처가 아니고 포괄적 위임이 이루어지지 않는 경우, 독립성에 대한 실질적 효과가 떨어진다.

"MIDA는 싱가포르 EDB와 함께 동남아 지역에서 대표적인 IPA이다."

제3형태에 해당하는 대표적 사례로는 **말레이시아 투자개발청**(Malaysian Investment Development Authority: MIDA)이 있다. 1967년에 설립됐을 당시 명칭이 산업개발청(Malaysian Industrial Development Authority)이었는데 2011년에 변경됐다. 그 이유는 MIDA가 제조업뿐만 아니라 서비스 부문을 포함한 더 광범위한 투자촉진활동을 수행하겠다는 의지에서다. MIDA는 말레이시아의 산업개발과 육성을 책임지는 외청 형태의 조직이다. 제조업 및 서비스 부문의 외국인 및 국내 투자촉진, 말레이시아의 산업 개발 계획 수립, 산업 진흥 및 개발에 관한 정책 및 전략 권고, 제조 라이선스, 세금 인센티브, 외국인 고용 허가 등의 신청 평가 등이 주요한 업무라는 데서 알 수 있다. 산업

표 3-4 관련 부처가 관장하는 독립기관 형태 IPA의 장단점

장 점	단 점
• IPA는 자체 예산을 갖는 개별 정체성을 가지며 다른 부처의 부속이 아닌 당연한 정부의 필수조직으로 인식 • IPA는 타 부처와 정부 내에서 사안을 놓고 토론을 할 수 있는 청장을 보유 • IPA가 제안한 안건에 대해 제1형태(특정 부처의 내부 단위)의 경우보다 타 부처에게 우호적인 공감을 얻기 쉬움	• IPA는 중요도나 예산 측면에서 작은 부처(청 단위)의 제한적 위상을 가진 청장이 임명되기 쉬운데, 이런 경우에 부처 간 업무조정이 더욱 곤란 • 관련 부처로부터 인사 및 예산운영에서 완전한 독립을 확보하기 어려워 민간 부문 출신의 최고경영자와 전문가의 채용에 한계 • 주무 부처에서 외국인투자 관련 정책 기능을 완전히 이양하지 않는 경우, 업무 조직의 중복 및 혼란 초래 • 주무 부처로부터 외국인투자 정책을 완전히 이관받는 경우라도 기타 연관된 정책들에 대한 원활한 협조가 없는 경우에는 주무 부처와 동떨어진 제3의 부처가 될 가능성이 존재

육성에는 국내외 투자유치가 가장 중요하므로, 외국인투자가 비중 높은 업무를 차지한다. 즉 MIDA는 말레이시아의 IPA로서 임무를 수행한다. **영국의 IBB, BTI, UKTI** 등도 제3형태에 해당한다. **우리나라의 KOTRA(Invest KOREA)**도 제3형태로 분류할 수 있다.

● 제4형태 : 대통령/총리 소속의 별도 독립기관

제4형태는 IPA의 독립적 운영에 초점을 맞춘 조직설계 방식이다. 제3형태도 독립조직이지만 제4형태가 더욱 독립성을 발휘할 수 있는 IPA 조직형태이다. IPA가 소속한 정부 기관이 갖는 상위성과 포괄성 때문이다. 대통령제 국가에서 대통령이나 내각책임제 국가에서 총리와 같은 최고 권력기관은 각 부처의 상층 지위에서 IPA에게 여러 부처에 나눠진 소관 업무에 대한 포괄적 위임을 가능하게 한다. 여기에 조직이 별도로 설립되어 독립적으로 운영한다면, 더욱 포괄성과 독립성은 시너지 효과를 발휘할 수 있다. 또한 고유한 투자유치 전담 업무를 담당함으로써 전문성 확보와 축적도 가능하다. **원스톱서비스 최적화** 조직형태라고 할 수 있다. 소속기관이 최상위일 때도 가능하지만, 소속기관의 업무영역이 넓은 거대 부처에 소속되어도 원스톱서비스의 범위는 늘어난다. 이에 대한 사례가 아일랜드 산업개발청(Industrial Development Authority Ireland: IDA)이다. 물론 IDA는 제4형태가 아니라 주무부처를 기업통상고용부로 하는 제3형태에 해당한다. 기업통상고용부는 경제정책 실행, EU/WTO 참여, 기업지원, 고용 및 노동법 집행의 노동관계 관리, 소비자 보호 및 공정 경쟁, 연구 및 혁신지원, 규제 및 표준 업무, 부처와 산하기관 예산 관리 등 거의 주요한 5~6개 부처 업무를 담당한다. 거의 총리실 수준의 업무 범위이다. 이외에 한 가지 더 추가하면, 협력적이고 유연한 정부조직 구조와 공무원의 의식구조이다. 영국은 IBB가 통상산업부 소속이었지만 외부 조직은 외무부 조직을 이용하며, 또한 민간인이 이사회에 참여하고 정책 조언과 의사결정을 지원한다. 오랫동안 성숙한 영국 정부조직의 문화와 역사가 반영돼 있다. 이처럼 **성공적인 원스톱서비스와 정부조직 간 관**

계는 IPA가 대통령/총리와 같은 최상위 정부조직에 소속하거나, 특정 부처에 소속하더라도 그 부처가 거대 부처로 업무 범위가 매우 넓을 때, 그리고 정부조직 구조와 공무원의 문화와 의식이 협력과 유연성에 강점이 있을 때 등으로 요약된다.

제4형태 조직의 장점으로는 무엇보다도 여러 부처 업무에 걸친 포괄적 투자 민원에 대해 부처의 상층기관에 소속되어 있어 부처 간 조정 및 갈등 해소가 쉬우며, 또한 예산 및 인력, 투자유치활동 측면에서 독립성이 강해 적극적인 투자유치 활동을 전개하는 데 적합한 조직이 된다는 것이다. 반면 단점으로는 각 부처 소관인 인허가권, 승인서 발급 등의 업무에 대한 위임과 조정 권한이 없을 때는 다른 부처에서 해결할 사항을 형식적으로 한 번 더 거쳐야 하는 비효율성 발생 소지가 존재한다는 것이다.

제4형태 사례는 **영국의 DIT와 DBT**가 해당한다. 이전의 UKTI는 비각료급 부처로 외무부와 기업혁신기술부에 소속한 제3형태에 해당하며, 외무부 업무를 간접적으로 수행하다가 2016년 7월에 새로 설립한 DIT에 흡수되었다. DIT는 각료급 부처로 최상위 정부 기관인 총리 소속의 독립된 IPA이다. 투자유치와 무역 업무를 각료급의 장관급 부처로 격상하여 신설한 것은 2016년 7월 13일 브렉시트 국민투표에 대한 대응책 차원으로 보인다. DIT가 독립기구인 것은 의사결정 기구로서 이사회를 별도로 구성하고 독립적으로 운영하

“영국의 조직형태가 각 유형에 얽매이지 않고 변천하는 것은 영국 특유의 유연적 행정조직 문화와 공무원 의식이 형성돼 있기 때문이다.”

표 3-5 대통령/총리 소속의 별도 독립기관 형태 IPA 조직의 장단점

장 점	단 점
• IPA는 독특한 정체성을 갖고 자신의 예산, 최고경영자, 이사회 등을 구성 • 독립성, 조직운영의 유연성 확보에 용이 • 공공, 민간 부문의 요원을 채용할 수 있고 필요한 경비의 조달이 용이 • 정부 부처 소속 때보다 사업 환경상의 필요한 변화에 대한 신속한 대응이 가능 • 여러 부처 업무에 걸친 민원에 대하여 부처 위의 상층기관으로서 쉽게 처리할 수 있음	• 정부가 독립기구 개념에 대해 친숙하지 않거나 경험이 없을 때 원활한 운영이 어려움 • 투자, 보조금 허용의 승인, 다른 부처 소관 사항 승인과 허가 등의 업무를 직접 수행할 수 없는 경우라면 잠재 투자자는 투자과정에서 한 번 더 들러야 하는 원모어 서비스(one more service)로 비효율성이 발생

기 때문이다. 총리 소속이지만, DIT의 이사회의 의장은 국제통상부(DIT) 장관이며, 구성원은 각 부처 장관들과 민간 비상임 이사 등으로 구성되어 감사, 고용, 업무집행, 인사, 성과·재무, 프로젝트 관리 등의 의사결정을 타 부처 및 비각료 기관으로부터 독립적으로 수행한다. 2023년에 새로운 총리 취임 후 DBT로 통합됐다. **인도네시아의 BKPM**도 제4형태이다. BKPM은 1973년에 투자조정청으로 출발하여 2021년에 대통령에게 직접 보고하는 투자부(Ministry of Investment)로 승격했다. 기존 BKBM의 기능을 유지하면서 투자정책 수립 및 결정 권한이 강화됐다. 투자부 장관은 BKPM의 의장을 겸임하며, 권한과 책임에 있어 투자부는 투자정책의 계획, 규제, 의사결정 등을 담당하고, BKPM은 투자정책실행과 통제를 담당하는 대통령령으로 엄격히 분리된 이원적 구조로 되어 있다.

외국인투자촉진기관의 설립

"해외 자료에서는 한국의 IPA를 KOTRA 또는 Invest KOREA로 혼용하여 지칭한다."

외국인투자촉진기관을 설립하거나 조직의 확대는 국가의 경제 상황에 외국인 투자유치 필요성이 높아질 때 본격적으로 논의한다. 한국은 1997년 말 외환위기를 겪게 되자 기존의 투자유치 조직의 기능을 개편하고 확대하는 정책 결정을 하였다. KOTRA 내 한 개 부서가 담당하던 외국인투자유치 기능을 확대하여 본부급 단위로 외국인투자지원센터(Korea Investment Service Center: KISC)를 개소하였다. 2003년에는 외국인투자유치의 질적 고도화를 위해 **Invest KOREA**로 명칭을 변경하고 기능을 확대·정비하였다.

투자유치 조직의 신설 및 확대의 필요성은 Invest KOREA의 경우처럼 경제 환경 변화에 따른 외국인투자유치의 중요성이 주목받으며 고려될 수 있지만, 정부조직 효율화를 위해 정부조직법 변경의 산물로 이루어지기도 한다. 투자유치업무가 여러 부처에 나뉘어 있어 추진의 효율성이 떨어질 때 이를 통합하여 한 곳에서 추진하는 단위조직이 탄생할 수 있다. 어떠한 상황에서든 기관이 설립되면 운영과 활동을 위해서 광범위한 자원과 인력이 필요하다. 따라서 IPA의 신설, 그 자체보다도 어떻게 이해관계자들로부터 지지를 얻어내어 투자유치에 강력하고 체계적인 조직을 구축하는가가 더 중요하다. 다음은 **IPA의 설립 요령**이다.

IPA의 임무와 목표, 법적 권한 설정

업무와 관련하여 IPA에 대한 위임 사항과 법적 권한 설정은 IPA의 활동 범위와 업무추진의 근거이다. IPA의 설립배경과 목적에 따라 범위가 결정되는데, 명확한 규정이 없다면 부처 및 관련 기관과 논쟁과 갈등을 일으킬 수 있다. IPA의 효과적인 업무추진을 위해서 위임규정 및 법적 권한에 대해 명확한 정의가 필요하다.

IPA의 위임 사항은 특히 신설 IPA일수록 단순하고 명료하게 정의해야 한다. IPA 신설 초기에는 되도록 이해관계가 복잡하고 정치적 고려사항이 있는 특수 분야, 즉 지하자원 개발이나 환경문제 등과 관련한 투자유치 대상 선정이나 이에 대한 투자마케팅 활동은 초기 IPA의 업무에서 배제하는 것이 좋다.

IPA 신설 초기에는 신설조직의 동기부여 차원에서 빠른 기간 내 성공사례를 낼 수 있는 적정한 양의 임무와 목표 부여가 바람직하다. 주무 부처나 정부는 수시로 투자 결정, 그 자체와는 관련이 없는 경제현안들을 모두 IPA의 목표와 활동의 위임 사항에 포함하려는 경향이 있다. 예를 들면, 공익차원의 투자유치, 복지와 분배에 도움이 되는 투자유치, 극심한 낙후지역에 고용증대와 기본 인프라 건설을 위한 투자유치 등이다. 새로 설립된 IPA의 경영층에게는 큰 부담이자 신설 IPA가 자리를 잡는 데 부작용을 초래한다. IPA 설립 초기에는 이러한 비경제적 동기의 임무를 지나치게 많이 요구하지 말아야 한다. 운영 초기에는 시행착오를 겪으면서 조직이 안정화되고, 업무 효율성 향상이 이루어질 시간이 필요하기 때문이다.

투자마케팅 목표를 수행하기 위해서는 IPA에게 특수한 운영 권한이 부여되어야 한다. 만약 특수한 운영 권한이 주어지지 않은 IPA는 정보교환소 기능 이상의 일을 하지 못한다. 단지 지역에 대한 단순한 홍보기구와 초보적인 투자서비스를 제공하는 IPA 신설은 오히려 정부 재원을 낭비하는 결과만 초래하게 된다. 예를 들어 IPA가 외국 방문객에게 브로슈어와 안내문을 나눠주고 기차, 항공, 호텔 등의 예약 서비스를 대행하여 주는 관광청의 기능을 하거나, 투자지역에 대한 안내서 제작, 잠재 투자자가 방문해야 할 기관의 안내 등 단순하고 낮은 수준의 서비스만을 제공한다면 IPA를 굳이 별도 조직으로 독립하여 신설한 이유가 없다.

IPA가 얼마만큼 특수한 운영 권한을 갖느냐는 IPA 존립 형태와 관련이 깊다. 제1형태처럼 특정 정부 내부의 한 조직 단위이냐 아니면 독립기관에 따라 운영 권한 폭이 차이가 난다. 만약 제1형태의 경우라면 별도로 법적 권한을 규정할 필요는 없다. 해당 부처가 가진 신규 투자의 승인 권한을 단지 IPA 요원이 행사하면 된다. 반면 제3형태나 제4형태의 독립기구로 IPA가 출범한다면 특별한 법제화가 필요할 것이다. 이는 IPA의 기능과 위임 사항을 법적으로 정의하여야 하기 때문에 단순히 한 부처의 권한을 IPA에세 이전하는 것 이상의 어려움이 있다. **IPA 권한의 법제화**에서 명시해야 할 사항은 다음과 같다.

- IPA의 명칭과 기능
- 지원하는 정부 부처와 그 임무
- 수입 증대 방안을 포함한 IPA의 자금 조달
- 의장, 이사회 구성원, 그리고 최고경영자의 임명 절차 및 보수 결정 절차
- 후원 부처의 승인 사항인 연간 사업 계획서 제출과 분기별 점검 보고서 제출 요구
- 연간 사업 보고서 및 감사 보고서 작성 요구
- 기존 법규상 투자와 관련한 인허가 및 승인 권한의 IPA로 이전

위와 같은 사항은 상세해야 하지만, IPA가 효과적인 기관으로 발전할 수 있도록 처음부터 너무 엄격하게 규정해서도 곤란하다. 이 중에서 투자와 관련한 인허가와 승인권은 IPA의 원스톱서비스와 관련이 높다. IPA의 인허가 및 승인권 보유는 투자 절차를 단축하고 한 곳에서 투자승인 서비스를 가능하게 하여 IPA 투자서비스의 질적 향상과 함께 잠재 투자자에 대한 적극적 마케팅 활동을 펼칠

수 있는 기반으로 작용한다. 그러나 IPA로의 면허 발급과 법규상 기능의 이전에는 주의해야 할 잠재적 위험도 있다. 면허 발급과 법규상 인허가 업무량이 너무 많다면 IPA의 핵심 기능인 마케팅이나 투자자 관리보다는 승인 업무에 치중하여 마케팅 활동에 방해된다. IPA가 특별한 권한과 영향력을 보일 수 없는 일상적인 면허 발급 업무에서 벗어나지 못하면 투자자에게 오히려 '국가의 공식 투자유치 기관'이라는 이미지에 손상을 입힐 수 있다. IPA 업무 배분에 있어 면허 발급과 법규상 권한의 포함 여부 결정은 이 같은 잠재적 위험을 최소한의 수준으로 낮춰서 이루어지는 것이 바람직하다.

우리나라에도 이에 대한 사례가 있다. 경제자유구역의 투자유치 및 개발업무를 담당하는 신설조직으로 자유구역청을 개청하면서 외국인투자유치 조직에 대한 인원확보와 역량 강화를 정비하기도 전에 관할 시(市)로부터 민원업무를 이관받았다. 그러자 경제자유구역 부지의 확보, 도로와 교량 건설 등 각종 인프라와 관련한 업무의 추진에 따른 민원이 폭주하여 경제자유구역청의 인력이 모두 민원업무에 매달려야 하는 사태가 빚어졌다. 경제자유구역 건설은 지역 개발업무가 핵심이므로, IPA에 과중한 민원업무의 집중은 전체적인 외국인투자 유치성과에 오히려 부정적 효과를 발생시킨다.

IPA의 집행부 구성

어떤 형태의 조직에서나 마찬가지로 IPA의 운영효율성과 목적 달성의 효과성도 집행부의 능력과 리더십에 좌우된다. IPA의 운영 예산이 충분하다면, 적극적이고 다양한 투자마케팅 활동의 전개가 가능하다. 그런데 예산확보 과정에서 이윤을 추구하는 기업과 IPA가 다른 점은 국가나 지자체의 경제정책 목표 달성이 사업대상이 되므로 영리추구행위를 적용할 수 없다는 것이다. IPA가 정부에 대한 재정과 예산 의존성이 높은 이유이다. 따라서 조직설립 단계부터 정관에 예산과 집행부 구성에 대한 명확한 근거를 적시해야 한다. IPA의 집행부는 최고경영자와 이사회이며, 조금 더 폭을 넓히면 자문위원회를 포함할 수 있다. 이들 집행부 구성에 관한 항목도 정관의 주요 내용이다.

● 정관작성

투자유치기관 설립근거가 되는 정관은 명확한 목적과 권한의 설정, 조직구조와 거버넌스 확립, 책임성과 독립성 보장, 이해관계자 촉진 참여, 윤리적 운영 측면과 이에 대한 법적 근거를 제공한다는 점에서 반드시 필요하다. 또한 정관은 이사장, 이사, CEO 임명, 이사회 기능과 이사들의 보수와 보상 결정, 연간 예산편성안의 심의와 부문별 지출 한도 설정, 주요 정책목표 수립 및 투자유치기관 경영평가 지표 설정, 연간 사업계획의 승인, 이사회가 제출한 분기별 사업보고 검토 등에 대하여 명확히 기술해야 한다. 이를 포함한 **정관의 주요 내용**은 다음과 같다.

- 국가 경제발전 기여, 외국인투자의 유치 및 촉진, 투자자 지원 및 서비스 제공 등의 목직과 사명
- 이사회 구성 및 역할, 경영진 구조 및 책임, 주요 부서 및 기능 등의 조직구조
- 투자정책 분석 및 제안, 투자기회 발굴 및 홍보, 투자자 상담 및 지원서비스, 원스톱서비스 제공 등 주요 업무와 기능
- 투자 인센티브 제공 권한, 정부 부처 간 조정 역할, 투자 관련 규제 개선 제안 등 인센티브 및 규제제안의 권한과 책임
- 재원 조달 방법, 예산편성 및 집행 절차 등 재정 및 예산
- 주요 성과 지표의 설정, 정기적인 성과 평가 및 보고 체계 등 성과 평가와 보고
- 정부 부처, 지방정부와의 협력, 민간 부문과의 협력 방안 등 이해관계자 협력
- 윤리 강령, 이해상충 방지 규정, 정보 공개 원칙 등 윤리 및 투명성
- 정관 변경 방법과 절차 등 정관 개정 절차

● 이사회와 최고경영자

이사회는 IPA의 효과적인 운영과 투자유치 성과 향상을 위해 중요한 구실을 한다. 특히 민간 부문의 참여를 통해 투자자들의 관점을 반영하고, IPA의 독립성과 책임성을 균형 있게 유지하는 데 기여한다. IPA는 완전히 민영

화한 기구로 독립하여 존재하기는 어렵다. 만일에 기능은 독립적이라 하더라도 재정, 예산 등은 정부와 지자체의 도움을 받아야 한다. 공공의 서비스를 제공하는 IPA는 자체 수입만으론 소요재정 규모를 충당할 수 없다. 따라서 통상적으로 정부는 정관에 의하거나 대주주 자격으로 이사회를 통해 경영에 참여한다.

이사회 구성은 민간 부문과 정부 부처에서 전문가들로 균형 있게 구성되는 것이 바람직하다. 이사장은 최소한 한 달에 3일은 이사회에 헌신할 수 있어야 한다. 이사회에는 민간 부분 전문가를 포함하고 있어 투자자가 제출하는 민감한 정보들을 취급하므로, 이사회 구성원이 정보보안을 철저히 준수하도록 내부 규정을 정해 놓는 것이 필요하다.

이사회의 역할은 외국의 신규 또는 기존 투자의 유치를 위해 정부의 각종 행정규제를 완화하는데 정부가 관심을 쏟도록 유도한다. IPA의 연간사업계획을 승인하며 경영진에 대한 자문 임무를 수행하고, 투자유치기관 사업실적을 기록한 연차보고서를 발간한다. 다음은 **이사회의 주요 역할**이다.

- [전략적 방향성 설정] IPA의 장기적인 전략과 목표를 수립하고 감독하며, 다년간의 전략계획 수립에 참여
- [거버넌스 및 감독] IPA의 운영을 감독하고 책임성을 확보하며, 기관의 성과를 모니터링하고 평가
- [정책자문] 투자정책 및 규제 개선에 대한 자문을 제공하고, 정부와 IPA 간의 가교역할을 수행
- [자원 할당 감독] 예산 및 인적자원의 효율적 할당을 감독하고 재정적 책임성을 확보
- [이해관계자 대표] 정부, 민간 부문, 학계 등 다양한 이해관계자의 의견을 반영하며, 특히 민간 부문의 참여로 IPA의 우선순위와 도전 과제를 설정
- [독립성 및 투명성 보장] IPA가 정부로부터 적절한 수준의 독립성을 유지하도록 지원하고 의사결정 과정의 투명성을 높임

- [성과 지표 설정 및 평가] IPA의 목표와 성과를 측정할 수 있는 지표를 설정하여 정기적으로 성과 평가를 통한 개선 방안 제시

IPA의 최고경영자는 이사회와 정부에 대한 경영책임을 진다. 명칭은 국가와 조직형태에 따라 단장, 사무총장, 사장, 회장 등 다를 수 있지만, 민간 부분과의 관계가 반영될 수 있는 직명으로 정하는 것이 좋다. 명칭을 관료적인 느낌보다는 기업체 느낌이 나도록 작명하는 것이 투자자 접촉과 마케팅활동에 유연성을 발휘할 수 있다. **최고경영자의 의무**는 연간사업계획, 연차보고서, 분기 사업추진현황을 이사회에 보고, IPA의 목표달성을 위한 사업운영 및 직원 관리, 해외 투자유치 성과, 투자정보의 수집 및 분석 결과를 이사회와 정부에 제공 등을 포함한다. **최고경영자 업무 범위**를 정리하면 다음과 같다.

- [운영책임] IPA의 일상적인 운영과 성과에 대한 책임을 짐
- [전략 실행] 이사회가 수립한 전략을 실행에 옮김
- [투자유치 활동 주도] 실질적인 투자유치 활동을 이끌고 조정함
- [대외관계 관리] 투자자, 정부 기관, 기타 이해관계자들과의 관계를 관리함
- [조직문화 형성] IPA 내부의 조직문화를 형성하고 리더십을 발휘함
- [성과 보고] 이사회에 정기적으로 IPA의 성과와 운영 상황을 보고함

자문위원회

독립조직 형태의 IPA는 이사회를 갖고 있다. 그러나 정부 부처의 일부 조직, 또는 대통령 및 총리 소속의 정부조직 IPA의 경우, 이사회와 유사한 기능을 가진 자문위원회를 설치함으로써 이사회의 기능과 역할을 보완한다. 물론 독립조직 형태의 IPA도 자문위원회를 운영한다. 자문위원회는 이사회와 유사한 기능을 수행하더라도 법적 권한은 없다. 자문위원회 설립 목적은 정부나 IPA 최고경영자가 업계나 관련 경험을 가진 전문가의 조언을 활용하는 데 있다. 자문위원회는 현장의 목소리를 듣기 위해 주한 외국인상공회소

및 관련 단체 소속의 외국인 1~2명을 포함하는 경우가 많다. 의장과 자문위원회의 2/3 정도가 순수 민간 부문에서 구성하는 것이 바람직하며, 나머지 인사는 주요 부처나 공공 조직(중앙은행 또는 공공 기업 등)의 간부로 구성하는 것을 추천한다. 다양한 분야의 전문가들이 참여함으로써 IPA가 더욱 폭넓은 시각과 전문성을 확보할 수 있도록 한다. IPA의 실적과 전망, 행사 주최 및 참가 보고 등을 담은 연간 보고서를 발간하며, 최소 월 또는 격월로 정기 모임을 하도록 한다. **자문위원회의 역할과 책임**에서 주요 사항을 간추리면 다음과 같다.

- IPA의 사업 계획서(안)와 시행안에 대해 최고경영자에게 조언
- 내부에서 부족한 전문 지식이나 경험을 보완하며, 다양한 산업 분야의 전문가들이 참여하여 폭넓은 시각을 제공
- IPA의 성과와 프로그램을 객관적으로 평가하고 개선 방안을 제시하며, 외부의 시각에서 IPA의 강점과 약점을 분석하고 제언
- 정부정책 중 신규 투자를 위축시키거나 기존 투자를 위협하는 법령, 규정, 행정 절차에 대한 기존 및 잠재 투자자의 우려를 경고하고 투자현장 변화에 대한 조언 제공
- 최고경영자의 주의를 끌고 있는 기타 주제에 대한 견해를 밝히고 조언을 수행

IPA의 기능부서 구성

IPA의 기능 중 핵심은 뭐니 해도 외국인투자유치의 증대에 있다. 이를 효과적으로 추진하기 위해 IPA는 전략목표를 달성하는 데 적합한 조직을 구성하고 적절한 인사배치를 해야 한다. 보통 5~6개 팀에 30명 정도의 직원을 배치하여야 최소한 기본적인 업무를 추진하는 데 문제가 없다. 팀의 추가나 인원의 확대 등은 각 나라나 지자체가 처한 현실과 전체 투자유치 체계 및 거버넌스, 그리고 IPA가 속한 정부조직에 영향을 받는다. 아래 예시한 **IPA 기능부서**의 설계는 각종 인허가와 투자승인에 관한 책임이 다른 정부 부처에 있다는 것을 전제로 하여 구성하였으

며, 괄호안은 업무를 수행하기 위한 최소 인원의 예시이다. 이밖에 프로젝트 매니저 운영확대, 옴부즈만 사무소 운영 등을 포함하면 기능과 조직의 규모는 더욱 커질 수 있다.

- [기획전략팀, 4명] 정책자문, 전략개발, 사업계획수립, 이사회운영, 정부 부처와 관계유지
- [투자진흥팀, 5명] 유치대상 투자자 물색, 광고, 사절단 파견 및 유치, 유치 홍보
- [투자서비스팀, 5명] 투자진흥과가 발굴한 사업의 후속 조치
- [투자개발팀, 3명] 애로사항 처리, 재투자 유도
- [총무팀, 4명] 인사, 연수, 자금, 경영정보시스템(MIS), 시설관리, 의전
- [법무담당관, 1명] 법률자문, IPA 승인 활동의 법률적 책임
- [CEO/이사회실, 3명] 비서 기능 포함, 최고경영자에 대한 자문, 민간투자업계와 정부 고위층 간 커뮤니케이션 채널 관리

● 기획전략팀

기획조정팀 또는 투자전략팀이라고도 하는데 IPA의 주무팀으로서 정책자문, 전략계획 수립, 연차보고서 작성, 정부 부처 및 국회를 대상으로 정책지원자료와 업무실적보고자료 작성, 이사회 회의안건 작성과 개최준비 업무 등을 담당한다. 정책자문과 함께 현지 투자자 동향, 국내산업 분석 등의 추가 업무에 비중을 둔다면 투자조사와 관련한 업무와 투자진흥팀의 홍보 업무를 통합하여 투자조사팀을 별도로 구성하여 추진한다.

● 투자진흥팀

잠재 투자자와 주요 미디어를 상대로 투자유치 지역에 투자의욕을 불러일으키기 위한 광고 및 홍보 캠페인 실시, 각종 홍보 출판물의 기획 및 발간, 투자사절단의 파견 및 유치업무 등을 주관한다. 투자진흥팀은 해외네트워크를 직접 관리하며 잠재 투자자의 접촉점으로 투자창출 활동의 주역이다. 투자진흥팀은 해외 잠재 투자자의 투자인콰이어리를 처리하면서 투자지역에 대

한 관심을 고조시켜 투자지역을 방문하게 하는 것을 최대 성과목표로 삼는다. 투자자 방문 후에는 투자서비스팀에게 업무를 이관하여 추진한다. 투자진흥팀의 담당자는 홍보전문가를 포함하며, 해외네트워크 관리 담당자를 지역별로 배치한다.

● 투자서비스팀

투자진흥팀이나 기타 수단으로 발굴한 투자유치사업의 후속 조치 업무를 담당한다. 투자서비스팀은 해당 프로젝트별로 담당자를 두는 이른바 프로젝트 매니저(PM) 제도를 운영하여, 투자 검토 초기 단계부터 투자 결정 최종 단계에 이르기까지 전 과정을 관장한다. PM은 투자자의 국적별로 배치하는 것보다, 산업별로 전문화하여 배치하는 것이 효과적이다. PM의 역할은 투자자가 입국하면 동행하여 투자대상지를 방문하면서 시작되며 투자자가 요구하는 정보의 제공, 공장설립에 대한 각종 인허가 업무를 안내하고 대행하여 준다. 중앙정부 소속 IPA는 상대적으로 해외 잠재 투자자를 발굴하는 투자진흥팀의 업무에 비중을 두고, 잠재 투자자 초청과 투자입지 방문 유도에 집중하며, 투자자가 입국한 후에는 중앙 IPA의 투자서비스팀과 함께 지자체의 프로젝트 매니저에 협력·지원 업무를 제공한다.

● 투자개발팀

기존의 투자자들이 재투자하도록 독려하고 지원한다. 이 팀은 기존 투자자들이 직면하고 있는 애로사항이나 문제점들을 해결하도록 지원하는 과정에서 공장 폐쇄나 축소를 결정하는 일이 없도록 하는 역할도 맡는다. 선진국과 우리나라도 추가투자나 재투자의 규모가 신규투자 규모와 비슷한 수준임을 감안하면 투자개발팀의 재투자 유치업무의 중요성은 크다고 하겠다. 투자개발팀의 고충처리 기능은 투자서비스팀에 흡수하여 추진하기도 한다. 이 경우는 투자서비스팀의 조직이 더욱 커질 것이다. 투자개발팀은 투자자의 기업경영활동 과정에서 부딪히는 고충 및 애로사항을 수집·처리해 줌으로써 기존 투자자에 대한 투자만족도 증대와 아울러 잠재 투자자를 위한 우호적 투자 환경을 조성하는 데 큰 역할을 한다. 우리나라의 Invest KOREA의 경우, 다른 나라의 IPA보다 고충처리 업무가 별도 조직으로 확대하여 옴부즈만과 옴부즈만 조직을 운영하고 있다. 따라서 투자개발팀은 조직돼 있지 않으며 종합행정지원센터에서 고충처리 업무를 수행한다.

● 총무팀

인사, 교육, 경리, 총무, 자산 및 건물 관리 등의 업무를 담당하며, 조직 내 경영정보 시스템의 원활한 가동을 지원한다. 조직이 작은 경우에는 기획조정팀에서 업무를 흡수하여 추진하기도 하나 인사팀과 함께 별도로 운영하는 것이 바람직하다.

● 법무담당관

투자유치기관에 대해 법률적 자문을 제공하며, 투자유치기관이 법률적 책임을 지는 라이선스 발급과 승인 업무를 담당한다. 계약서, 협약서 및 기타 법률 문서를 작성하고 검토하여 회사의 법적 권리를 보장한다. 또한 IPA의 법적 문제에 관련해 조언과 대안의 주체가 된다. 즉 조직 내 모든 구성원에게 법률 용어나 규정에 대한 설명을 제공하고, 필요한 경우 소송을 처리하고 회사를 대표한다. PA의 법무담당관은 이러한 임무를 수행함으로써 기관의 법적 리스크를 관리하고, 투자유치 활동이 법적으로 문제없이 진행될 수 있도록 지원한다.

● 최고경영자/이사회실

이사장의 기능은 이사회를 이끌고 IPA의 의사결정자인 최고경영자에 대한 지원과 자문역할을 한다. 이사장과 최고경영자는 별도로 임명되거나 채용될 수 있고, 또는 겸직할 수도 있다. 이사회는 민간 이해관계자와 정부 기관 또는 고위층 간 소통 채널을 효과적으로 유지, 제공하는 역할을 하는데, 이를 효과적으로 지원하기 위해 조직 내에 비서실과 이사회실에 관리 요원을 배치한다. 이사회실이 없는 경우에는 기획전략팀에서 그 일을 대행한다.

IPA의 인력 채용과 배치

투자촉진기관의 근무 요원의 자질과 전문성은 투자유치기관 운영의 성과와 운영 효율성에 직접적인 관계가 있다. 투자마케팅 활동을 추진할 인적자원을 구성할 때 고려할 요소는 첫째, 민간부문과 정부부문 출신의 직원들을 균형 있게 조합할 것, 둘째는 민간부문으로부터 직원 파견을 요청할 것, 셋째는 직원 확보를 위한 투명하고 견실한 채용정책을 운용할 것, 넷째는 내외부 교육연수활동을 통해 직원들의 자질 향상에 노력할 것 등이다. 각 항목을 세부적으로 검토하면 다음과 같다.

● 민간부문과 정부부문 출신 직원의 합동 근무

대다수의 IPA에는 공공부문의 직원들이 참여하고 있다. 이들은 공공부문에 대한 이해와 함께 실행력, 또한 진행 중인 정부 개발사업의 내역을 파악하는 데 높은 역량을 보유하고 있다. 타 부처, 정부 기관, 관련 기관 등에 인적 네트워크도 형성하고 있다. 한편 민간부문에서 채용한 전문가들은 투자자들과의 비즈니스 상담뿐 아니라 광고, 홍보, 마케팅 캠페인 활동에도 전문성을 발휘한다. 민간부문 직원들은 기존 공무원 수준보다 높은 급여를 받는다. IPA에서 채용 시 이들의 근무 기간을 특정 기간으로 고정하는 계약직 방식을 주로 사용한다. IPA는 투자환경 변화에 따른 IPA의 필요 인력충원을 탄력적으로 운용하기 위해 채용 기간을 연장하거나 종료할 수 있는 규정을 두고 있는데, 실질적으로 제도 미비와 운영 노하우가 부족하여 종종 그동안 경험을 쌓은 민간 계약직원을 잃게 되는 경우가 발생한다. 반대 상황으로 IPA를 계약직 직원들이 단순하게 경력관리를 할 수 있는 대상으로 인식하여 단기 직업으로 선택하는 경향이 있다. 이 두 경우 모두 잦은 이직에 따른 업무 효율성 저하를 가져온다.

● 민간부문에서 직원 파견

단기간에 직원의 자질을 높이기 위해 국내 전문 서비스회사, 예컨대 경영 컨설팅 회사, 회계법인, 외국은행 등으로부터 1~2년 기간 동안 전문직원을 파견받는 방법도 있다. 이 방법은 파견기업에도 매력적일 수 있는데, 그 이유는 파견직원들이 공공부문 환경에 익숙해지고 투자 절차와 규정을 충분히 숙지할 수 있으며, 정부 기관과 우호적 관계를 유지할 수 있기 때문이다. 영국의 파견직원 제도를 보면, 기본 급여는 투자유치기관에서 지급하고 파견회사에서 본래 받던 급여와의 차액은 파견회사에서 보충해 준다. 우리나라도 중앙정부와 지자체에 일반 기업체의 경력 직원들이 팀장 또는 전문요원으로 파견되어 활발한 활동을 전개하고 있다.

● 안정된 채용 정책

비록 단기적으로 우수인력을 민간부문으로부터 파견받는다고 하더라도 장기적으로는 전문적 지식을 갖춘 자체의 핵심 인력을 육성해야 한다. 이를 위해서 다음과 같이 채용정책 요령을 적용할 필요가 있다.

- 고위 임원이 공석일 때는 비록 내부에 적임자가 있더라도 채용 광고를 시행하고 공채 방식을 취할 것
- 경영진은 민간과 공공부문 출신으로 균형 있게 구성할 것
- 민간 대기업 중에서 단기로 직원을 파견할 의사가 있는지 조사하고 상호 인력공유의 관계를 유지할 것
- 투자유치기관이 신규로 계약직 직원을 채용할 때는 직무기술서를 활용할 것

직무기술서(job description)는 직무의 범위를 설정하고 있는데 상위 보고체제, 하위 관리범위, 외부기관과의 접촉업무, 직책 수행에 필요한 업무 지식 등을 포함하여 작성한다. 다음은 중간관리자로서 **투자서비스팀장의 직무기술서**를 예시한다.

- 팀 내 직원의 현재 업무량, 경험, 프로젝트의 규모와 난이도 등을 고려하여 각 신규 투자프로젝트별로 전담 직원을 지정함
- 특별히 민감하거나 복잡한 프로젝트로 이루어진 특별업무는 직원을 지정하지 않고 본인이 담당함
- 경영관리과와 연계하여 프로젝트를 모니터링하고 이를 상급자 및 이사회 업무 보고에 반영
- 잠재 투자자 또는 투자유치에 영향력 있는 인재와 교섭을 위해 국내외 출장 시행

다음은 **프로젝트 매니저의 직무기술서**를 예시한다. 프로젝트 매니저는 명칭에서 볼 수 있듯이 프로젝트별로 다르고 각각 독립적으로 시행하므로 각 분야의 전문성 있는 직원을 필요로 한다. 직무기술서 작성의 활용도가 큰 분야라고 하겠다.

- 특정 개별 투자프로젝트가 발굴된 시점부터 유치 성사될 때까지 전 과정을 담당함
- 잠재 투자자, 정부 관계부처, 지자체 관련 부서 등과 전문적 업무 연락과 관계 방안을 개발함
- 월간 추진현황 보고, 애로 및 현안 사항 보고 등 보고업무를 수행하고 보고서를 작성함
- 필요할 경우, 국내외 투자유치 출장 등을 실시하고, 투자자 입지 방문 서비스를 수행함
- 국내 경제 및 투자환경, 주요 관련 기관 및 단체 임직원과의 섭외력, 마케팅 또는 사업 실무 경력, 의사소통 능력, 데이터베이스 관리능력, 행사 기획능력, 영어 구사력 등 직무지식 및 노하우를 갖출 것

● 해외 대표부 및 에이전트 이용

IPA는 투자창출에 있어 잠재 투자자 발굴과 접촉의 용이성을 위해 해외사

표 3-6 IPA 해외 에이전트 임명 관련 계약 조항(예시)

1. 배경

1.1 에이전트가 ○○○ 국가(또는 지역)에서 IPA를 대신하여 우수한 사업기회를 창출하고 투자자 질의에 대한 신속하고 효율적인 대응, 사후관리 등 완성된 서비스를 제공하는 데 필요한 요건을 기술한다.

1.2 IPA의 임무는 해외에서 고객의 요구 만족과 효율적인 투자유치 활동을 추진하여 ○○○ 국가에 외국인투자유치를 촉진하는 데 목적이 있다.

2. 업무 범위

2.1 투자유치활동의 증대와 잠재 투자자의 요구에 대한 좀 더 나은 서비스의 필요성에서 IPA는 ○○○ 국가에는 현지 사무소 대표를 임명한다.

2.2 에이전트는 직접 마케팅을 포함한 투자유치기술을 활용하여 투자지역으로서의 ○○○ 국가에 관한 관심을 높인다.

3. 기본 실적치

3.1 에이전트는 다음과 같은 기본적인 실적을 확보하여야 한다.

- 직접 마케팅: 에이전트는 적어도 한 달에 300개의 목표 투자자에게 직접 편지를 보낸다.
- 이행: IPA 간행물을 홍보 도구로 활용하며 투자자 질의에 특별한 사유가 없는 한 24시간 이내에 응답한다.
- 텔레마케팅: 반응률을 높이고 투자지역 방문을 고취하기 위한 강도 높은 텔레마케팅을 수행한다.
- 투자자 방문: 3개월마다 본사의 IPA 간부가 6개 이상의 잠재 투자자를 방문하도록 조치한다.
- 투자자의 유치지역 방문: 한 달에 1건 이상의 투자자 방문을 유도한다.
- 투자유치 행사: 12개월 이내에 투자 유치지역에 대한 투자기회를 중점적으로 강조하는 2개 특수부문에서의 시장 자체 사업 세미나를 열고 최소 50명 이상 잠재 투자자가 참석하도록 한다.
- 업무 연결: 에이전트는 IPA의 목표 고객에게 접근할 수 있는 다른 중재자와 업무협력을 해야 하고 적절한 투자유치행사를 열기 위해 공동으로 비용 부담할 기회를 얻도록 노력한다.
- 기타: 에이전트는 본 조건과 IPA의 마케팅 책임자의 지시에 따라 엄격히 따라야 하고 언제나 IPA에게 최대의 이익이 돌아가도록 업무를 수행한다.

4. 계약기간과 소요비용

4.1 12개월이며 모든 비용을 포함하여 $△△△ 이내로 한다(실적 성과에 의한 책정).

5. 보고

5.1 프로젝트 개시 2주 이내에 에이전트는 업무계획서를 제출하며 동 업무계획서는 IPA 동의로 수정할 수 있다. 매달 보고서를 제출해야 하는바, 이에는 마케팅 활동, 유망한 사업과 프로젝트 내용, 투자자 방문/면담 내용, 투자유치 입지에 방문한 투자자 활동 현황 등 주요 실적치를 포함한다. 프로젝트 만료에 즈음하여 계약이 이루어진 경위를 상세히 담은 최종 보고서를 제출한다.

6. 경험과 자격요건

6.1 일반적인 외국인투자에 대한 적극적인 이해와 투자마케팅 기법에 대한 특별한 이해를 갖춘다.

6.2 IPA의 마케팅 전략과 임무에 부합되는 종합적이고 다면적인 마케팅 프로그램을 가시화 및 조직화하며 실행에 옮길 수 있는 능력을 갖춘다.

6.3 IPA의 목표 투자자에 대한 응대에 있어 폭넓은 지식과 접근을 보여 줄 수 있는 능력을 보유한다.

6.4 IPA의 투자유치 지역과 대상에 대한 전문 지식과 이해관계자 접촉에 대한 폭넓은 경험을 갖는다.

6.5 마케팅 지식을 IPA 요원에게 전수해 줄 수 있는 의향과 능력을 갖춘다.

무소를 설치·운영하고 있다. 해외사무소는 비용부담이 크므로 예산 제약을 겪는 IPA는 대안으로서 현지 에이전트 고용을 검토할 수 있다. 몇몇 나라는 비용 절감 차원에서 에이전트를 대사관에서 채용하게 하고 투자마케팅 업무를 부여한다. 그러나 이 경우에 대사관 업무와 겹치기 쉽고, 업무에 대한 성격과 접근법 차이, 구분되지 않은 결제시스템과 인사문제 등으로 비효율이 발생한다. 장소와 시설 임대 비용 측면에선 공관시설을 이용할 수 있으나 에이전트를 IPA가 직접 채용하고 관리하고, 다만 공관시설만을 이용하는 개념으로 추진하는 것이 바람직하다.

에이전트의 업무와 책임을 명확하게 규정하여 계약서에 기재하는 것이 향후 효과적인 에이전트 관리에 도움을 준다. 〈표 3-6〉으로 에이전트 임명과 관련한 계약서를 예시하였다. 예시한 **에이전트 고용 계약서**의 계약 기간과 소요비용, 실적치 등은 고정된 것이 아니며 IPA의 여건과 현지국 상황, 에이전트와 협상력 등에 따라 달라질 수 있다. 고용 계약서에 에이전트가 1인 전담 IPA 사무소로서의 활동 범위와 달성할 실적을 구체적으로 제시하고, 또한 상주 근무에 필요한 별도의 시설비용을 발생시키지 말아야 할 것을 계약서 내용에 포함시킨다.

“예시한 고용 계약서는 다른 직군의 전문가 채용에도 응용하여 적용할 수 있다.”

● 연수교육을 통한 직원 능력 향상

직원의 직무지식을 높이기 위해 개개인이 IPA 내, 또는 외부기관(대학, 전문교육기관 등)에서 일련의 교육과 연수과정을 이수하도록 유도한다. 내부과정은 신규 입사직원들을 대상으로 기본 직무교육(예를 들면, 컴퓨터 응용프로그램 다루기, 행정업무 처리, 프레젠테이션 기술 등)과 정보관리 교육(내부 이메일 및 정보화 시스템 등록 및 사용)을 실시한다. 외부과정으로서 교육연수 예산을 확보하여 직무교육 및 해외 투자업무 연수 파견 교육 등을 추진한다. 해외 전문가 연수 파견은 전문가 육성을 위한 교육적 측면도 있지만, 초급 직원에게는 애사심과 조직몰입도를 높여주는 동기부여 수단으로 활용한다.

IPA의 자원과 재정조달

정부는 신설 투자유치기관의 자생력을 확보해 주기 위하여 일정 규모 이상의 정부 예산을 투입한다. 필요한 자원과 재정의 규모는 직원 수, 급여 수준, 건물 임차료, 투자유치 캠페인에 할당한 소요 경비 등에 따르며, 국가나 지자체마다 사정이 다르다. 정부의 회계규정에는 예산은 해를 넘어 이월되지 않기 때문에 탄력적인 운영자금을 확보하기 위해선 기금을 법적 근거를 마련하여 운용할 수 있다. 기금 운용은 예산방식에 비해 많은 법적 제약이 따르며 모금 과정에서도 많은 어려움이 따를 수 있다. 단기적으로는 후원단체나 기관으로부터 후원금을 확보할 수도 있는데, 이해관계 충돌과 윤리에 저촉되지 않게 주의한다.

자체 수익사업으로 재원을 충당할 수 있는데, IPA의 서비스 성격상 이에 대한 비중은 매우 낮다고 볼 수 있다. 투자자에게 고급 정보 및 컨설팅 정보를 유료로 제공하거나, 투자실명회, 해외로드쇼, 콘퍼런스 등에 참가하는 개인과 기관에 대해 참가비를 받는 것이다. 하지만 무역과 수출의 촉진 사업과 달리 투자유치 수혜자는 정보 및 컨설팅 이용자, 이벤트 참가자 등이 아니라 정부나 지자체이다. 따라서 수익자 비용부담 원칙을 적용하여 볼 때, 운영비, 임금, 사업비 등 고정비용에 대해 대부분의 재정 충당의 원천은 정부와 지자체의 예산이 된다. 다만 특정 경비는 투자유치 파트너십 구축을 통해 부분적으로 조달할 수 있다. 프로젝트별로 은행, 법률법인, 회계법인, 컨설팅회사 등의 이해관계에 따라 기부금과 후원금을 지원받아 정보조사 및 자료발간 경비 등에 사용한다.

운영 및 관리시스템 구축

투자촉진기관의 사업추진과 행정업무 수행을 위해서는 내부 연간 사업 추진일정 개발, 통계 추적 메커니즘의 개발, 내부 규정과 절차의 수립, 충분한 정보기술 자원의 확보 등의 문제를 해결해야 한다. IPA는 순수하게 민간인력과 민간시스템을 바탕으로 설립할 수 있지만, 어느 형태로 설립하더라도 생산하고 제공하는 서비스는 공공재 성격을 갖는다. 또한 정부부문의 인력과 시스템, 특히 정부 예산이 투입되는 속성이 있어 궁극적으로 민간과 정부의 두 측면을 고려한 운영 및 관리시스템을 구축해야 한다. 이는 운영·관리시스템의 최적화에 큰 노력과 시간이 소요됨을 예측하게 하며, 출범 준비부터 세심한 주의를 필요로 한다고 할 수 있다.

● 연간 사업추진 일정의 수립

분기별 업무추진현황 보고, 연차보고서 작성과 같이 정기적으로 일어나는 업무활동 일정을 작성하는 것이 내부계획이다. 정기적인 업무활동들은 연간 사업추진 일정표에 반영하여 시기에 맞춰 완료되도록 한다. 연간 업무일정에는 신년도 사업계획 제출 일자와 연차보고서 발간 일자를 포함한다. IPA의 추진일정뿐만 아니라 정부와 관계기관의 일정계획도 참고로 표시하여 두는 것이 좋다. 만일 외부 후원기관으로부터의 기금을 받는다면 후원기관에 대한 사업추진 성과 보고 시점도 연간 일정표에 함께 표시한다. 또한 IPA 사업과 운영에 영향을 주는 정부의 중요한 의사결정에 대한 일자나 특정 산업의 대형 행사일정도 파악하여 관리한다.

● 통계추적 시스템 개발과 운영

통계추적 메커니즘은 투자현황을 파악하여 IPA가 신속하게 적절한 조치와 의사결정을 하기 위해 구축한다. 통계추적 시스템은 국가의 투자통계에 대한 공식적 발표와 함께 IPA의 경영정보시스템을 이용한 현재 진행 중인 투자인콰이어리에 대한 처리·관리사항을 포함한다. 투자통계는 IPA가 주관하는 사례도 있으나 주로 중앙은행이나 통계청 시스템을 이용한다. IPA가 투자통계를 주관하기 위해선 투자신고에 대한 법적 신고기관의 지위를 확보해야 한다. 투자인콰이어리에 대한 진행 및 정보 데이터베이스 구축은 행정업무의 효율적 관리와 함께 잠재 투자자의 요구사항, 특성 등을 정리하고 분석함으로써 향후 투자성약률을 높일 수 있는 바탕이 된다. 다만 통계추적 시스템 구축에는 큰 비용을 수반하며 또한 갱신을 수시로 하지 않을 때는 효과성이 크게 떨어지게 되므로 점검과 관리가 필요하다.

● 내부 규정 및 절차 수립

투자유치기관이 효과적으로 운영되기 위해서는 내부 규정도 필요하며, 또 결제시스템처럼 정형화한 업무 절차를 도입해 운용해야 한다. 내부 규정은 여비, 고객 접대, 외출, 병가 등 복무에 관한 사항, 채용, 평가, 승진, 보상, 징계 등 인사 지침, 연산편성, 집행, 결산 등 재무 및 회계규정 등 광범위하다. 특히 공공기관으로서 민간기업보다 엄격한 보안규정 마련이 필요하다. 부처의 내부조직으로 출범한다면, 이러한 내부 규정을 그대로 적용할 수 있어 시간과 노력을 절감할 수 있다. 부처의 독립기관으로 설립하는 경우는 공무원 내부 규정을 수정하여 도입하거나 민간기업이 내부 규정을 인용하여 추가한다. IPA 출범 초기부터 완벽하게 모든 내부 규정을 완성할 수 없다. 따라서 최대한 규정을 마련한 후, 만일 빠뜨린 규정이 있어 발생한 사안에 대해 직용문제가 발생한나면 이에 유사한 공무원 규정에 준하여 해석과 적용을 한다.

● 정보기술 자원의 확보

“변화하는 투자서비스 환경에서 IPA의 서비스 범위와 질적 수준을 높이기 위해 적극적인 AI 및 IT 기술 도입이 필요하다.”

IPA는 잠재 투자자, 중앙정부와 지자체, 파트너십 구성원 등과 효과적인 커뮤니케이션을 유지하기 위하여 최신의 정보통신 기술을 필요로 한다. 정보기술자원을 충분히 확보하지 않고서는 제대로 된 정보 서비스를 제공할 수 없다. 업무를 위해 사무자동화 환경을 구축하고 방문객 응대와 직원의 출장 지원을 위해 회의실에 빔프로젝터, 노트북 등 프레젠테이션 장비를 갖춘다. 화상회의 시스템은 해외 투자자와 소통 효율성을 높인다. 온라인 IPA 서비스를 위해 자체 웹사이트를 설계하고 구축하며, 이를 위해 외부용역 기관을 물색하고 함께 개발작업을 진행한다. 빅데이터 분석을 통한 투자유치전략의 수립과 성과 측정, 온라인 원스톱서비스 제공, 중요 투자정보 보호를 위한 보안 시스템 구축 등에 최신 정보기술이 활용된다. 따라서 이에 대한 기술력과 정보자원의 확보가 필요하다.

● 투자자 관계 관리시스템 구축과 운영

IPA는 투자자의 효율적 관리와 투자유치 유도를 위해 투자자 관계 관리시스템(Investor Relationship Management System: IRMS)을 구축하고 운영한다. IRMS는 일종의 고객 관계관리(CRM)의 일종으로 투자자 관계의 특수성을 고려한 기능을 제공하여 기업의 투자유치와 투자자 관리 프로세스를 최적화하는 데 중점을 둔다. IRMS의 주요 기능은 다음을 포함한다. 첫째, 투자자의 기본정보, 투자내역, 연락처 등을 중앙 집중식으로 관리하고 실시간으로 최신 투자자 정보에 접근할 수 있게 한다. 둘째, 투자자와 이메일, 뉴스레터 등 커뮤니케이션을 자동화하여 메시지 전파와 응답의 효율성을 높이고 투자자와 모든 접촉, 진행 상황 등을 기록하여 피드백의 효과성을 높인다. 셋째, 투자유치과정의 각 단계를 추적하고 실시간으로 모니터링한다. 투자자 관심사, 투자심리 분석 등 데이터 분석을 통해 투자유치 의사결정에 도움을 준다. IRMS는 특히 신설 IPA에게는 투자성약 성공 가능성을 높이기 위해 구축이 필요한 인프라이다.

4

외국인투자정책의 실행과 평가

01 이미지구축 마케팅관리

이미지구축 마케팅 주제 선정과 도구 개발

투자자들에게 투자 대상지역에 대한 긍정 이미지를 구축하는 것은 투자를 유도하고 결정에 이르는 투자마케팅 활동의 시작이다. 투자유치기관의 이미지구축 마케팅관리는 마케팅 주제의 선정, 그리고 이를 투자자에게 전달할 마케팅 도구 개발을 통해 진행한다. 마케팅 주제와 메시지는 투자자들이 원하는 것을 그 지역에서 제공해 줄 수 있다는 내용을 담아야 한다. **마케팅 주제**는 다음 사항을 유념하여 작성한다. 첫째, 투자자들이 원하는 것을 주제에 반영한다. 투자유치지역이 투자자의 사업운영 효율성을 개선하고 수익성을 높이는 데 적합하다는 내용을 주제에 반영한다. 둘째, **판촉포인트**(Unique Selling Proposition: USP)를 주제에 반영한다. 투자유치지역을 다른 지역과 차별화하기 위해서 그 지역의 판촉포인트를 발굴해야 한다. 판촉포인트를 찾기 어려우면 그 지역만이 가지고 있는 몇 가지 장점들을 통합해서 강조한다든지 혹은 투자유치 지원제도를 소개할 수도 있다. 셋째, 주제는 현실적인 내용을 다룬다. 마케팅 주제의 내용이 현실과 맞지 않고 과대 포장될 경우, 오히려 투자가들은 부정적인 인상을 받기 쉽다. 넷째, 주제의 일관성을 유지한다. 여러 개의 메시지를 전달하는 것은 좋으나 각 메시지 간 상충하거나 불명확한 경우에는 단 한 개의 메시지도 잠재 투자자에게 전달하지 못하는 경우가 발생한다.

이와 같은 마케팅 주제 원칙에 따라 **마케팅 메시지 작성**을 한다. 만약 투자유치 지역이 주변 유치경쟁지역보다 우수한 경쟁우위를 보유하고 있는 경우에는 개별 경쟁우위를 강조한 지역 간 비교를 한다. 가령 고급 IT 인력이 풍부한 경우에는 인력에 초점을 맞추고 인력수급 조건, 숙련도 등을 강조하며, 공항·항만 등 우수한 물류 인프라를 보유한 경우에는 여객 및 화물처리 능력 등을 명시하고 판촉포인트의 기반 자료로 강조한다. 그런데 어떤 지역은 투자자들에게 제공할 수 있는 여러 장점이 있기는 하나, 그것이 개별 판촉포인트 수준에는 못 미치는 경우가 있을 것이다. 이때는 개발패키지(development package) 방식을 활용하여 메시지를 설정한다. **개발패키지**란 투자지역의 여러 장점을 조합하여 하나의 메시지를 구성하는 것이다. '경제특구는 여러 가지 입주방식의 편의를 제공하고 있으며, 인근의 숙련근로자들의 고용에 유리합니다. 공장설립 등에 신속하고 편리한 행정 편의가 제공되며 세제 혜택 등 다양한 인센티브가 제공됩니다.'로 메시지를 구성하는 것이다. 이렇듯 개발패키지란 하나의 개별 요소로는 특별히 투자자들에게 설득력이 부족한 요소를 묶어 매력적인 메시지로 보이도록 구성한다.

"입지의 개별 판촉포인트가 부족할 때, 개발패키지 메시지를 활용한다."

마케팅 주제 설정 다음 단계는 이 메시지를 전달할 적절한 **마케팅 도구의 개발과 선택**이다. 어떤 도구를 선택하느냐에 따라 투자유치 활동의 효과가 좌우되기 때문에 주의를 기울여야 한다. 초기 단계에는 일반적인 홍보활동을 실행하고, 투자지역에 대한 인식이 높아지면 투자마케팅 활동 대상에 대해 개별 접촉을 통한 정보제공의 방법을 선택한다. 정보제공 도구는 잠재 투자자들에게 그 지역에 대한 인지도를 향상하게 하거나 특정 정보를 제공할 목적으로 사용된다. **정보제공 도구**는 브로슈어, 산업연구자료, 팩트쉬트, 뉴스레터, 시디롬, 웹사이트 등이 있다. 이들 도구는 광고 캠페인, 홍보 캠페인, 투자설명회, 해외로드쇼 등에 투자마케팅 촉진 재료로 사용한다.

브로슈어

인터넷, 웹사이트, SNS, 가상공간 등 마케팅 매체의 다양화와 새로운 기법들이 개발·확산하고 있지만, 홍보인쇄물이나 안내 브로슈어는 현재에도 유용한 기본적인 정보제공 도구이다. 수준 높은 고품질의 브로슈어는 투자유치기관의 전문성을 나타내주며, 투자자들이 투자유치기관에 기대하는 서비스 수준과 신뢰를 높이는 데 기여한다. 반면 부정확한 수치나 정보, 사진의 오류, 조악한 구성 등의 브로슈어라면 이와 반대되는 결과를 발생시킬 것이다. **브로슈어 제작 유의사항**은 다음과 같다. 첫째, 투자자용 자료에는 전문용어가 부득이하게 들어갈 경우라도 가능한 한 적게 사용한다. 전문용어를 사용할 수밖에 없다면, 주석을 달거나 별도로 풀어서 설명한다. 둘째, 한 종류의 브로슈어만을 제작할 것이 아니라, 투자형태별, 투자대상 산업별 등 투자자 특성을 맞는 여러 종류의 브로슈어를 함께 제작한다. 셋째, 홍보인쇄물이나 브로슈어를 작성할 때 신뢰할 수 있는 객관적 데이터만을 사용한다. 주관적이고 출처가 모호한 데이터 사용은 정보의 질을 떨어뜨릴 뿐 아니라 브로슈어 제공자에 대한 불신의 근거가 될 수 있기 때문이다.

다음은 홍보팀 실무 담당자 입장에서 **브로슈어 제작 요령**을 소개한다.

"기본 촉진도구인 브로슈어는 외부용역으로 제작하더라도, 홍보담당자는 기본적인 제작요령은 숙지하고 있어야 한다."

● 브로슈어 기획 및 기획사 선정

브로슈어 기획은 브로슈어가 어떻게 만들어져야 하는가에 대한 고민으로부터 시작하여 브로슈어 콘셉트, 구성, 내용 등에 대략적 밑그림을 그리는 것이다. 브로슈어 홍보 담당자는 완벽한 기획을 구상할 필요는 없다. 외부의 기획사를 지정한 후 전문가와 협의하여 함께 최종안을 확정하면 된다. 우선 브로슈어 제작 업무가 조직 내부 연간사업계획서에 있는지와 예산확인을 한다. 예산확인은 어느 명목으로 얼마까지 사업비를 쓸 수 있는지를 확인하는 것을 말한다.

다음 단계는 기획안 작성이다. **브로슈어 기획안 항목**에는 브로슈어 제작 목적, 제작 방향, 편집 방향, 제작 사양 등이 있다. 먼저 **제작 목적**은 정기 간행물인지 아니면 투자설명회/해외로드쇼와 같은 특정 이벤트에 사용할 목적인지를 밝히는 것이다. **제작 방향**은 홍보팀이 직접 제작할 것인지 아니면 외부용역으로 대행기관을 통해 추진할 것인지를 정하는 것이다. **편집 방향**은 어떤 부분에 초점을 맞출 것인지에 대한 결정, 그리고 **제작 사양**은 용지 크기, 발행 언어, 발행 부수, 면수, 색도 수, 제본방식, 인쇄방식, 사용용지 등에 관한 결정이다. 거래하는 기획사가 없다면, 인터넷 등에서 무작정 명단을 찾을 것이 아니라 인쇄물 작업을 해 본 사람에게 업체를 추천받고 업체의 평판을 물어보는 것이 좋다. 우수한 기획사 선정이 우수한 브로슈어 제작의 관건이 될 수 있다. 기획사가 선정되면 기획사에게 완성 마감 기한을 분명히 인식시켜줘야 한다. 또한 지속적으로 작업 추진과 중간 결과물에 관한 모니터링이 필요하다. 그렇지 않으면 제작 시기가 마냥 늦어져 필요한 용도, 즉 투자설명회 용도로 사용 못 하는 경우도 발생한다.

● 원고작성

원고작성 방법은 두 가지다. 직접 작성하는 방법과 원고의 내용과 관련 업무를 하는 해당 부서에 작성을 요청하는 방법이다. 일반적인 브로슈어라면 홍보팀에서 직접 작성하여도 무방하겠지만, 업무와 밀접한 사항이라면 해당 부서에 의뢰한다. **쪽별 브로슈어 구성(예시)**은 대략 다음 내용을 담고 있다.

- [앞표지 바깥 면] 투자유치기관의 로고, 브로슈어 제목, 마케팅 슬로건
- [앞표지 안쪽 면] 투자유치 지역의 지도
- [1쪽] 투자유치기관 대표 또는 장관의 인사말
- [2–3쪽] 투자유치기관의 조직과 업무, 투자지원 내용, 투자정보 제공 내용 등
- [4–5쪽] FAQ, 투자사례 소개, 기대이익의 설명, 투자유치 전략을 반영하는 산업별 투자 매력요인
- [6–7쪽] 외국인투자 추이, 산업별·국별 외국인투자 현황, 주요 외국인투자자 프로필 소개, 투자유치기관이 지원한 고객을 비롯한 실적 소개(최근 외국인투자 유치 현황, 고용창출 현황 등의 수치통계)
- [8쪽] 문화, 교육, 주거, 기후, 문화/여가 환경, 인터넷 및 정보통신 환경 등
- [뒤표지 안쪽 면] 주요 경제지표(인구, 인플레이션, 국민소득, GDP 성장률, 은행이자율, 실업률, 월평균 임금, 환율, 외환보유고, 수출입 실적, 법인세, 금융재정 보조금, 인터넷·통신 인프라 지표 등)
- [뒤표지 바깥 면] 투자유치기관 본사 주소, 연락번호, 웹사이트 주소, 해외지사 주소, 연락번호 등

● 시안·견적 요청

원고가 완성되면 전문 기획사에 연락해서 **시안과 견적을 요청**한다. 이 시점에는 원고를 완벽하게 끝내놓을 필요는 없다. 필름인쇄에 들어가기 전까지 계속 교정할 시간이 있다. 하지만 배열(layout) 전체의 변경을 요구하는 변동사항, 예를 들어 없던 항목을 새로 추가한다든지 하는 사항은 미리 끝내놓아야 한다. 이때 전화로 견적을 받지 말고 기획사 담당자와 직접 얼굴을 맞대고 논의하는 것이 좋다. 전화보다 더 자세한 이야기를 나눌 수 있으며 사용할 종이의 샘플을 보면서 종이 종류와 인쇄옵션 등 결정하는 것이 나중에 오해의 발생을 사전에 방지하는 요령이다. 종이 종류 확인과 인쇄옵션(종이의 종류와 두께, 색상 가짓수, 별색 사용 여부, 코팅 여부 등)의 지정도 중요하다. 이는 기획안에서 명시된 종이의 종류와 실제로 계약을 할 시점에서 지정한 종이 사양이 다르면, 비용의 차이로 인해 예산문제가 발생하여 계약이 늦어지고 일정을 맞추기가 어렵게 될 수 있기 때문이다.

● 본 작업의 시작

기획사와 **공동 작업의 내용**은 다음과 같다. 다음에 열거할 내용은 열거된 순서대로 작업이 이루어지지 않고 순서가 바뀐 채로 진행될 수 있다.

- **원고확정 :** 선정된 기획사에서 가지고 온 시안에 담을 원고를 확정한다. 확정하려면 각 해당 부서에 원고를 요청했건, 본인이 직접 작성했건 외국어 감수자의 감수와 원본의 오·탈자 교정을 거친 원고여야 한다.

- **색상선정 :** 전문가가 아니면 극단적인 색상변경은 웬만하면 자제하는 것이 좋다. 기획사에서 색상 리스트를 보여주면서 색을 선택하게 되는데 눈으로 보기에는 거의 차이가 없는 색상이 번호가 다 다르게 열 가지가 넘게 붙어있을 때도 있다. 모르는 것이 있으면 최대한 기획사에 물어보고, 선택한 색상의 번호를 기억한다.

- **오·탈자 교정 :** 시안에 대한 오·탈자 교정을 한다. 초벌로 교정한 결과를 기획사에 넘겨주면, 그 기획사는 다시 수정작업에 들어간다. 기획사가 수정된 시안을 다시 갖다 주면 최종적으로 오·탈자를 다시 점검한다. 이때는 특히 주의를 기울여야 하므로 혼자 교정을 보는 것보다는 시안을 세 부 정도 복사해서 동료 직원에게 검토를 부탁하는 것도 좋다.

- **레이아웃 점검 :** 가끔 기획사에서 출력한 결과물 중에 시안과 폰트가 달라지거나 사진이 이상하게 나올 때가 있다. 또한 색상 블록 간 줄이 삐뚤어질 때도 있다. 따라서 내용만 점검하지 말고 다른 부분에도 주의해야 한다.

- **색상보정 :** 기획사에서 가져온 시안(컬러프린터로 출력한 것)은 실제로 나올 인쇄물보다 색상의 대비가 훨씬 강하다고 보면 된다. 실제로 그 색상 그대로 인쇄한다면 눈이 피곤해서 읽을 수 없을 정도다. 최초 시안과 최종 결과물 사이에 나오는 교정지를 보고 색상을 가늠할 수 있다. 다만 교정지는 인쇄기로 인쇄하지만, 최종 인쇄 시 인쇄기 압력을 낮게 설정해서 인쇄하기 때문에 최종 인쇄물보다 색이 선명하게 나오지 않으므로 교정지만 보고 미리 최종 결과물을 속단할 필요는 없다. 만약 불만족 정도가 커서 아예 색 자체를 바꾸고 싶다면 그 작업은 인쇄소가 아니라 기획사에 부탁하여 다시 필름을 작성한다. 인쇄소에서 하는 색상보정은 미세조정일 뿐이기 때문이다.

● 인쇄 결정

인쇄는 기획처럼 여러 절차가 있는 것이 아니다. 단 한 번의 확인 절차가 모든 것을 결정하고, 또한 되돌릴 수 없으므로 더욱 신중해야 한다. 인쇄소에선 일단 두세 벌씩 전체를 뽑아서 실제 책처럼 만들어 준다. 레이아웃이나 색상 간에 핀이 맞지 않아 유령사진처럼 된 것은 없는지, 지정한 색상대로 나왔는지 점검한다. 신중히 보고 나서 이상이 없으면 최종적으로 인쇄를 승인한다.

산업연구자료, 팩트쉬트, 뉴스레터, 시디롬, 웹사이트

브로슈어 외에도 이미지 구축과 기타 투자촉진활동에 폭넓게 사용하는 정보전달 도구로서 산업연구자료, 팩트쉬트, 뉴스레터, 시디롬, 웹사이트 등이 있다. **산업연구자료**와 **팩트쉬트**는 투자자에게 입지 및 투자 기회에 대한 정보를 풍부하게 전달하는 데 제작 목적을 두며, **뉴스레터**는 정보전달을 통해 투자자 관계를 유지하는 것에 주안점을 둔다. 또 **시디롬**과 **웹사이트**는 브로슈어를 포함한 이들 정보 도구를 담는 매체로서뿐만 아니라 특유의 촉진 도구로서의 형상과 기능에 차별성이 있다.

● 산업연구자료

"산업연구자료 제작과정에서 얻는 최신 데이터는 뉴스레터, 브로슈어, IR 자료, 해외로드쇼 프레젠테이션 등에 활용한다."

산업연구자료는 특정 산업의 동향을 분석한 일종의 산업분석리포트이다. 산업연구자료는 투자유치를 위한 기본적인 홍보자료 중 하나이다. 잠재 투자자에게 산업연구자료를 제공하는 것은 주요 마케팅 메시지를 증명하고 지원하는 데 근거 자료로서 투자유치기관의 신뢰성을 높이는 효과가 있다. 증권사에서 주가 추이를 예상하기 위해 발간하는 업종별 증권분석 보고서와 유사하지만, 외국인투자 마케팅 홍보자료로서 산업연구자료는 이보다는 긍정적이며 미래적인 산업성장 매력도와 투자 기회에 초점을 맞춰 매거진 방식으로 편집하여 발간하는 것이 차이점이다. 따라서 시장규모와 성장률, 경쟁환경, 고객 행동 및 선호도, 기술동향, 규제 및 법적 환경 등 객관적인 지표와 함께 기존 업종에 투자하여 성공한 투자자의 미래 전망 인터뷰와 같이 우호적 메시지를 담은 내용을 포함한다. 투자유치기관 조직 내부에서 작성할 수도 있고 외부용역으로 작성할 수도 있다. 또는 외부기관으로부터 주요 데이터를 받아서 내부 직원이 편집 또는 재구성하여 발간하는 방법도 있다. 산업분석을 하는 과정에서 외부 전문가의 컨설팅이나 위탁조사를 의뢰하는 경우에, 결과물로 제출받을 데이터나 자료의 형태를 향후 투자홍보 웹사이트에 올릴 수 있도록 기존 데이터와 형식을 맞춰 발주한다. 수집한 데이터나 통계 수치는 다른 정보전달 도구, 즉 뉴스레터나 홍보 브로슈어에 기초자료로 활용한다.

팩트쉬트

팩트쉬트(fact sheet)는 투자유치를 목적으로 하는 마케팅 문서로, 특정 사업 제안이나 투자기회를 간결하고 명확하게 전달하는 데 사용된다. 일반적으로 한 페이지로 구성되며, 핵심 정보를 모아 효과적으로 전달할 수 있도록 작성한다. 팩트쉬트는 잠재 투자자가 관심을 가질 만한 유용한 데이터들을 선별하여 모아 놓은 것이다. 팩트쉬트는 제작하는 데 비용이 적게 들고 자료 업데이트도 어렵지 않아 외부 위탁 없이 자체 제작이 가능하다. 독자가 직접 보고 이해할 수 있도록 설계된 문서이므로, 정보의 정확성과 전달 방식이 매우 중요하다. 따라서 최대 2~3쪽까지는 허용하나 이를 넘지 말아야 하며 가능한 도표를 이용하여 표현한다. **팩트쉬트에 포함할 항목**은 다음과 같다.

“팩트쉬트 제작에 소홀한 경향이 있는데 비용이 적게 들고 활용도가 크므로 반드시 제작해 둔다.”

- 경제 및 산업정책의 요약
- 주요 산업 및 산업 분야(성장률, 세계 시장점유율 등 주요 지표)
- 외국인투자 규모(신고기준, 도착기준, 증가율 등)
- 무역통계(수출입 실적)
- 투자환경 정보(GDP, GDP 성장률, 인플레이션 추이 및 전망, 실업률, 환율, 상업은행이자율, 외환보유고, 국가신용등급, 외자유치 정부정책 요지 등)
- 투자유치 인센티브 제도(인센티브 유형과 수준)
- 고용 데이터(노동비용, 근로자 복지비용, 노동생산성, 임금정책, 노동조합 현황 등)
- 교육수준(경쟁지역 대비 교육수준, 전문대학·대학교의 등록학생 및 졸업자 수)
- 고객지원제도(수출용 원자재 수입관세 면제, 외국인근로자 소득세 면제, 관세청/세관 연락처 등)

- 관련 세제와 법률(법인세율, 부가가치세율, 개인 소득세율, 재산세, 이중과세방지협정 등)
- 외국인단지 입주조건과 비용
- 운송·유통(이용 서비스 안내, 운송비용 비교)
- 유틸리티 현황과 비용(전기, 수도, 통신 비용 등)
- 삶의 질(외국인병원, 외국인학교, 관광명소 등)
- 투자유치기관의 역할과 서비스(해외사무소, 유관 단체 주소 및 연락처)

● 뉴스레터

"뉴스레터는 잠재 투자자와 지속적 관계성 유지에 유용하지만, 형식적 제작으로 스팸메일로 처리되지 않도록 한다."

잠재적 투자가들에게 정확하고 최신의 투자유치지역 정보를 제공하는 도구가 뉴스레터이다. 뉴스레터는 투자유치지역에 대한 정보를 지속적으로 배포함으로써 목표 투자자가 투자지역에 관한 관심을 끌게 하는 데 목적이 있다. 뉴스레터는 통상적으로 연간 6회 정도 격월로 발간하고 특별한 이벤트가 있으며 특별판으로 한두 차례 추가하는 것이 적절하다. 너무 자주 배포할 때는 부담을 느껴 회피하는 성향을 방지하기 위함이다. 하지만 정해진 일시에 정기적으로 발송하는 것이 신뢰성을 높이는 방법이다. 뉴스레터의 내용으로는 투자자가 관심을 보이는 시장 상황, 인력수급, 노동생산성과 같은 주제나 유치대상 산업별 초점연구, 법규 및 규제 정보, 인센티브 변경 사항, 투자설명회와 같은 이벤트 정보 등 관심 분야를 균형 있게 다룬다. 기존 투자자의 성공사례를 인터뷰 형식으로 실어 현장감과 함께 객관성을 높이는 것도 추천한다. 주의점은 정보의 정확성과 일관된 메시지로 구성하되, 과도한 홍보를 지양하며 구독자의 개인정보 보호법, 스팸 방지법 등 규정법규를 준수하는 것이 필요하다.

● 시디롬

"CD는 해외로드쇼와 투자박람회의 판촉물로도 활용도가 크다."

CD는 많은 양의 정보를 담을 수 있고 편리하므로 판촉활동에 유용하다. CD 내용에는 주요목차를 담은 메뉴와 인덱스를 포함하고, CD 타이틀 겉표지에도 정보수록 목차를 표기하는 것이 좋다. CD는 인터넷과 멀티미디어 기술이 진보함에 따라 다른 홍보 도구에 비해 다소 중요성이 떨어진다. 그러나 사용이 간편하고 전통적인 매체로서 투자설명회 개최나 개별 상담 시 배포물과 기념선물로서도 여전히 효과적으로 사용될 수 있다. 다음은 투자유치기관 소개를 예로 한 **CD 제작에서 주의사항**을 정리한다.

- [간결성 유지] 상영시간은 7~8분 정도가 최적 시간이다.
- [비디오 클립 활용] 투자유치기관의 웹사이트에 등재 할 비디오 클립으로 활용한다.
- [유효 기간] 18~24개월간 지속해서 사용할 수 있는 비디오를 제작한다. 예를 들어 투자유치기관 대표나 장관을 등장시켜 제작한 후 얼마 되지 않아 대표와 장관이 바뀌면 다시 제작해야 하는 비효율성 발생을 방지한다.
- [케이스] 시디롬 케이스를 활용하여 지자체나 투자유치기관을 소개한다.
- [그래픽] 시인성과 많은 정보를 직관적으로 이해하는 데 강점이 있는 그래픽이나 캡션을 사용한다.
- [언어] 같은 콘텐츠로 여러 나라 언어판을 동시에 제작한다. 예컨대 영어판을 제작하고 시간이 흘러 나중에 변경된 통계 수치나 상황을 반영하여 다시 불어판을 제작하는 것은 소요비용 측면이나 메시지 일관성 차원에서 바람직하지 않다.

● 웹사이트

세계 투자유치기관은 인터넷을 운영 중이며 투자유치지역 이미지구축에 적극적으로 활용하고 있다. 온라인 이미지구축 활동으로서 홈페이지 내에 홍보메뉴를 설정하거나 독립된 홍보 웹사이트를 구축하여 잠재 투자자에게 다양한 정보를 제공한다. 인터넷을 활용한 홍보는 전통적인 오프라인 홍보에 비해 다음과 같은 **장점**이 있다. 24시간 365일 고객에게 대상, 장소, 시간에 제약 없이 홍보할 수 있으며, 정보의 배포, 보관 등에 홍보비용을 절약할 수 있고, 게시판, 질의·응답(Q&A)을 통해 즉각적인 피드백이 가능하다. 다만 웹사이트를 투자마케팅 대체수단이 아니라 보완수단으로 활용한다. 인터넷 활

> "웹사이트는 최초 접촉자에게 이미지와 신뢰성 형성에 중대한 영향을 미치므로, 고급스러움과 사용 편리함을 동시에 갖추도록 구축한다."

용과 다른 투자유치 마케팅활동을 결합할 때 유치성과가 높아진다. 새롭게 웹사이트를 구축한 경우라면, 일정 기간 웹사이트를 홍보하여 잠재 투자자와 이해관계자에게 인식시키는 과정이 필요하다. 오프라인 광고 및 뉴스레터 등을 통해 웹사이트 개설을 알리고 모든 자료에 웹사이트 주소를 표기한다. 인터넷 광고회사나 검색엔진 등을 이용하는 것도 좋은 방법이다.

외국인투자촉진기관, 즉 IPA 웹사이트는 투자유치를 위한 중요한 도구로, 잠재적 투자자들에게 필요한 정보를 제공하고 그들과의 소통을 원활하게 하는 역할을 한다. **IPA 웹사이트 운영 요령**은 아래와 같다.

- **네비게이션 직관화 :** 웹사이트는 사용자가 쉽게 탐색할 수 있도록 직관적인 구조를 가져야 한다. 주요 정보는 2~3번의 클릭으로 접근할 수 있도록 설계하여 방문자 만족도와 정보전달 효율성을 높여 사용자 경험의 최적화가 이루어지도록 한다.

- **콘텐츠의 유용화 :** 웹사이트에 제공되는 모든 데이터와 정보는 항상 최신 상태를 유지하여 투자자들에게 신뢰성 및 지속적 관심을 유도한다. 또한 특정 산업이나 비즈니스에 특화된 정보를 제공하는 연결 사이트를 운영하여, 투자자들이 필요한 정보를 한 곳에서 쉽게 찾을 수 있도록 한다.

- **정보의 시각화 :** 도표, 그래프, 지도 등 시각적 자료를 활용하여 복잡한 정보를 명확하게 전달한다. 사용자에게 정보의 이해도를 높이고, 사이트의 매력을 증가시키는 요인이 된다.

- **상호작용의 강화 :** 실시간 소통을 위한 라이브 채팅 기능이나 자동화된 챗봇을 통하면 투자자들의 질문에 즉각적으로 대응할 수 있다. 이는 사용자 경험을 향상하게 하고 투자자와 관계를 강화하는 데 도움을 준다.

- **검색엔진의 최적화 :** 검색엔진 최적화를 통해 웹사이트의 가시성을 높이고, 잠재적 투자자들이 쉽게 찾을 수 있도록 한다. 이는 웹사이트 방문자를 증가시키고, 더 많은 기회를 창출할 수 있다.

웹사이트의 홍보메뉴는 세분화할수록 좋다. **웹사이트 홍보메뉴 구성**은 지역정보, 중점유치산업 정보, 투자인센티브 정보, 투자성공사례, 보도자료, 홍보 자료실, 투자자 게시판, FAQ, 공지사항, 이메일 서비스, 접촉창구, 사이트맵 등으로 세분한다. 홍보 이벤트를 개최할 때에는 단순한 행사로만 그칠 것이 아니라 행사장면을 기록하여 인터넷에서 캐스팅할 수 있도록 한다. 웹 캐스팅 방법에는 비디오 캐스팅, 오디오 캐스팅, 슬라이드 쇼, 오디오 등이 있다. 마지막으로 꼭 지켜야 하는 **웹사이트 주의사항**을 열거해 본다.

- 지리적 위치와 시장진입에 대하여 지도를 활용하여 서술한다.
- 매력적이고 단순하며 검색하기 쉽도록 제작한다.
- 투자현황뿐 아니라 대표적 투자자와 투자 성공사례를 언급한다.
- 노동공급, 노동비용, 인프라, 기술 수준(R&D) 등에 대한 기본 정보를 충실히 담는다.
- 합작파트너 코너를 만들어 거래알선 기능을 둔다.
- 신뢰성 있고 지속적으로 업데이트한 정보를 제공한다.
- 투자 메시지가 효과적으로 전달되도록 비디오, 오디오를 최대한 활용한다.
- 정보전파 파급효과가 큰 제휴기관 및 보도기관에 링크를 걸어둔다.
- 이메일, 주소, 전화번호 등 연락처를 남긴다.

외국인투자유치 IR 활동과 투자상담회

투자자 관계(investment relations)를 의미하는 IR은 기업의 투자자 및 이해관계자에게 재무, 성과 등 경영상황에 대한 정보를 제공하는 것을 말한다. IR은 1953년 미국의 GE사에 의해 도입된 개념으로 초창기에는 투자자의 신뢰확보를 목적으로 기업정보를 제공하는 활동이었다. 최근 들어서는 그 영역이 확대되며 기업뿐 아니라 국가나 지방자치단체에서도 IR의 개념을 도입하여, 투자자와 관련된 일련의 모든 활동을 IR이라 칭하고 있다. 좁은 의미에서 IR은 주로 재무관리적 측면에서 주가에 긍정적인 영향을 미치기 위한 투자가 커뮤니케이션 활동이다. 실제 **IR 활동**은 재무적 기능 외에도 홍보적 기능, 전략적 목적 달성 기능 등 다방면에 복합적 기능으로 진화하고 있다. 즉 IR은 기업의 재무기능과 정보전달기능을 결합하여 기업과 투자자 사이에 우호적인 관계를 구축하고 나아가 기업의 목적을 달성하고자 하는 전략적이고 전사적인 외부자본 유치 마케팅활동이 기업 IR 활동이다. 이 점에서 넓은 의미의 IR은 기업 자체 혹은 조직의 일정 지분을 판매하는 마케팅활동으로 간주한다. 본서에서는 외국인투자 유치를 입지 마케팅이라 정의한 바 있나. 이에 **정부의 IR 활동**은 '국가나 지방정부가 외국기업을 자신의 입지에 위치시키기 위해 입지정보를 전달하고 외국 투자자와 우호적 관계를 구축하는 외국인투자 촉진 활동'으로 정의한다.

투자유치기관의 홍보활동을 IR과 대중 관계(public relations)인 PR로 나누었을 때, 일반적으로 PR 쪽이 대상 범위가 넓고 PR 활동에 의한 영향력도 크기 때문에 IR을 PR의 한 분야로 생각하기 쉽다. 그러나 IR은 지자체의 투자유치 결과에 직접적인 영향을 미친다는 점에서 불특정 다수를 대상으로 하는 PR과는 구분된다. **PR의 대상자**는 극히 대상 범위가 넓고, 다양한 입장과 관점에서 지자체의 투자입지에 관심이 있는 대중인 데 비해, **IR 대상자**는 투자입지에 투자한 후 지속적 이익창출이 가능한가에 관심을 가진 전문투자자이다. 따라서 IR 대상자에게 현재 투자유치 지역에서 제공하는 인센티브, 기업활동 인프라, 부품공급 현황, 소비자 시장 현황 등의 상황과 투자자 이익이 어떻게 연결될 수 있는지를 명확히 설명하여야 한다.

IR 활동이라 하면 곧 투자설명회(investment information meeting)를 떠오를 정도로 투자설명회는 IR의 핵심 활동이다. **투자설명회**는 투자유치 지역에 투자할 의사가 있는 잠재투자가들을 초청해, 보고하는 형태의 프레젠테이션을 말한다.

투자자와 개별 면담에 비해서 내용에 대한 수용성이 낮으나, 한 번에 많은 언론기관 종사자와 투자자를 초청하여 정보제공을 효율적으로 할 수 있는 것은 장점이다. 투자설명회는 개최하는 주체의 수에 따라서, 여러 투자유치 주체가 참여하는 합동투자설명회와 단독투자설명회로 나뉜다. 합동투자설명회는 참석하는 투자자들 입장에서 짧은 시간에 많은 투자처를 비교해 볼 수 있는 장점이 있다. 하지만 투자유치기관 입장에서 보면 광범위한 분야의 투자자가 참석하므로 특정 투자자에 대한 맞춤형 이미지구축이 어려운 단점이 있다. 특히 해외에서 실행하는 투자설명회를 해외로드쇼(overseas roadshow)라고 한다. 해외로드쇼는 일종의 투자설명회이다. 외국인 기업을 대상으로 하는 투자설명회는 국내보다는 해외에서 이루어지는 경우가 많다.

다음은 투자설명회 개최방법을 설명한다. 편의상 일반적인 투자설명회 개최방법은 **국내 투자설명회**로 칭하고, 해외에서 실행하는 투자설명회는 **해외로드쇼**라고 이름을 붙여 설명한다. 따라서 일반적인 투자설명회 개최 요령은 '국내 투자설명회'에서 다룬다.

국내 투자설명회

투자설명회가 성공적으로 개최되기 위해서는 사전에 충분한 준비가 필요하다. 설명회 개최의 목적을 명확히 하고 예산의 책정, 작업팀의 구성과 역할분담, 업무진행 스케줄의 작성, 개최일자와 장소의 선정·섭외, 발표자 선정, 제공자료의 제작, 프레젠테이션 도구의 기획과 제작, 예상문답집의 준비 등을 내외부 관계자로부터 협력을 구하고 계획일정을 수립하여 추진한다.

“국내 투자설명회와 해외로드쇼의 기본 업무는 동일하지만, 본서는 국내 투자설명회는 개별업무의 매뉴얼 방식으로, 해외로드쇼는 현지 출장시행 요령을 중심으로 작성했다.”

● 사전준비 및 행사기획

사전준비는 개최 여부 검토에서 시작된다. 결정으로 판명되면 준비팀을 구성한다. 먼저 **개최 여부 검토와 결정**을 설명한다. 투자설명회는 지자체의 투자유치에 많은 영향을 미치는 중요한 행사이다. 따라서 투자설명회의 개최에 앞서 그 타당성을 신중히 검토하고 개최 여부를 결정한다. IR 담당자는 투자설명회 개최와 관련된 다음의 사항들을 면밀하게 검토하여 개최방침을 확정하고 보고시스템을 통해 승인을 받는다.

- 투자설명회 개최의 목적과 기대효과
- 개최 시기와 개최장소
- 초청대상자
- 발표할 내용
- 발표자
- 준비일정
- 소요경비의 추정과 예산책정 등

투자설명회를 개최하기로 결정이 되면 곧바로 **준비팀 구성** 단계로 들어간다. 외부 전문가의 도움을 받지 않고 자체적으로 투자설명회를 준비하는 경우에는 IR 담당부서에서 조직 내 다른 부서의 협조를 받아 투자설명회 개최를 준비한다. 그러나 대부분 IR 전담부서의 규모가 작거나 없는 경우여서 외부전문가집단에 용역을 의뢰하는 경우가 다반사이다. 외부용역으로 추진할 경우, 준비팀은 행사주관팀(executive team)과 작업진행팀(creative team)으로 나누어 행사를 준비한다. **행사주관팀**은 기업설명회 자료의 구성내용을 제공하는 사내요원으로 구성된다. 이들은 작업진행팀의 업무수행에 필요한 자료 및 데이터를 제공하고 기업설명회 발표내용의 검증 및 행사준비과정을 감독·관리하는 역할을 담당한다. 기획과 예산관리를 담당하는 주무팀이라 볼 수 있다. **작업진행팀**은 외부전문가그룹으로 투자설명회가 성공적으로 개최될 수 있도록 자료의 제작과 행사의 준비를 담당하는 추진팀이다. 작업진행팀은 IR 컨설턴트, 분석가, 에디터, 디자이너 등을 구성원으로 하여 다음의 **작업진행팀 업무**를 수행한다.

- **설명회 메시지와 콘텐츠 개발 :** 투자설명회에서 제공하는 정보의 핵심인 메시지와 콘텐츠를 개발하고 선정한다. 행사주관팀이 제공한 각종 자료와 데

이터를 바탕으로 투자기관이 전달하고자 하는 투자마케팅 콘셉트를 개발한다. 조사분석, 투자 이야깃거리, 투자 가치 등을 발굴하여 투자자들이 올바른 투자판단을 할 수 있도록 메시지를 분석한다. 메시지와 콘텐츠는 행사주관팀과 토의를 거친 후 최종적으로 확정한다.

- **IR 자료의 제작 :** 투자설명회에서 사용할 IR 자료의 제작을 담당한다. IR 자료는 설명회 참석자에게 배포하는 인쇄물인 투자설명서와 프레젠테이션용 시각 도구 등이다. 투자설명서는 화려한 디자인보다 발표내용을 잘 이해할 수 있도록 체계를 갖춰 구성한다. 문장은 되도록 간결하게 하고 요점 위주로 정리한다. 발표할 시각 도구는 파워포인트 파일로 제작하거나 CD롬 타이틀로 제작한다. 발표자가 발표원고를 보지 않고도 발표할 수 있도록 편의성과 전문성을 함께 고려하여 만든다. 참석자들의 관심을 집중시키기 위해 시각적 효과를 적절히 가미한다.

- **초청대상자 목록 작성 :** 투자설명회에 초대할 해외투자자를 선별하여 명단을 만들고 초청장을 제작한다. 초청장 발송 후엔 참석 여부를 확인하여 최종 참석인원을 확정한다. 투자설명회에 참가할 인원이 확정된 후에는 장소 예약, 도우미 용역 계약 및 오리엔테이션, 행사장 비치물 준비 등 투자설명회 진행에 필요한 행사준비를 진행한다.

행사 업무의 범주는 크게 기획요소, 제작요소, 용역요소 등으로 구성을 나눌 수 있다. **기획요소**는 행사의 프로그램에 관계된 사항들로서 개최형태, 개최방법, 초청대상, 개최시기, 개최장소, 발표수단, 제공자료, 홍보계획 등이며, **제작요소**는 행사안내와 관계된 사항들로서 초대장 제작, 현수막 제작, 안내판 준비 등이다. 또한 **용역요소**는 행사의 진행과 관계된 사항들로서 영상장비 기사 및 용역발주, 행사장 도우미 섭외와 교육 등이다. 이러한 범주를 감안하여 빠짐없이 점검표를 작성하고 작업진행팀은 행사주관팀의 협조를 얻어 행사준비를 진행한다.

● 자료기획 및 제작

IR은 잠재 투자자에게 투자 관심 유도와 자극을 위해 투자지역에 긍정적인 이미지를 발굴하고 전달하기 위한 행사이다. 투자매력도를 느끼게 하는 이미지를 만드는데 무엇보다 영향력이 큰 요소는 IR 행사에 발표하는 **프레젠테이션 자료**의 수준이다. 발표자료의 수준은 자료를 어떤 방향으로 기획하고 자료에 어떤 내용을 담아내느냐에 달려 있다. 발표자료 제작의 기획요소는 자료의 내용구성, 주제와 부제의 결정, 디자인과 도표 활용 등이다. 자료의 내용구성은 전달하고자 하는 내용을 어떤 순서로 전달하느냐가 중요하다. 지자체가 강조하고자 하는 핵심적인 메시지를 효과적으로 투자자에게 전달하기 위해 일반사항에 관한 내용을 생략하거나 간단하게 취급한다. 목차구성도 세부내용과 함께 전체적인 자료 수준에 영향을 미친다. 따라서 효과적으로 내용이 전달될 수 있도록 목차의 구성에도 신경을 써야 한다.

프레젠테이션 자료에 대한 기획과 작성이 끝나면 발표장에서 참석자에게 제공할 **배포용 인쇄자료**를 기획·제작한다. 투자설명회이든, 개별 면담이든, 아니면 기자발표든지 구두설명과 영상정보만으로는 충분히 설명하고 내용을 완벽히 전달할 수 없다. 참석자가 반복해서 읽을 수 있는 인쇄물 자료는 확실한 정보전달에 도움을 준다. IR 인쇄물 자료는 특정 투자자를 대상으로 하는 투자설명서(information meeting book)와 포괄적 내용을 담은 홍보 브로슈어가 있다. 투자설명서는 배포 대상자가 명확한 데 비해 홍보 브로슈어는 그렇지 못하다는 데 차이가 있다. 투자설명서는 IR의 목적에 따라 다양한 형태로 제작되므로 IR 담당자의 창의적 아이디어를 기대하는 자료이다. 기재할 주요 **투자설명서 내용**은 다음과 같다.

- 입지의 일반사항과 인구 동태적 개요(지리적 위치, 면적, 인구, 교육수준 등)
- 국제적 이슈에 대한 현황(투자협정, 신재생에너지 협정 등)
- 현재 조성되어 있거나, 조성 중인 산업단지에 대한 설명(외국인투자지역, 반도체 클러스터 등)

- 중점적으로 추진하고 있는 산업 및 관련 입주기업(중점 정책산업과 해당 산업의 모범적인 투자 성공사례, 지역별 특성에 맞는 전략적 유치 기업군)
- 제공할 수 있는 인센티브(입지 지원금, 현금보조금, 조세감면 제도 등)
- 외국인 주거 환경(외국인 주거시설, 외국인학교, 외국인병원, 그 밖의 문화편의 시설)
- 인건비, 사회간접자본 등 기업활동 인프라(임금수준, 도로, 정보통신망, 물류비 등)
- 부품 공급, 제공할 수 있는 인력 현황 등(인적 및 물적 공급 사슬망 지원)

● 행사준비

행사의 준비는 작업진행팀이 주관한다. 행사장과 시설 및 기자재 예약, 초대장 발송, 도우미 용역계약 및 오리엔테이션, 행사장 점검과 예행연습, 그리고 당일 날 개최 전 점검 등에 대해 최소 한 달 전부터 일정표를 작성하여 단계별로 시행한다. 행사준비 일정표를 예시한 것이 〈표 4-1〉이다.

- **장소 예약 :** 투자설명회 일자에 맞추어 행사장소를 예약한다. 행사장소의 예약은 빠를수록 좋다. IR에 대한 개최방침이 확정되면 준비단계에서 우

표 4-1 행사준비 일정표

일 정	준비 및 진행내용
D-25	행사장 예약, 영상장비 임차 및 용역계약, 도우미 용역계약
D-20	초청대상자 선정, 발송명단 작성, 라벨 제작
D-15	초대장 제작
D-10	초대장 발송, 행사장 비치물 제작 및 준비의뢰
D -7	행사장 점검
D -3	참석자 확인, 제작물 수령(기업설명서, 발표도구, 행사장 비치물 등)
D -2	참석자 확정, 행사장 배포물 준비
D -1	예행연습, 도우미 교육, 영상장비 설치 및 테스트
D	**행사 시행**

선순위로 예약을 추진한다. 행사장소는 공간뿐 아니라 시설사용을 포함하여 초청대상자와 주최 측 쌍방에 편리한 장소로 조정하여 선정한다.

- **초청대상자 선정과 초대장 발송 :** 초청할 해외투자자의 발송명단을 작성하고 라벨링 작업을 한다. 초청대상자가 결정되면 부처나 자치단체장 명의의 초대장을 제작하여 발송하거나 초청공문을 만들어 행사개최일 1개월 이전, 최소한 7~10일 전에 발송한다. 초청장 또는 공문의 도착 시기를 감안하여 열흘 이전에, 또는 아무리 늦어도 행사 2~3일 전에 참석 여부를 확인하고 최종참석자를 확정·파악한다.

- **도우미 용역 :** 행사당일 초청장 접수 및 등록, 안내, 준비된 자료의 배포, 질의응답용 마이크의 전달 등 행사를 원만히 진행하는 데 필요한 도우미 확보를 위해 대행기관에 용역계약을 체결한다. 도우미 용역은 행사의 중요성과 진행절차에 대한 교육을 포함한다. 예컨대 복장, 태도, 수행할 업무에 대해 사전교육을 용역기관이 실시하게 하고 공동으로 점검한다.

- **행사장 비치물 준비와 점검 :** 행사 7~10일 전에 행사장에 비치할 현수막 제작과 행사장 안내 벽보를 준비한다. 호텔에서 행사를 개최하는 경우에는 현수막 제작과 안내판 준비를 호텔 측에 의뢰한다. 별도로 일반 행사장을 임차하여 사용할 때는 작업진행팀이 준비한다. 영상장비는 행사장에 따라 부대시설로 준비된 곳도 있고 그렇지 못한 곳도 있다. 만일 프레젠테이션에 사용하는 빔프로젝터가 준비 안 된 곳이라면 별도로 직접 준비한다. 대규모 장소라면 영상장비 임대용역을 주어 장비와 함께 설치기사를 섭외한다. 행사 2~3일 전에는 제작물(배포용 투자설명서 및 프레젠테이션용 발표 도구, 기념품, 홍보용 브로슈어 등)이 제대로 제작·준비되었는지 확인한다. 행사장을 방문하여 좌석의 배치와 시설물 등에 대한 점검을 시행한다. 미진한 부분이 있다면 용역업체나 현지 시설 대여업체들에 즉시 시정을 요구한다.

- **예행연습과 행사 당일 준비 :** 예행연습은 하루 전에 반드시 시행한다. 예행연습은 실제 행사가 진행할 때 맞게 되는 문제점과 보완사항을 미리 파악할 수 있으며, 유사한 돌발상황이 발생하더라도 이에 대한 대처를 간접적으로 경험하는 기회를 제공한다. 행사 당일은 행사 적어도 시작 3시간 전에 행사장에 도착하여 준비상태를 최종 점검하고 전체가 아니더라도 중요한 부분에 대해 예행연습을 실시한다. 여기에는 마이크, 빔프로젝터 등 장비점검도 포함된다. 준비해 온 배포물들, 즉 투자설명서, 홍보 브로슈어, 예상질문에 대비하여 문답집, 투자설명회에 대한 평가와 향후 IR 프로그램의 개선을 위해 설문지 등도 모두 갖춰져 있는지 확인한다.

● 투자설명회 시행

투자설명회의 실시는 행사기획에서 정해진 순서에 입각하여 진행한다. 투자설명회와 관련된 행사관계자와 발표자의 주요 역할은 다음과 같다.

- **진행요원 :** 행사진행요원은 행사 진행 30분 전에 정위치에 대기한다. 행사 시작 전까지는 행사장 조명을 밝히고 대기시간 중 조용한 음악을 들려주거나 홍보물을 상영한다. 행사가 시작하면 조명을 약하게 조정한다. 행사의 시작과 더불어 행사과정을 녹음하고 동영상 촬영을 한다. 발표자의 발표가 끝나면 다시 조명을 밝혀 질의응답(Q&A)이 원활히 진행되도록 한다.

- **도우미 :** 도우미는 접수조, 자료배포조, 안내조 등으로 구성한다. **접수조**는 접수대(reception desk)에 방명록, 사인펜, 명함 수령함을 비치하고, 초청대상자 도착 시 방명록 기재나 명함의 접수를 담당한다. 명찰을 준비한 경우에는 명찰을 찾아 초청대상자에게 전달한다. **자료배포조**는 접수가 끝난 초청대상자에게 준비한 자료를 전달한다. 행사종료 후엔 배포한 설문지를 회수하여 행사주관팀에 전달한다. **안내조**는 초청대상자를 좌석으로 안내한다. 초청 인사별로 라운드테이블이 정해져 있으므로 짧은 동

표 4-2 투자설명회 진행순서

내 용	시 간	담당자
행사장 준비	행사 시작 3시간 전	진행요원
행사장 정위치	행사 시작 30분 전	진행요원, 도우미, 사회자, 발표자
접수 시작	30분 전~시작 시간	도우미
행사시작 안내	5분 전	사회자
개회선언	1분	사회자
지자체 홍보	5~10분	발표자
인사 말씀	5분	투자유치단의 대표
내빈소개	5분	투자유치단의 대표
투자설명	30분	투자유치단의 대표
질의응답	10~20분	투자유치단의 대표 및 담당 실무자
폐회선언	1분	사회자

선으로 그곳까지 안내한다. 일반 참가자는 가급적 행사장 앞쪽에서부터 착석하도록 권유한다. 질의응답 시간에는 마이크를 전달하는 역할을 담당한다.

- **사회자 :** 초청대상자의 참석상태를 파악하여 적절한 시간에 행사 시작을 예고한다. 예정된 시작 시각보다 행사가 늦어지면 그 이유를 확인하여 양해를 구한다. 사회자는 행사 시작을 알리는 개회선언을 하고 행사 진행순서를 간단히 설명한다. 예정된 순서가 종료될 때마다 다음 순서를 안내하고 질의응답 시간에는 많은 질문이 나오도록 유도한다. 질의응답이 끝나면 공지사항을 전달하고 폐회선언을 한다.

- **발표자 :** 투자설명회는 지자체의 입지를 투자자에게 마케팅하는 자리이므로 발표자는 특별한 사정이 없으면 자치단체장이 맡는 것이 좋다. 국가

차원의 IR인 경우는 기획재정부 혹은 산업자원부 장관이, 때로는 IPA 단장이 발표자가 된다. 발표자는 별도의 연설원고를 준비해 발표한다. 발표자가 입지 투자정보가 담긴 프레젠테이션용 시각자료의 내용까지 발표할 수도 있고, 시각자료는 차석(부지사, 차관 등)의 담당자가 발표하기도 한다. 발표는 자신 있고 진솔한 자세로 한다. 발표가 끝나면 질의응답 시간을 갖는다. 질의에 대한 답변도 자치단체장이 하는 것이 바람직하다. 질의응답은 참석한 투자자들이 개별적으로 필요한 정보를 지역의 단체장이나 대표로부터 직접 얻을 기회이므로 잠재 투자자들에게는 매우 중요한 시간이다. 따라서 답변이 곤란한 질문에도 최선을 다하는 진지한 태도가 중요하다.

● 투자설명회 사후관리

투자설명회가 종료하면 설명회가 끝나는 것이 아니다. 투자설명회의 개최 목적은 궁극적으로 투자성약에 이르는 것이다. 투자성약율을 높이기 위해서는 투자설명회 이후 사후관리가 중요하다. 사후관리는 투자설명회 결과의 국내외 홍보까지 포함한다. 투자설명회 개최결과를 국내에 알리는 것은 지역 내 이해관계자의 우호적 여론 형성에 도움을 주며, 해당 지역 정부와 기관이 투자유치를 위해 노력한다는 인상을 주어 기존 투자자에게도 긍정적 신호로 작용한다. 감사편지 발송, 만족도 설문지를 분석을 통한 IR 활동의 피드백과 투자자 성향 분석, IR 실황 영상의 웹사이트 등록 등을 포함한다.

- **사후홍보 :** 투자설명회 내용을 보도자료로 만들어 언론기관에 배포하고, 지역 이해관계자에게 개최 보고회 등을 통해 홍보한다.

- **감사편지 발송 :** 참석자에게 자치단체장 명의로 감사와 지속적인 관심을 부탁하는 편지(thanks letter)를 작성·발송한다.

- **평가 및 보고 :** 사전에 배포한 설문지를 회수하여 투자설명회에 대한 투자자 성향을 평가하고 분석한다. 실제로 행사 당일 설문지 회수가 저조할 수 있으므로 행사종료 후 참석자들에게 추가로 연락하여 반응도 조사를 시행할 수 있다. 평가보고서는 향후 IR 프로그램의 개선에 중요한 자료로 활용한다.

- **웹사이트 등록 :** 투자설명회를 종료하고 나면 설명회에 참석하지 못한 투자자들이 투자설명회 내용을 알 수 있도록 발표현장의 동영상 촬영본을 웹사이트에 올린다. 이와 함께 발표자료나 진행내용을 다시 문서로 작성하여 함께 링크를 걸어둔다.

해외로드쇼

해외로드쇼는 국가나 지자체가 개별적으로 진행할 수도 있고, 또한 IPA가 주관하는 합동 해외로드쇼에 참가하여 시행할 수 있다. 해외로드쇼는 해외투자자와 직접 만나서 대화를 나누는 귀중한 기회이고, 경비도 많이 들기 때문에 국내 투자설명회보다 준비를 철저히 해야 한다. 해외로드쇼 참가를 결정하고 기획하는 단계에서 주요 고려사항은 해외로드쇼 참가목적과 취지, 전체적인 일정(대체적인 시기, 방문 도시 등), 출장 예정자, 설명내용의 요지, 예산 등이다. 전반적인 방침이 정해지면 내부 의사결정 제도(결제제도)를 통해 계획안을 확정한다.

해외로드쇼는 몇 개의 나라나 도시를 순회하면서 대규모의 설명회를 개최하거나 혹은 투자의사가 있는 기업을 개별 방문하여 면담하는 형식으로 이루어진다. 따라서 방문예정지 및 초청 투자자 수, 그리고 개별 방문 건수 등을 예산 규모에 맞춰 조정한다. 많은 인원을 초대하는 투자설명회는 대도시에서 광범위한 잠재투자자를 대상을 할 때, 소그룹미팅은 20명 내외의 중요한 소수 투자자와 의사소통을 꾀할 때, 그리고 개별 방문상담은 특정 투자자와 충분한 시간에 걸쳐 솔직한 의견을 교환하고자 할 때 활용한다. **해외로드쇼 진행절차**는 다음과 같으며, 이에 따른 **단계별 해외로드쇼 실시 사례**를 [그림 4-1]로 소개한다.

● 해외로드쇼 사전준비

● **장소와 일시 결정 :** 방문국과 방문 도시는 투자를 유치하고자 하는 산업과 관련한 기업이 많이 위치한 곳을 고려하여 IR 목표에 부합한 장소를 선정한다. 한 곳에서만이 아니라 여러 나라 여러 도시를 순방하는 순회로드쇼 방식을 취할 수 있다. 장소와 일시는 현지사정을 미리 충분히 조사한 후 결정한다. 먼저 국경일과 휴일, 휴가철, 지역 축제일, 종교행사 기간 등을 파악하고 이 기간은 피해서 정한다. 잠정적으로 일시가 정해졌다면 그 기간에 적당한 장소(행사장소 및 숙소)를 예약할 수 있는지 확인한다. 또한 행사 당일에 지역에서 큰 이벤트가 예정되어 있는지, 파업 등이 있는지 등을 지사나 관련 기관과 협력을 통해 파악한다. 최종적으로 설명회에 초청할 목표 참가자를 접촉하여 가급적 이들을 많이 참석할 수 있는 일정으로 방문할 도시와 일시를 정하고 회의장을 확보한다.

● **초대대상자 및 방문처 결정 :** 현재 해외에 직접투자를 하고 있거나, 투자의사가 있는 기업을 우선하여 선정한다. 초대 및 방문할 기업의 현재 상황, 즉 투자계획 또는 투자할 여력이 있는지 등을 조사하여 선정과정에 반영한다. 초대대상자에게는 초대장을 보내고 참석여부 회신에 기초해 참가자 명단을 작성한다.

● **연설문, 예상 문답집 작성 및 통역 준비 :** 연설문 원고를 만들기 위해 해외투자자가 어떠한 기회에 주목하고 있는지 조사한다. 연설문 문안 준비 시 투자자가 관심(업종, 정책변경, 인센티브, 투자대상 등)을 파악하여 내용에 넣는다. 연설문은 간결하고 명확한 혜택을 중심으로 작성한다. 많은 것을 한꺼번에 설명하려고 한다든지 질질 끄는 긴 연설은 역효과가 나기 쉽다. 설명은 짧게 하고 질의응답 시간을 길게 하는 것이 투자자의 기대에 부합한다. 예상 문답집을 사전에 준비하여 현장에서 질문자의 만족도를 높이도록 한다. 해외에서 투자설명회는 국내에서 개최하는 경우보다 특정 분야

그림 4-1 단계별 해외로스쇼 실시 사례(예시)

1단계 : 각종 매체를 이용한 현지 홍보

- 현지 상공회의소 및 유관기관의 홈페이지 등을 통해 행사계획을 홍보
- 교포신문 및 지역 언론사들에게 행사안내 보도자료를 작성하여 배포
- 현지 지사와 친분이 있는 현지 유력 인사들에 대해 개별 접촉하여 행사취지를 설명

↓

2단계 : 행사 장소 물색

- 현지 상공회의소 및 무역센터 등 현지의 대표적인 공공장소를 가능하면 임차하여 사용
- 행사 장소로 호텔시설을 이용할 경우 투자유치단의 숙소와 행사장을 동일 호텔로 선정
- 행사장과 숙소가 다를 경우 숙소는 대중교통수단을 이용하여 15분 이내 거리에서 선택

↓

3단계 : 행사 시간 선정

- 행사 참가자들의 편의를 위해 오찬을 병행할 수 있는 시간대를 선정
- 행사 진행 시 정보 전달의 효율성을 높이기 위해 본 행사 종료 후 식사를 시작
- 시간이 부족한 경우 식사 시간에 질의응답을 병행하는 것도 무방
- 세미나가 종료되고 10분 정도 휴식시간(coffee break)을 갖은 후 개별 상담을 진행
- 행사당일 시간 부족으로 인해 개별 상담을 진행할 수 없는 잠재투자자들에 대해서는 행사 다음날 오전 투숙호텔에서 별도 상담일정을 주선

↓

4단계 : 세미나장 배치

- 단상 근처 주 테이블을 설정하여 VIP 좌석 지정
- 여타 테이블은 적당한 간격으로 분산 배치
- 행사장 중앙 앞부분에 빔프로젝트 및 스크린 등 프레젠테이션 필요 장비 비치
- 단상 좌우측에 화보 판넬(easel)을 설치하여 전문성 있는 행사분위기를 조성

↓

5단계 : 개별 면담장

- 여러 기관(예를 들어 지자체의 투자유치기관)이 참여한 경우 가급적 소회의실 등을 입차하여 개별 상담장을 개설하거나 별개의 라운드 테이블을 준비
- 시설 제약으로 한 곳에 별개의 라운드 테이블로 개별 상담장을 만들 경우 테이블간 적정 간격을 유지함으로써 대화의 혼선 방지

↓

6단계 : 참가자 명패 비치 및 자료 배포

- 행사장 입구에 별도 테이블을 설치하여 참가자들의 명패를 비치
- 테이프의 명패는 성(姓)을 알파벳순에 따라 진열하여 혼란이 생기지 않도록 유도
- 명패 안쪽에 참가자 배포용 자료 비치(행사 참가 투자자들에게 설명할 프로젝트 관련 자료 등)

7단계 : 행사 시작 전 30분간 자유로운 간담회 시간 마련

- 행사장 입구의 공간을 지정하여 탄산음료, 커피, 차 등 간단한 음료를 제공(행사 참석자들이 일정한 시차를 두고 도착하므로 먼저 도착한 사람들이 어색하지 않게 배려)
- 참석자 간 명함 교환 등을 통해 행사장 분위기에 익숙해지도록 유도

↓

8단계 : 좌석 안내

- VIP 및 연사를 위한 좌석은 주 테이블로 지정하여 명패를 비치
- 나머지 참가자들은 자유 좌석제 실시(좌석 확인에 따른 혼란을 방지)

↓

9단계 : 프레젠테이션

- 효율적인 정보 전달을 위해 연사들이 시각자료를 사용할 수 있도록 장비 준비
- 행사 진행 시 행사장 관리자가 항시 대기하여 마이크의 볼륨, 커튼, 조명 등을 조정할 수 있도록 요청

↓

10단계 : 취재 지원

- 관심 언론기관을 초청하여 행사내용 취재를 지원
- 연사들 발표 내용에 대한 자료 패키지를 준비하여 기자들에게 제공
- 주요 인사와의 개별 인터뷰를 유도함으로써 심층적인 보도가 가능하도록 지원

↓

11단계 : 유력 투자자에 대한 지속적인 배려

- 행사 진행 중 유력 투자자들에 대해서는 지속적으로 관심을 표명
- 세미나 진행 중 관심 프로젝트 담당 지자체와 동석할 수 있도록 유도
- 세미나 내용관련 문의 사항 및 추가 요청 정보의 유무 등을 수시로 확인

↓

12단계 : 사후 관리

- 행사 종료 후 주요 참석자들에 대해서 늦어도 1주일 이내 감사편지 발송
- 행사 종료 후 유력 투자자들을 유신 접촉하여 관심 사항 및 향후 지원사항을 파악
- 필요 시 개별 면담을 신청하여 보다 세부적인 협력 방안 논의
- 유력 투자기업과 지속적인 접촉을 통해 회사의 특성을 분석하고 최종적인 투자결정 유도

에서 상세 질문을 받는 일이 많다. 관심이 있는 잠재 투자자가 설명회에 참석하여 궁금한 사항을 단체장이나 대표에게 직접 물을 기회이기 때문이다. 따라서 다양한 예상질문을 선정하고 답변자료를 준비한다. 국가나 지역을 대표하는 발표자는 연설과 발표, 그리고 질의응답까지 영어로 하는 것이 좋다. 그러나 반드시 그럴 필요는 없고, 연설문 정도는 가급적 영어로 하고 나머지는 동시통역으로 진행해도 무방하다. 동시통역은 로드쇼 출장자나 현지 직원, 또는 전문통역사에 의뢰하여 준비한다.

- **발표 및 배포자료 준비 :** 참석자가 설명내용을 충분히 이해할 수 있도록 발표문의 요약본 또는 전문을 배포자료로 준비한다. 프레젠테이션 도구로 OHP, 슬라이드 등을 사용했지만 PC의 활용도가 높아지고 멀티미디어 기법이 발달하면서 책상 위에 설치한 모니터 또는 노트북을 이용한 프레젠테이션이 일반화되었다. 따라서 화면상에 나타나는 문장을 간결하게 정리하고, 그림과 그래프를 사용해 시각효과를 높이는 방법으로 전달력을 높인다. 정보의 시각화는 이해를 쉽게 하는 이점 외에 참석자를 지루하게 않게 하면서도 다량의 정보를 간결하게 제공하는 장점이 있다. 프레젠테이션과 관련한 홍보자료들(사진과 모형 등)이 있으면 회의장에 전시하는 것이 좋다.

● 출발 전 준비와 현지 준비

- **출발 전 준비 :** 프레젠테이션용 발표자료의 내용을 시현하며 내용과 구성을 최종적으로 확인한다. 특히 오탈자 및 슬라이드 쇼의 순서와 효과가 맞게 들어가 있는지를 확인한다. 그리고 현지협력자와 연락을 취해 작업이 예정대로 추진되고 있는지도 점검한다. 항공편 이용 시, 몸에 지참하거나 휴대할 품목, 사전에 우송해야 할 품목, 현지조달할 품목 등을 구분하여 사전에 우송할 것은 미리 우송하여 현지 행사장 준비에 차질이 없도록 한다.

- **현지에서 준비작업 :** 행사장을 사전에 답사하여 점검한다. 현지 지사가 설치돼 있거나 협력자가 있다면, 답사를 대행하게 하고 분위기나 문제점을 파악한다. 현수막이 걸리는 위치, 프레젠테이션 및 영상기기의 정상적인 작동 여부, 라운드테이블 배열, 초청대상자 자석의 배치도 등도 확인한다.

해외로드쇼 진행과 사후관리

- **해외로드쇼 진행 :** 당일 아침에는 계획대로 준비가 되었는지 확인 점검한다. 투자설명회 진행 도중 예정되지 않은 일이 발생하면 준비한 대안으로 변경하거나, 아니면 임기응변으로 대처한다. 사전에 예행연습이 중요한 이유이다. 설명회의 진행 상황을 동영상 촬영으로 기록한다. 참석자에게 설명회 인상을 식사자리에서 개별적으로 청취하거나 설문지를 배포하여 받는다. 개별 방문의 경우에는 면담이 끝난 후 지자체에 대한 인상이나 IR의 평가 등을 문의한다. 그러나 IR의 성공적 개최보다 궁극적으로 투자의향 발굴과 유인이 더욱 중요한 IR의 목적임을 상기하고, 설문지 수거나 반응평가에 치중하여 잠재 투자자가 불쾌감을 느끼지 않도록 각별히 주의한다.

- **해외로드쇼 사후관리 :** 현지에서 해외로드쇼가 끝나면 설명회와 개별방문에서 진행된 내용을 정리하여 결과 보고서를 작성한다. 결과보고서에는 초청대상자 설문결과 분석내용 등 현지에서 습득한 정보를 포함하며, 이를 향후 언론홍보자료로 활용한다. 참석자에 개별적인 감사편지와 함께 현지에서 도움을 준 협회, 상공회의소, 관련 단체에 대해서도 공식적인 감사편지를 발송한다. 투자자 사후서비스로 투자설명회 질의응답 과정에서 불충분한 답변에 대해서는 자료를 작성하여 해당 잠재 투자자에게 이메일 또는 우편물로 송부한다. 현지 지사를 통해 참석자별 반응조사를 시행하고 유력 투자자인 경우에는 담당자를 할당하여 투자창출을 유도하는 사후관리를 진행하게 한다.

외국인투자유치 PR 활동

PR(public relations)과 홍보(publicity)는 동의어로 쓰이기도 하고 때에 따라서 구분하기도 한다. **홍보**는 PR보다 범위가 작은 개념으로 뉴스나 기사 등 대중매체를 이용하여 이미지를 높이는 것을 말한다. 이와 달리 **PR**은 적극적으로 고객, 정부, 국회, 시민단체 및 비정부기구 등 마케팅활동과 관련한 이해관계자들을 연결하고, 합법적인 로비활동, 대면접촉을 통한 설득 과정까지를 포함한다.[79] 본서에서는 혼용하여 사용한다.

"IPA의 촉진활동에서 횟수에 따른 비중은 PR〉IR〉광고 순서이며, 주로 PR과 광고는 투자전략/홍보팀에서, IR은 투자유치팀에서도 담당한다."

PR의 목적은 투자유치 지역에 대해 우호적인 대중 그룹을 형성하는 데 있다. 광고는 미디어, 즉 지면(신문)과 시간(방송)을 사서 자기가 하고 싶은 이야기를 일방적으로 전달하는 것인 데 비해, PR은 그 이야기들을 미디어가 요구하는 대로 포장해 미디어를 통해 전달한다. 따라서 PR의 차별성은 뉴스와 마케팅의 결합이라는 데 있다. 상업성을 공공성으로 포장하여 언론에 맞게 재해석하고 재구성하게 하는 것이다. 미디어를 통해 전달되는 정보는 개인이나 기업을 통해 전달되는 정보와 성격이 다르다. 왜냐하면 미디어에는 신뢰가 실려 있기 때문이다. 이 점에서 인위적 광고보다 대중에게 효과가 크다고 하겠다. 다음은 **광고에 대비한 PR의 장점**이다.

- 목표 신문이나 방송에 특별히 실리는 긍정적인 기사는 일련의 광고를 시행하는 것보다 더 많은 메시지를 전파할 수 있다.
- 전문잡지나 일간지 등에서 투자 관련 기사를 다루어 주면, 광고활동으로서는 얻을 수 없는 객관적인 신뢰성을 확보할 수 있다.
- 광고는 비용이 높은 데 비해 미디어를 이용하는 PR은 비용이 거의 들지 않는다.

PR은 투자자 관계로 번역하는 **IR**과 구별된다. IR은 기업과 기업에 투자한 투자자 간 신뢰를 구축하기 위해 기업정보를 공개하고 제공하는 활동이다. 〈표 4-3〉은 IR, PR, **광고 간 차이점**을 보여준다.

표 4-3 IR, PR, 광고 간 차이점

구분	IR	PR	광고
대상	• 기업투자 고객	• 불특정 다수의 일반 대중	• 특정 소비자
목적	• 기업 이미지 향상 • 신뢰성 확보 • 잠재 투자자 확보	• 인지도 제고 • 이미지 향상	• 매출액 증대 • 이미지 증대 • 시장진입
전달내용	• 투자 가치	• 기업 이미지 • 제품 이미지	• 제품 특성 • 제품 선호
전달방법	• 취약점도 전달 • 쌍방향 의사전달	• 장점을 집중적으로 전달 • 일방향 의사전달	• PR과 동일
객관성	• 중간	• 높음	• 낮음
비용	• 중간	• 높음	• 낮음

방송사, 통신사 등 보도기관은 지역 내 외국인투자유치의 추진현황과 결과뿐 아니라 투자유치 노력과 활동 등을 대중에게 알리는 매개수단이다. 지방정부나 IPA가 보도기관에 접촉하는 **언로 보도 경로**는 두 가지다. 하나는 능동적 접촉으로 보도기관에 행사를 개최하여 초청하거나, 다른 하나는 수동적 접촉으로 보도기관에 취재에 응하여 정보를 제공하는 취재대응 방식이다. 이때 주로 사용하는 PR 도구에는 **기획기사** 제공, **보도자료** 배포, **기자회견** 개최 등이 있다.

● 기획기사

투자유치를 위한 기획기사는 해외의 목표 시장에 있는 언론을 대상으로 한다. 몇 개의 언론 매체를 우선 접근 대상으로 선정하고, 이들 매체의 편집 방향과 보도성향을 고려하여 해당 매체에서 특집으로 기사화가 가능하도록 주요 메시지를 개발한다. 기획기사를 목표 시장별로 2~3개월 주기로 추진할 수 있도록 편집일정 및 계획이 담긴 **미디어 편집 달력**(media editorial calendar)을 준비한다. 기획기사는 인터뷰, 기고문, TV 다큐멘터리 등을 포함한다. 해외언론에 기획기사가 보도되면 국내 언론에도 이러한 사실 자체를 기삿거리로 부각하여 국내 홍보에 활용한다. 언론기관에서 기획기사를 유도하고 기획기사 작성 시 참고할 수 있도록 주기적으로 프레스 키트(press kit)를 작성하여 배포한다.

프레스 키트는 보도를 위한 기본 소개자료로서 투자유치지역의 이미지 및 투자 메시지를 일관성 있게 전달하여, 투자유치 지역에 대한 긍정적 보도 시 참고자료로서 활용하게 하는 것이 작성 목적이다. 프레스 키트에는 기존 투자자들의 성공 경험, 지역 경제발전 소식, 투자의 기대이익, 주요 투자환경, 이전에 이와 관련한 국내외 평가자료 및 보도물 등을 포함한다. 이와 함께 정기적인 투자유치기관의 활동 현황, 투자유치와 관련한 주요 기관의 연락처 등도 덧붙인다. 해외 매체인 경우에는 국문과 함께 영어를 포함한 다국어 프레스 키트를 배포한다. 최초 작성된 프레스 키트는 정기적 업데이트가 이루어져야 하며, 배포 횟수는 1년에 4회 정도 이상으로 작성하는 것이 바람직하다.

● 보도자료

"보도자료 담당자는 내부 결제 과정이나, 투자자 기밀보호 조치에 있어 보수적으로(신중하게) 업무를 추진한다."

보도자료를 만들기 전에 먼저 **유의할 사항**이 있다. 투자유치 프로젝트는 완전히 계약이 성사된 시점에서 언론에 보도될 수도 있으며 진행 중에 발표될 수도 있다. 단 진행 중인 경우, 정보가 누출되어 프로젝트 성사에 영향을 줄 경우가 있으면 언론 보도를 해서는 안 된다. 진행 중인 프로젝트를 언론에 공개할 경우는 최종 계약에 부정적 영향을 받지 않으며, 이해관계자로부터 발표에 우호적 평가를 받아야 할 경우에 국한한다. 보도자료에 대해 계약 참여자 및 이해관계자의 사전 동의가 이루어지면 보도자료를 작성한다. 보도자료를 홈페이지에 등록하는 경우에 일반 독자들이 수요자가 되나, 대부분 언론기관에 다시 가공되어 기사화됨으로써 일반 독자가 기사를 읽어 소식을 접하게 된다. 따라서 3~5장의 보도자료를 기사문 형식으로 별도로 작성하여 언론기관에 함께 제공한다. 본문인 기사문은 1~2장을 넘지 않도록 작성하고 참고자료는 별지로 처리한다. 기사문 작성은 표제, 전문, 본문, 연락처 구조로 작성하되, 기자와 편집자의 이해를 돕기 위해 사진 자료, 통계

데이터 등 관련 자료를 최대한 제공한다. 제공할 보도자료는 다시 기자와 편집자 손에서 최종 기사로 재작성되므로 일반 독자가 이해할 수 있는 수준의 완결성을 갖기보다는 언론기관이 기사를 작성하는데 바탕 자료로서 가공될 수 있도록 내용 전달에 초점을 맞춰 작성한다. 보도자료는 독자의 관심과 중요성 순서대로 게재하되 명료성, 간결성, 객관성을 바탕으로 2쪽(14폰트) 이내 작성하며 다음 형식을 포함한다.

- **표제 :** 독자가 뉴스의 가치를 한눈에 발견할 수 있도록 작성한다. 부제를 적절히 활용하여 독자나 편집자에게 정보를 준다.

- **요약 :** 기사의 내용을 두 세줄 정도로 요약한 것으로, 가장 중요한 정보와 본문 내용을 간추려 첫 줄부터 기술한다. 작성은 육하원칙을 적용하여 작성한다. 요약만 읽어도 본문을 거의 이해할 수 있게 줄여 쓰되, 흥미를 유발하도록 하여 본문까지 독자가 멈추지 않고 읽을 수 있도록 유도한다.

- **본문 :** 기사의 본론에 해당하며 가급적 짧은 문장으로 나눠 기술한다. 내용이 길어지는 부문에 대해선 첨부 자료로 처리하여, 기자나 편집자가 지면에 맞춰 분량을 조절할 수 있게 한다.

- **연락처 :** 언론기관이 내용에 관한 확인 또는 의문 사항 발생 시 접촉할 수 있도록 작성자 또는 응대할 수 있는 담당자의 이름과 연락처를 기재한다.

보도자료는 동시에 언론 매체에 노출되어야 한다. 그래야 더 많은 언론기관과 매체에서 기사화할 수 있다. 따라서 반드시 작성 일자와 게재희망 일자를 표시하여 배포한다. 최소한 2~3일 전 언론기관에 배포하여 언론사의 편집회의 때 반영하게 한다. 보도희망 일자는 **시한부 보도금지**(embargo)의 경우를 제외하고는 **긴급보도**(For immediate release)라고 표시한다. 일반적으로 시한부 보도금지 방식이 대부분을 차지한다. 단신의 경우 다음날 조간신문에 실리는 것을 목표로 할 때는 최종 마감 시간이 오후 2~3시임을 고려하여 오전 중에 배포하도록 한다.

작성된 보도자료는 홍보부서 및 투자유치 담당조직뿐만 아니라 경영층에 보고하여 내용에 대한 검증을 받는다. 보도자료의 내용이 조직의 전체 전략과 배치되면 조직에 대한 신뢰성을 상실할 수 있으므로 상급자 또는 상부조직의 확인을 반드시 거쳐서 보도자료 내용을 최종 확정한다.

• 기자회견

사안의 중대성에 따라 단순 보도자료 배포가 아닌 기자회견을 개최한다. 기자회견은 주로 대형프로젝트를 유치하는 경우와 같이 기사 가치가 클 때 개최가 가능하다. 기자회견은 간단한 내용 발표와 함께 참가한 기자단과 질의응답 방식으로 진행한다. 이때 사전에 기자들의 이해를 돕고 미처 참석 못한 기자를 위해 보도자료를 현장에서 배포한다.

기자회견장에서 배포하는 보도자료의 작성요령은 일반적인 보도자료 작성방법과 대동소이하다. 발표자는 회견 후에는 기자들의 질문에 충분한 답변을 할 수 있도록 각종 참고 자료와 예상 답변 자료를 준비한다. 기자회견은 우호적인 투자환경을 조성하고 진행 중인 투자프로젝트의 성공적 마무리가 목적이라는 점을 고려할 때, 혹시라도 불리한 기사가 게재되는 것을 막는 데 주의를 기울여야 한다. 해야 할 일과 하지 말아야 할 일 등 **인터뷰 요령**을 다음과 같이 정리한다. 먼저 **해야 할 일**이다.

- 신문이나 저널지의 특성에 대해 사전에 조사해 둔다.
- 보도하고자 하는 주요 내용을 4~5가지로 요약해 둔다.
- 인터뷰 전에 기자들에게 질문 요지를 요청하여 받아둔다.
- 기자회견장에서 질문에 대한 답변은 가급적 간략히 한다.
- 프레스 키트와 같은 참고자료(신뢰성 있는 데이터)를 제공한다.
- 우호적인 뉴스거리를 중심 내용으로 전달한다.

- 기자들의 모든 질문에 대하여, 신중하고 침착하게 대응한다.
- 오프 더 레코드(Off–the–Record)란 발언은 하지 않는다.

다음은 **하지 말아야 할 일**이다.

- 기자들에게 사전에 질문 요지를 요청하지 않고서 인터뷰를 하지 않는다.
- 개인 의견임을 전제로 말하지 않는다.
- 잘 모르는 내용이면 질문에 즉시 대답을 하지 않는다.
- 진행 중인 투자프로젝트에 대해 투자자들이 동의하지 않은 부문은 말하지 않는다.
- 보도기관의 규모, 종류, 중요성 등에 따라 기자를 차별하며 응대하지 않는다.
- 정보의 출처가 불분명한 답변을 하지 않는다.
- 가급적 영어나 전문용어는 사용하지 않는다.
- 선전적 어구, 과장된 표현, 화려한 수식 등을 피한다.

디지털 PR

디지털 PR은 디지털 도구를 이용한 PR 활동을 말한다.

"디지털 PR에 대한 수요와 요구가 증가하고 있어, 이에 대한 각별한 대응과 노력이 필요하다."

디지털 PR은 오늘과 같은 디지털 시대에 IPA가 투자자들에게 더 효과적으로 접근하고, 신뢰를 구축하며, 투자유치에 필요한 정보를 제공하는 데 중요한 역할을 한다. **디지털 도구**는 IPA의 현대적인 전문성을 보여주며 투자자들에게 필요한 정보를 효과적으로 제공하여 투자결정을 촉진하는 데 중요한 역할을 한다. 해외에 있는 잠재 투자자에게 특히 IPA의 웹사이트와 온라인 투자가이드는 투자과정의 첫 접점이 되는 경우가 많다. **이미지구축 활동에서 디지털 PR**은 다음과 같이 추진한다.

● 웹사이트 최적화

웹사이트 최적화란 IPA의 웹사이트를 투자자 중심으로 설계하여 투자자가 검색 시 검색엔진이 최상단 또는 클릭을 유도하게 하며, 관련 정보를 쉽게 찾을 수 있도록 설계하는 것을 말한다. 이를 위해 다음과 같은 요령으로 **투**

자자 검색 최적화를 구현한다. 잠재 투자자들이 사용할 만한 관련 키워드와 문구를 조사하고 웹사이트 콘텐츠와 연계한다. **검색 키워드**는 재무 용어, 투자 기회, 시장 동향 등 투자현장에서 필요로 하는 콘텐츠를 쉽게 검색할 수 있도록 최적화한다. 최적화는 비단 검색의 편의성만으로 구현되는 것은 아니며, 궁극적으로 콘텐츠의 질을 높여야 투자자 검색 최적화의 완성도가 높아질 수 있다. 투자자들에게 유용하고 정보가 풍부한 콘텐츠를 지속적으로 제작하는 것이 중요하다. **콘텐츠의 질**을 높이기 위해서는 학술자료, 데이터 기반 연구, 사례 연구 등을 활용하여 콘텐츠의 권위를 높이도록 한다. **웹사이트 구조 및 백링크**를 최적화에 반영한다. 웹사이트 속도를 최적화하고 모바일 반응형 디자인을 적용하여 어느 단말기에서든 접근할 수 있도록 한다. 사용자 친화적인 네비게이션 및 정보 트리(tree) 구조를 구축한다. 또한 관련 웹사이트, 블로그, 온라인 디렉토리 등에서 양질의 백링크(backlink)를 확보하고, 관련 업계 인플루언서와의 협력을 통해 백링크를 유치한다. **정기적인 검색엔진 모니터링 및 최적화**를 실시한다. 검색 트렌드를 주기적으로 분석하여 투자자 검색 최적화 전략을 조정한다. 웹사이트 성과를 지속해서 모니터링하여 개선에 반영한다. 이러한 투자자 검색 최적화 요령을 적용하여 검색엔진 결과에서 가시성을 높이고 관련 투자자들의 유입이 증가하도록 노력한다.

● 온라인 PR 활동

온라인 PR 활동에는 온라인에서 투자자에 대한 정보 제공, 온라인 도구를 통한 이미지 홍보, 온라인으로 성공적 투자사례 전파 등을 포함한다. 즉 온라인 투자가이드를 통해 투자기회, 사업비용, 규제환경 등에 대한 정보를 제공하고, 온라인 산업용지 은행, 투자 포털, E-커머스 진단 도구 등으로 투자 대상물에 대한 이미지를 홍보하며, 주요 투자프로젝트와 성과를 온라인 채널을 통해 적극적으로 전파한다. **개별 온라인 PR 활동사례**를 간추리면 다음과 같다.

- **온라인 뉴스 배포 :** 주요 투자프로젝트, 성과, 정책 변화 등에 대한 보도자료를 온라인 뉴스 플랫폼에 배포한다. 뉴스 배포 시 키워드 최적화를 통해 검색엔진에서의 노출을 증가시킨다.

- **블로거, 인플루언서 협력 :** 인플루언서의 소셜 미디어나 블로그를 통해 투자 기회를 홍보한다. 유력 인플루언서, 파워블로거, 투자 분야의 전문가, 유명 기업인, 경제 분석가 등과 협력하여 투자환경에 대한 긍정적인 메시지를 전파한다. 게스트 포스팅을 통해 관련 업계 블로그나 웹사이트에 전문성을 보여주는 글을 기고한다.

- **온라인 평판 관리 :** 투자자 리뷰 사이트, 포럼 등을 모니터링하고 적극적으로 대응한다. 긍정적인 피드백을 강조하고, 부정적인 의견에 대해서는 전문적으로 대처한다.

- **온라인 이벤트 및 세미나 개최 :** 투자설명회, 시장 분석 세미나, Q&A 세션 등을 온라인으로 개최한다. 지속적인 홍보효과를 얻을 수 있도록 녹화본을 홈페이지와 유투브(YouTube)에 공개한다.

- **온라인 광고 캠페인 :** 구글(Google Ads), 링크드인(LinkedIn Ads) 등을 활용하여 타겟 투자자에게 광고 메시지를 전달한다. 이때 광고 콘텐츠로서 가상 투어 및 360도 영상, 데이터 시각화 및 인포그래픽 등 온라인 도구를 적극적으로 활용하여 정보 전달력을 높인다.

- **소셜 미디어 활용 및 이메일 마케팅 :** 엑스(X/Twitter), 링크드인(LinkedIn) 등 전문 네트워크를 통해 투자 관련 정보와 기회를 공유하고, 이메일을 마케팅 도구로 활용한다. 이들의 구체적 실행 방법은 소제목으로 다시 기술한다.

● 소셜미디어 활용

IPA는 소셜 미디어를 효과적으로 활용하여 외국인투자자들의 관심을 끌고, 투자유치 가능성을 높인다. 잠재 투자자들이 자주 사용하는 소셜미디어 플랫폼을 파악하고, 정기적인 포스팅, 실시간 상호작용, 시즌별 캠페인 등을 추진하여 투자대상물의 브랜드와 인지도를 높인다. **소셜미디어 추진 요령**은 다음과 같다.

- **플랫폼별 차별적 접근 :** 링크드인은 산업별 전문적인 네트워크를 구축하고 관련 그룹에 참여하여 전문가와 소통하며 투자기회 공유와 확산을 유도한다. 트위터는 실시간 투자정보 업데이트를 통해 잠재 투자자와 뉴스를 공유하며, 투자 기회 및 이익과 관련한 해시태그를 사용하여 가시성을 높인다. 페이스북/인스타그램(Facebook/Instagram)은 시각적 콘텐츠를 활용하여 성공사례와 투자기회를 강조한다. 유투브는 투자자 증언과 지역의 투자 이점을 보여주는 비디오를 제작한다.

- **투명성 및 정보 공유 강화 :** 소셜 미디어를 통해 투자자들이 경험과 생각을 공유할 수 있게 하여 투명성을 높인다. 투자정보, 규제정책, 시장동향 등을 실시간으로 제공하며, 투자자 증언, 성공 사례, 지역의 장점 등을 강조하는 콘텐츠를 제작한다.

- **커뮤니티 구축 및 참여 유도 :** 투자자들이 서로 소통하고 정보를 교환할 수 있는 온라인 커뮤니티를 만들고, 댓글, 메시지, 라이브 세션 등을 통해 잠재 투자자들과 직접 소통한다.

- **데이터 기반 최적화 :** 소셜 미디어 분석 도구를 사용하여 캠페인 성과를 측정하고 피드백을 하여 성공적 투자유치를 위한 디지털 마케팅전략을 지속적으로 개선한다.

● 이메일 마케팅

IPA는 이메일 캠페인을 통해 잠재 투자자들과 지속해서 소통하며, 투자기회에 대한 관심을 유지하고 촉진한다. 각 캠페인은 투자자의 관심 사안에 맞춰 개인화되어야 하며, 명확한 가치 제안과 행동 유도를 목적으로 시행해야 한다. **이메일 마케팅의 유형**을 다음과 같이 제시한다.

- **환영 이메일 캠페인 :** 새로운 잠재 투자자에게 IPA와 함께 투자 기회를 얻을 수 있다는 '웰컴 이메일'을 보낸다. 성공적 투자 이야기, IPA의 브랜드와 미션 등과 함께 투자자가 기대할 수 있는 가치를 공유하기 위한 이메일을 통한 첫 번째 접촉이다.

- **뉴스레터 캠페인 :** 정기적으로 투자기회, 시장동향, 성공사례 등의 정보를 제공한다. 세분화한 투자자그룹별로 맞춤형 콘텐츠를 작성하여 전달한다. 잠재 투자자가 투자현안에 대해 호기심을 계속 유지하도록 함이 목적이다.

- **투자기회 및 리드 창출 캠페인 :** 특정 산업이나 프로젝트에 초점을 맞춘 내용으로 작성한 이메일을 통해 투자 기회를 투자자에게 상세히 소개한다. 해당 투자의 특징, 이점, 잠재적 수익 등을 강조하고, 투자자의 관심사와 투자단계에 따라 맞춤형 정보를 제공한다. 리드(투자의향)를 창출할 수 있는 학습적 콘텐츠 및 아이디어, 성공적인 사례분석 등을 통해 투자의 가치를 전달한다.

- **재참여 캠페인 :** 일정 기간 상호작용이 없었던 투자자들을 대상으로 재접촉을 시도한다. 새로운 투자 기회, 독점적 투자제안 등으로 주의를 끌고 투자프로젝트와 시장상황 업데이트를 제공하여 관심이 다시 일도록 재점화한다.

외국인투자유치 광고 캠페인 활동

광고는 PR과 함께 대표적인 이미지구축 도구이며 PR의 보완수단이다. 광고는 PR에 비해 비용이 많이 들고 메시지 전달의 객관성이 떨어지는 단점이 있다. 하지만 선호하는 시기에 캠페인이 가능하고 대상과 내용을 정할 수 있는 것은 큰 장점이다. 투자유치기관에서 광고시행을 결정하면, 광고 캠페인을 기획하고 실행에 옮길 광고회사를 선정하여 광고대행을 의뢰한다. 이를 위해서는 **광고계약 체결**과 함께 광고위탁의 범위와 결과물을 규정하는 **광고지침서를 작성**이 필요한데 요령을 간추리면 다음과 같다.

● 광고회사 선정

“유능하고 신뢰 높은 광고대행회사 선정과 관리가 곧 광고 캠페인 성공을 가늠한다.”

광고는 예산이 많이 들어가고 전문적 작업이므로 유능한 광고회사를 선정하는 것이 곧 광고의 질과 성과를 높이는 길이라 할 수 있다. 다음은 치열한 광고 수주 경쟁 시장에서 유능하면서 광고비용을 절감할 수 있는 **광고회사의 선정기준**을 제시한다.

첫째, **적당한 규모의 광고회사**를 선정한다. 광고회사의 규모가 반드시 높은 광고효과 결과를 보장하지 않는다. 소규모 광고회사는 국제적 네트워크를 보유하지 않은 경우가 많다. 반면 규모가 큰 광고 대행사는 상대적으로 일반상품 광고보다 시장이 덜 형성된 투자유치를 위한 광고에 관심이 적고 비용이 비싸다. 즉 소규모 광고회사는 직원들의 경력이 부족하며, 너무 큰 업체는 충분한 경력보다 못한 노력을 기울이게 된다. 따라서 작아도 경력이 많은 직원을 채용한 회사나, 큰 기업이라도 낮은 비용으로 성심껏 서비스를 제공할 광고회사를 선택한다.

둘째, **경험있는 광고회사**를 선정한다. 투자유치 관련 광고경험이 있는 회사를 물색한다. 최소한 산업마케팅 경험이 있고 투자유치업무와 유사한 광고제작에 기술적 배경과 업무영역 있는 업체를 선택한다. 가능하면 해외 목표지역에 지사가 있거나 네트워크가 형성되어 있는 광고회사 선택에 우선순위를 높게 둔다. 경험이 풍부한 광고회사일수록 고객 명단에 경쟁국의 투자유치기관이 포함되어 있을 확률이 높으므로 이해관계가 상충하는 대상인지 확인한다.

셋째, **경험있는 광고전문가가 속한 광고회사**를 선정한다. 궁극적으로 광고회사의 명성보다는, 투자유치기관과 실무적으로 같이 일을 해야 하는 광고회사 담당자의 능력이 우선이다. 광고회사와 접촉을 시도할 때 주로 광고회사 내 마케팅 담당자와 협의하게 되는데, 이보다는 광고를 제작하는 전문가를 만나서 과거 투자유치 광고에서 얻었던 경험에 대한 설명을 듣도록 한다. 전문가 면담을 통해 원하는 광고 이미지를 제대로 성과물로 표출될 수 있는지 가능성을 파악한다. **광고회사 선정요령**을 정리하면 다음과 같다.

- 광고회사의 입찰절차는 투명하고 정밀하게 추진한다. 그렇지 않을 경우, 입찰에 떨어진 경쟁기업과 민원 발생으로 투자유치기관의 명성에 해를 입거나 광고제작 일정이 지연될 수 있기 때문이다.
- 광고위탁조건에 광고회사의 작업의 임무와 성과물을 명확하게 정의한다. 그렇지 않을 경우에 만족스럽지 않은 작업결과가 나올 수 있기 때문이다.
- 광고 대행과정에서 광고회사가 마케팅 전문지식이나 기법을 투자유치조직에 전수할 의향이 있는지를 파악하고 그러겠다는 광고회사를 우선하여 선정한다. 향후 투자유치조직 홍보부서의 자체적인 광고기획과 제작에 도움이 되기 때문이다.
- 광고회사의 국제적 경험을 평가 기준에 넣는다. 투자유치 목표시장이 해외에 있으므로 광고 결과물의 효과성에 대한 불확실성을 감소시킬 수 있기 때문이다.
- 제안설명회에 참가한 담당자의 능력이나 과거 경력을 확인하고 검증한다. 광고회사들은 제안설명회 발표와 달리 투자유치 관련 광고업무를 직접 수주한 경험이 없는 경우가 종종 있기 때문이다.
- 정기적으로 업무과제에 대한 책임을 지는 팀장 및 전문가와 회합을 요청한다. 제안설명회 중에 광고기획사는 자사의 최고수준의 경험자가 나와서 설명하지만, 나중에 계약을 맺고 나면 경험이 없거나 초급직원이 일을 수행하는 경우가 있기 때문이다.

"완성도 높은 광고지침은 완성도 높은 광고결과물과 광고성과를 가져온다."

● 광고지침 준비

광고회사가 결정되면 광고목표에 관한 광고지침(advertising brief)을 용역계약 체결에 앞서 제시한다. **광고지침**은 용역지침서 제공 시 목표 고객과 마케팅 메시지를 포함한 상세한 업무지침을 말한다. 지침서가 모호하거나 정확한 목표를 제시하지 못하면 기대한 용역결과를 얻기는 어렵다. **광고지침 항목**들은 다음과 같다.

- **목표 미디어 :** 광고를 시행할 목표 시장에서 잠재고객들이 주로 이용하는 미디어를 나열하고 제시한다. 미디어 속성에 따라 광고물의 형태가 다를 수 있기 때문이다.

- **목표 고객 :** 투자를 유치할 대상이 있는 목표 시장에서 잠재 투자자의 업종, 투자유형, 투자자 국적, 투자성향 등을 고려하여 목표 고객군을 선정하여 기재한다.

- **개발할 광고 캠페인 유형 :** 투자유치 입지에 대한 포괄적인 투자유인 요소를 소개하는 이미지구축용 광고인지, 목표 투자자에게 직접 소구한 투자창출용 맞춤형 광고인지를 구분하여 제시한다.

- **광고 메시지 :** 이미지구축용이면 지역에 대한 전반적인 이해도를 높이는 방향으로 몇 개의 광고 소구점을 제시하고, 투자창출용이면 투자유치기관 접촉을 유도하도록 연락처(홈페이지, 전화, 이메일 등)와 연락 권유에 관한 내용을 포함한다.

- **기타 사항 :** 정부를 비롯한 투자유치 제휴기관들의 로고부착 장소, 웹사이트 홍보 병행 여부와 같이 다른 촉진수단과 병행 여부, 향후 연속광고 연계 여부 등 다른 필요사항을 기재한다.

● 광고매체 선정

광고매체는 목표 투자자에게 노출이 많이 되는 신문, 저널, 디지털 매체들을 대상으로 간행물의 배포 부수, 광고게재료, 구독률, 클릭 수 등을 종합적으로 검토하여 선정한다. 전통적인 매체로 이코노미스트나 파이낸셜 타임즈 등 경제전문지가 있으며, 투자유치 지역 전문성을 강조한다면 특정 업종이나 산업 분야의 전문저널을 고려해 볼 수 있다. **이코노미스트**(Economist)는 전 세계적으로 가장 영향력 있는 경제 및 정치 전문지 중 하나로 글로벌금융과 투자 분야를 폭넓게 다루며, **파이낸셜 타임즈**(Financial Times)는 국제금융 및 비즈니스 뉴스를 다루는 일간지로 전 세계 투자자들에게 큰 영향력을 가진다. 이 밖에 미국의 대표적인 경제 일간지인 **월스트리트저널**(The Wall Street Journal), 비즈니스와 투자에 초점을 맞춘 격주간 잡지로 전 세계의 기업가와 투자자들에게 인기가 높은 **포브스**(Forbes), 투자 인사이트와 비즈니스 뉴스를 제공하는 주간지로 전문투자자들에게 높은 신뢰도를 보이는 **블룸버그 비즈니스위크**(Bloomberg Businessweek) 등도 검토한다.

문제는 이용 비용이 높다는 것이다. 예를 들면, 블룸버그 비즈니스위크는 표지에 가까울수록 1면당 10만 달러에서 20만 달러를 호가한다. 이코노미스트와 포브스의 웹사이트는 기사나 캠페인당 각각 5천 달러 이상의 비용을 청구하고 있다.

광고 캠페인의 실시주기와 집중도를 계획하는 데 두 가지 방법이 있다. 첫째는 광고주기를 마케팅 계획 전반에 걸쳐 균형 있게 분배하여 실시하는 것이고, 둘째는 투자유치캠페인 초기에 두세 번에 걸쳐 집중적인 광고를 실시하는 것이다. 초기 투자가들의 인지도를 형성시키는 데는 두 번째의 집중광고방식이 더욱 효율적인 것으로 평가받고 있다.

● 위탁 광고계약 체결

광고회사 선정이 조직 내부에서 결정되면 계약서를 작성한다. 계약서는 광고회사의 진행과정, 중간 결과 및 추진실적을 모니터링하고 측정할 수 있는 조항을 삽입한다. 목표와의 불일치 또는 불만족이 발생한 경우에는 책임을 물을 수 있는 계약조항 설정, 계약 내용 진행이 지체되거나 불이행될 때 지체상금 및 위반보상금 등도 빠짐없이 기재한다. **위탁광고 계약서 항목**을 열거하면 다음과 같다.

- **업무 개요 :** 위탁사업명, 계약금액, 계약기간, 계약자 등 핵심적 내용을 서두에 표기한다.
- **계약 목적 :** 업무 개요에 이어서, 위탁광고 계약의 목적과 효과에 대해서도 간략히 기술한다.
- **업무 범위와 결과물 :** 업무의 범위을 구체적으로 항목화 하여 기재하고, 결과물 형태 및 수량에 관해 기술한다.
- **사업기간 :** 결과물 제출기한과 사업기간을 기재하고, 이를 변경할 사안이 발생하면 인정 범위에 관해 기술한다.
- **감독 및 검사 :** 감독과 검사 방법, 그리고 감독과 검사의 주체를 명시한다.
- **결과물 접수 방법 :** 작업 수행 후 결과물 접수, 내용검토, 보완요구 및 평가 등에 관한 항목으로 주체는 용역 발주자에 있다는 내용을 기재한다.
- **보완 유지 :** 작업 수행과정에서 취득한 정보와 자료에 대해 대외 누출을 방지하는 조항과 이에 대한 서약서를 첨부한다.
- **계약금 지급시기 :** 착수금, 중간금, 최종금 등에 관한 지급시기를 규정하여 삽입한다.

- **지체상금 및 위반료 :** 결과물이 계약만료기간 내에 완성하여 제출하지 못했을 경우를 대비하여 위반자의 의무와 위약금 항목을 삽입한다.

- **기타 사항 :** 계약의 변경, 해약, 후속 계약 등에 관한 사항을 기술한다.

02 투자창출 마케팅과 투자 사후관리

투자창출 마케팅

투자유치 조직의 이미지구축 활동이 투자유치 지역 및 대상에 대한 부정적 인식을 몰아내고 투자 가치를 높이는 것이라고 한다면, **투자창출 활동**은 잠재 투자자에게 투자대상지로서 입지에 대한 투자의사를 타진하고 결정을 자극하는 투자마케팅 활동이다. 투자창출 활동의 궁극적 성과는 투자계약으로 나타난다. 그런데 입지투자에 대한 마케팅은 일반 소비성 상품과 달리 투자 결정에 이르는 기간이 길고 다량 또는 단골처럼 반복구매 횟수가 많지 않다. 이 점에서 해외에 주재한 잠재 투자자가 마케팅 대상인 국내 특정 입지에 방문하는 것으로도 투자창출 부서의 담당자는 소기의 마케팅성과를 거두었다고 할 수 있다. 따라서 성과와 관련하여 투자창출 마케팅활동은 입지에 방문을 유도하는 방문결정까지 활동과 방문 결정 후 방문과정 지원 활동으로 나눠 구분한다. 해외에서 방문유도 활동은 해외 지사에서 근무하는 투자유치 담당관(본사 파견직원 또는 현지 채용 직원)에 의해 수행하며, 방문 후에는 본사의 프로젝트 매니저(Project Manager: PM)가 서비스를 제공한다.

프로젝트 매니저가 개별 투자유치 건에 대해 원스톱서비스를 담당하는 주체라고 할 때, 프로젝트매니저의 권한과 활동 범위는 원스톱서비스의 정의에 따라 달라지게 된다. **협의 원스톱서비스**는 잠재 투자자가 투자를 위해 입지를 방문하는 순간부터 이후 사후관리 서비스까지를, 그리고 **광의 원스톱서비스**는 최초 잠재 투자자 접촉에서부터 투자결정 이후 사후관리 서비스까지 전체 과정에서의 지원하는 서비스이다.[80] [그림 4-2]는 프로젝트 매니저의 업무 확대 및 재정의에 대한 개념을 투자유치 프로세스를 구간화로 보여주는 그림이다. 지금 일반적으로 통용하고 있는 **프로젝트 매니저**의 업무 범위는 협의 원스톱서비스를 기준으로, 투자유치 프로세스에서 잠재 투자자의 입지선정 방문부터 서비스 일정이 시작한다. 잠재 투자자 발굴과 투자입지에 대한 이미지 홍보, 그리고 이 과정에서 투자자에 대한 최초 접촉부터 입지 방문까지의 투자프로세스에서 필요한 서비스를 담당하는 전문요원은 **프로젝트 디벨로퍼**(Project Developer)이다. 프로젝트 디벨로퍼의 **핵심업무**는 매력적인 투자상품의 개발과, 이를 목표 투자자에게 긍정적 투자대상물로 포지셔닝하는 것이다. **프로젝트 마스터**(Project Master)는 투자자 발굴부터 사후관리까지 전체 투자유치 과정에서 다수 이해관계자의 협력을 끌어내고 조정·관리하는 투자프로세스 기획자이며 감독자로서의 전문요원을 일컫는다. 프로젝트 마스터의 업무 범위는 프로젝트 디벨로퍼와 프로젝트 매니저의 업무를 합한 범위이며, 이들과 차별적이고 추가적인 미션은 전체 과정을 통합하여 관리함으로써 원스톱서비스의 완결성을 높이는 데 있다. 즉 프로젝트 매니저가 협의 원스톱서비스의 수행자인 데 비해, 프로젝트 마스터는 광의 원스톱서비스의 관리자라고 할 수 있다.

"현재 PM(프로젝트 매니저)의 임무에 투자상품 개발까지 포함하여, 새로운 개념의 PM(프로젝트 마스터)으로 진화가 필요하다."

본서에서 투자프로세스에서 잠재 투자자에게 제공하는 원스톱서비스와 관련하여 프로젝트 매니저 이외에도 프로젝트 디벨로퍼와 프로젝트 마스터의 개념을 서술한 것은 이들 간 용어 구분에 의미를 두고자 함이 아니다. 투자 성약률을 높이고 투자자 욕구와 필요성에 부응하는 진정한 원스톱서비스를 제공하기 위해서

그림 4-2 프로젝트 매니저의 정의와 확장

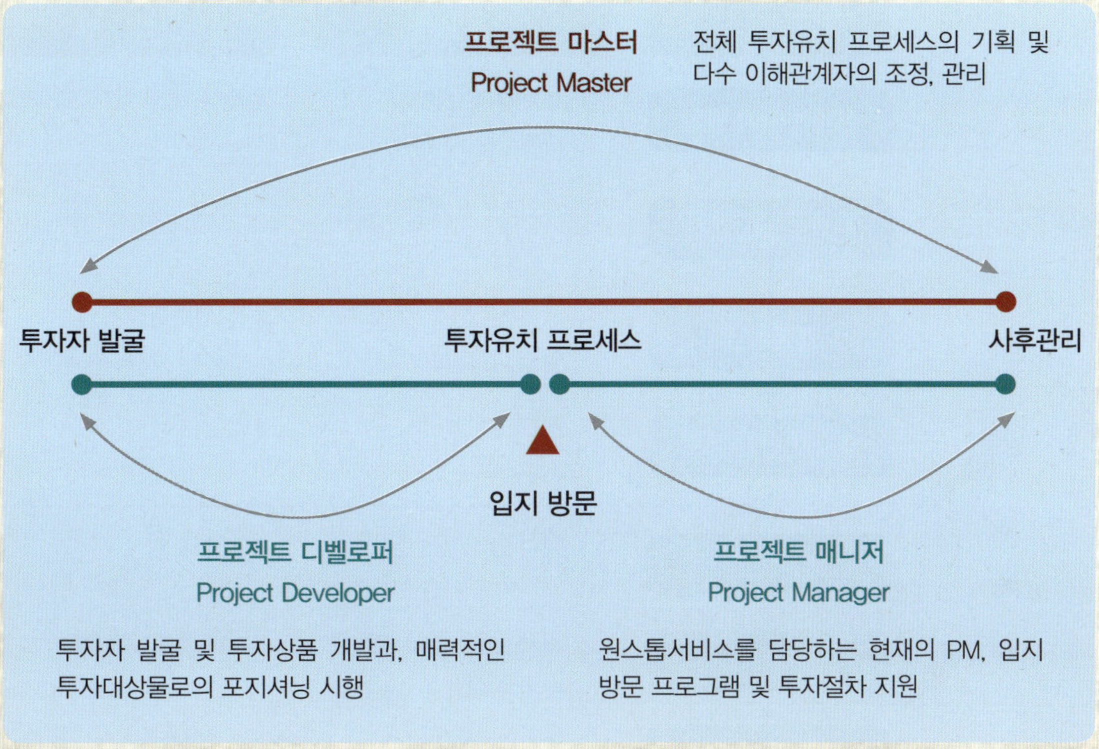

현재 현장에서 통칭하는 프로젝트 매니저의 업무영역을 확장해야 함을 강조하기 위해서이다. 즉 투자자 발굴단계부터 **투자상품 개발을 통한 투자자 접근**을 하여야 한다는 점을 강조한다.

● 투자국가 및 유치국가 특성을 투자상품 개발에 반영

투자자의 국적과 유치국 특성을 반영한 투자상품 개발 방향을 다음과 같이 예시한다. 첫째, **투자유치 대상 국가의 발달산업**을 고려한다. 포터(Porter)는 그의 저서에서 산업별로 세계 제일의 국가를 선정하여 국가경쟁력을 측정하였다.[81] 분석을 위해 1990년대 초 예로 든 국가와 산업은, 미국의 석유·화학 산업, 독일의 자동차 산업, 일본의 전자산업, 이탈리아의 가죽가공산업 등이다. 현재 상황을 반영하면, 미국은 석유, 화학, 바이오테크(BT), 일본은

그림 4-3 투자프로세스별 활동 내용과 추진 주체

자동차와 전자, 독일은 기계, 정밀화학, 엔지니어링, 한국은 반도체 등이 될 것이다. 이들 국가의 업종에 속한 기업들은 국제기업으로서 해외투자를 통한 성장에 적극적이며, 하이머(Hymer) 또는 버논(Vernon)의 해외직접투자이론에서처럼 국내의 치열한 과점시장에서 경쟁우위를 지키기 위한 해외 진출을 모색할 가능성이 큰 기업들이다.

둘째, **국적별 기업전략 특성**을 고려한다. 미국기업은 단기적인 이익 극대화와 주주 가치를 중시하는 경향이 있다. 이에 대응한다면 투자유치국의 금융

환경 투명성을 강조하는 홍보전략이 필요하다. 독일기업은 연구와 기술을 중시하고 경영자도 이공계 출신인 경우가 많다. 지역의 산학연클러스터에 대한 정보제공과 홍보로 투자자 관심을 유도한다. 일본기업은 장기적인 성장과 안정성을 중시한다. 노사관계 안정성에 민감할 수 있으므로 정부의 정책과 지원에 대한 홍보로 대처한다면 투자유치 가능성을 높일 수 있다.

셋째, **양 국가의 문화 및 역사적 유대관계**를 고려한다. 양국의 유대관계가 강하면 해당 산업에서 기술교류, 인적자원교류, 양국 기업 간 연계, 관리방식의 공유 등이 활발할 가능성이 크다. 사례를 들면, 유고슬라비아 후계국 중에 세르비아, 크로아티아, 슬로베니아 등의 나라 간 외국인투자유입은 다른 후계국, 즉 보스니아-헤르체고비나, 북마케도니아, 몬테네그로, 코소보 등에 대해서보다 차별적으로 더 크게 나타난다.

넷째, **지리적 인접성의 국경효과**를 고려한다. 투자의사 결정에는 국경의 근접성에도 영향을 준다. 북부 멕시코의 마킬라도라 산업지역은 국경을 인접한 미국의 기업을 최우선 투자유치 대상으로 정하고 있는데, 이는 생산된 제품에 대해 저렴한 물류비용으로 신속한 이동이 가능하기 때문이다. 동유럽국가의 자동차부품 공장이 서유럽 국가와 인접한 국경 부근 지역에 몰려 있는 경우도 유사한 예다. 우리나라의 경우도 인천지역 중국투자, 부산지역의 일본투자는 전국 평균 수준을 웃돈다. 웁살라(Uppsala) 국제화 이론에서 근거를 찾을 수 있을 것이다.

● 비즈니스 모델을 통한 투자상품 개발

수동적으로 시장크기, 임금수준, 인센티브 제도 등에 의존한 투자유치를 시행하는 것보다 프로젝트 매니저는 투자상품을 개발하여 적극적 유도를 시도한다. **비즈니스 모델**을 통한 투자상품 개발 사례는 다음과 같다.

첫 번째는 **산업인력**과 결합한 투자상품 모델이다. 미국의 에이즈백신 개발업체인 **백스젠**(Vaxgen)이 인천 송도 바이오 클러스터에 투자한 예를 들 수 있다. 백스젠은 아시아 생산기지를 찾고 있었는데, 송도는 인천지역뿐 아니라

서울에 가깝고 바이오 연구인력 풍부해서 한국을 선택했다. 백스젠과 한국 투자자 연합으로 셀트리온을 설립하고 에이즈백신 및 바이오 의약품을 생산하여 수출하고 있다. 인근에 인천국제공항이 있어 신속히 중국 및 동남아 시장에 백신을 공급하는 데 높은 편의성을 제공한다. 바이오(BT) 및 기술통신(IT) 분야는 연구인력이 사업역량에서 높은 비중을 차지한다. 해당 지역의 풍부한 인력풀을 기반으로 투자자에게 사업모델을 제시하는 것은 외국인투자 유치의 가능성을 높인다.

두 번째는 **산업재 시장구매력**과 결합한 모델이다. 독일 특수화학 제조기업인 **머크**(Merk)의 한국시장 진출사례에 해당한다. 머크는 LCD 및 반도체 생산공정에 필수적으로 들어가는 정밀화학 제품을 생산하는 다국적기업이다. 삼성전자, SK하이닉스 등 주요 고객사가 있는 한국을 투자대상 입지로 선택했다. 머크의 한국투자는 반도체와 바이오 분야를 중심으로 동 분야의 한국산업 경쟁력 시장잠재력을 높이 평가하고 있어 아시아·태평양의 연구개발 기지로서 투자를 확대 중이다. **GE**의 한국투자도 산업재 시장구매력의 상품개발 모델을 적용한 사례라고 할 수 있다. GE가 설립한 한국 AS 센터는 한국의 발전소에 판매한 자사 발전기의 사후관리 서비스를 담당한다. 주요역할은 발전기의 유지보수 및 서비스 담당자의 교육훈련이다. GE의 한국 AS 센터는 한국뿐 아니라 아시아지역의 서비스센터로서 기능을 겸하고 있다. GE가 한국을 아시아 허브 AS 센터의 입지로 선택한 것은 한국의 발전소가 이미 GE의 최대 고객 중 하나로 존재하고 있었기 때문이다. 산업재 수요는 일반 소비자 수요 못지않게 다국적 투자자에게는 매력적인 투자결정요인이다.

세 번째는 **신사업 아이디어**와 결합한 모델이다. 그 예가 **할리데이비슨**의 액세서리와 물류센터 유치활동 사례이다. 할리데이비슨 입장에서 고급 오토바이 시장으로서 한국은 아시아시장에서 비중이 작았다. 주요 목표시장은 일본시장이었고, 할리데이비슨 패션으로 유명한 옷, 부츠, 장신구 등은 일본시장을 통해 한국으로 공급되었다. 당시 할리데이비슨의 한국 내 파트너는 의류, 신발, 장신구 등에 경쟁력이 있었던 한국제조산업을 배경으로 미국 밀워키 본사의 경영층을 방문하여 한국에 할리데이비슨의 액세서리 바잉오피스(buying office) 설치와 아시아지역의 액세서리 총판의 역할에 대한 한국투자를 제안하였다. 이미 카센터에 유능한 정비인력을 보유한 한국의 인적자원을 바탕으로 서비스 교육훈련센터와 지정학적 위치를 이용해 부품·액세서리의 물류센터에 대한 투자유치 제안서를 전달하였다. 본사 외국인투자자가 간과하는 현지국에서 신사업 아이디어와 비즈니스 모델은 창의력 있는 투자상품 개발과 투자유치 마케팅 노력에 해당한다.

네 번째는 **수출과 투자 연계** 모델이다. 국제기업에게 수출은 해외직접투자와 함께 해외시장에서 사업을 확장하기 위한 자매 방식이다. 즉 자국의 입지우위를 이용해 생산한 제품을 해외에 판매하는 것이 수출이고, 현지국 입지우위를 활용해 현지생산 시설을 구축하는 것이 해외직접투자이다. KOTRA의 미국 로스앤젤레스에 주재한 LA 지사는 관할 지역 내 **IT 기술업체**가 자사의 기술을 결합한 부품을 생산하여 한국 삼성전자에 납품한다는 사실을 파악했다. LA 지사는 한국 내에서 생산시설을 설립하고 납품할 것을 권유하여 수출방식을 해외직접투자 방식으로 전환하여 투자를 유도하는 성과를 거두었다. 비교적 쉽게 제안에 응하여 직접투자를 결정한 이유는 납품이 기술위주이고 생산기능은 작은 사업 형태라는 특성도 있었고, 또한 납품처 인근에서 기술개발과 안정화를 할 수 있다는 점도 투자방식 선택의 이점으로 작용했다.

투자창출 활동 마케팅도구

투자창출 활동은 잠재 투자자와 접촉하여 투자입지 대상을 마케팅하는 것이다. 접촉은 이메일 또는 서신으로 먼저 접촉하고, 후속 조처로 직접 만나서 자세한 상담을 진행한다. 이를 위해 접촉 대상인 **잠재 투자자 리스트**를 사전에 준비해 둔다. 투자마케팅 목표에 부합하는 투자유치를 위해 우선 접촉할 잠재 투자자를 선정하고 **메일 발송과 방문상담**을 통해 투자를 유치할 입지로 방문을 유도한다.

● 잠재 투자자 발굴 리스트

"업데이트는 권장이 아닌 필수이며, 투자자 관계 강화를 위한 접촉 기회이다."

투자자 데이터베이스 구축에는 큰 노력과 시간을 필요로 한다. 회사의 주소가 바뀌고 경영층의 인사이동으로 상대할 담당자의 연락처가 수시로 변경된다. 또한 기업의 운영상황에 따라 투자계획이 보류되거나 취소될 수 있어 최신 정보로 항상 업데이트해 두어야 한다. 보통 1년에 네 번이나 두 번 정도로 **정기적 업데이트**를 시행한다. 업데이트는 자료활용의 효과성 측면에서도 반드시 추진해야 할 업무지만 이 과정에서 자연스럽게 투자자와 접촉을 통한 관계 강화의 부수적 효과도 발생한다.

투자자 데이터베이스에 담을 내용은 〈표 4-4〉에 정리하였다. 데이터 작성 시 연락처와 기업현황과 함께 **우선 접촉대상 순위**를 별도로 표시한다. 우선순위에 따른 유력 투자자에 대해서는 향후 이메일 마케팅이나 방문 마케팅의 계획과 시행을 추진할 때 다른 투자자보다 상대적으로 많은 마케팅 자원을 할당한다. 외부 정보원은 신문 보도, 기업공시 등이 될 수 있으며 주요 경영진 변화, 신제품, 경쟁자 등을 포함한 기업의 경영활동을 파악하여 순위를 기재한다. 투자자별로 서열을 일련번호로 촘촘하게 매기기보다는 A, B, C 등 세 그룹 또는 다섯 그룹으로 나눠 구분하는 것이 작업의 효율성 측면에서 도움이 된다.

● 메일 마케팅

잠재 투자자에게 입지를 소개하거나 투자자료 송부, 또는 직접방문에 앞서 서신이나 이메일을 사용하여 접촉을 시도한다. 전화, 편지, 이메일, 방문상담 등은 마케팅관리에서 직접마케팅(direct marketing)에 해당한다. 편지 작성의 요령은 간결하고 요점이 있어야 하며 힘찬 문구를 사용하여 역동적이되, 투자자의 관심과 마케팅 메시지의 신뢰성을 높이도록 세심하게 작성한다. 투자가의 이름을 틀리게 기재하는 등 한 번 잘못 작성된 편지가 발송되면 투자 창출 기회의 가능성 상실까지 이를 수 있으므로 신중히 작성한다. 최초 투자자 접촉을 위한 **편지 작성요령**을 제시한다. 편지사례는 월드뱅크 자료를 이용하였다.[82]

표 4-4 잠재 투자자 리스트 항목(예시)

항목	의미 해석
회사명	회사명을 기입
입력일/수정일/담당자	다른 요원 및 다음 접촉에서 이용 가능하게 하는 것이 중요
투자현황	투자를 유도하는 데 참고항목뿐 아니라, 이미 투자가 결정된 투자자에게 투자요청 편지를 재발송하는 실수 방지에 도움됨
최고경영자 및 재무담당 이사, 해외사업 담당 이사 등 (이들의 보좌관 및 비서 포함)	이름, 이력사항, 연락처 등(보좌관/비서 포함)을 파악하여 사장실 또는 'Dear Sir/Madam'으로 시작하는 편지가 정크메일로 곧장 스팸처리 또는 휴지통에 폐기되는 것을 방지
첫 순위의 접촉대상자	복수의 최고경영자가 등록된 경우에 첫 접촉대상자로 누가 적합한지 알 수 있으며, 첫 접촉 후에는 계속 수신자를 동일 이름으로 하여 메일을 발송
주소	우편물 보낼 주소, 본사, 공장 주소
국가명, 도명, 시명, 우편번호	가급적 상세하게 기입
일반 전화번호, 직통 전화번호, 휴대폰 번호	경영층 또는 담당자의 핸드폰은 본인이 허락했을 경우에만 사용
팩스 번호	접촉대상자 별로 번호 기입
이메일	안부 편지, 자료 송부, 확인 메일 등에 필요하므로 반드시 기입
표준산업 분류코드	투자자 분류 및 관리에 용이할 수 있도록 숫자 여섯 자리로 기술
산업분류	숫자가 아닌 문자나 내용으로 설명(예, 자동차부품)
연락처 기타사항	연락처와 관련한 기타 사항을 기술
카테고리 1	투자형태(그린필드, 인수, 단독, 합작 등)
카테고리 2	투자결정 시기(6개월 이내, 12개월 이내, 12개월 이후 등)
첫 투자인콰이어리	연도 및 일자를 기입
예상 투자 규모	투자액
예상 고용 규모	고용 인원수
제품	산업분류보다 자세히 제품의 구체적 세부항목을 기입
전망	성공 가능성(투자건별 마케팅 우선순위 매김에 유용)
프로젝트 담당자	프로젝트 담당자를 기입(반드시 프로젝트 매니저가 아니어도 됨)
투자입지 방문	투자자의 투자대상 입지를 방문한 세부 내역
현지 협력자	현지 투자관련 협력기관 및 협력자(이름 및 특징을 기술)
발생 비용	조사비용, 법률서비스비용 등 비용이 발생한 경우 기입
투자 관련 문서	관련 문서, 자료 등(자료명 또는 온라인상 링크 주소 기입)
기타사항	추가할 만한 기타사항

Target Company
Senior Vice President Operations
Address
Date

Re: Enhance Cost efficiencies in (insert country names)

Dear Mr. or Mrs. (insert name):

Last year Volkswagen tripled the output of its Golf model to 200,000 units. Coupled with Yazaki's expansion to 2,000 employees and the onset of production by the new Lucas plant, more than 25% of (insert country name)'s exports are now automotive related.

With labor costs currently one-tenth of Western European levels, but with productivity equivalent to 80% of the European norm and growing,, these cost-efficiencies contribute significantly to improve profitability.

The (insert name of your IPA), a full-service investment promotion agency and the government's executive arm, commissioned a study that quantifies the benefits available in (insert country name) for automotive component companies like yours. In view of the increased competitive pressures you face, we would like to share the findings of the study with you.

I have series of meetings in Detroit during the period of March 14-18 and would be pleased to meet with you for 30 minutes to present you with a copy of the study and to demonstrate the ways in which we can help satisfy your future production and sourcing needs. My assistant will call your office on March 3rd to schedule the most convenient time for a short meeting.

Yours sincerely,

- **머리말(Heading)** : 독자가 한눈에 어떤 내용의 편지인지 알 수 있어야 한다.

- **인사말(Salutation)** : 수신인의 이름이 틀리지 않도록 조심한다.

- **유도문(Hook)** : 직접적이든 암시적이든 이 부분에 가장 강력한 메시지를 담는다. 폭스바겐이 생산량을 세 배로 늘렸다면 진출한 투자국가에서의 경험은 매우 만족스럽다는 것을 나타낸다. 또 다른 증거로 외국기업인 야자키도 신규공장을 가동하고 고용을 늘렸음을 알린다. 자동차 산업의 수출 비중이 높음을 강조하여 입지가 수출기지가 될 수 있음을 암시한다.

완성차와 부품공급업체로 세계적 명성을 가진 폭스바겐과 야자키를 각각 언급하여 내용의 신뢰성을 높이는 동시에 자동차산업 클러스터의 이미지를 심는다.

"작년 폭스바겐(Volkswagen)의 골프(Golf) 모델 생산량은 3배로 늘어 20만대에 이르렀습니다. 이와 함께 야자키(Yazaki)의 신규 루카스(Lucas) 공장은 종업원 2천 명으로 확장하였고, 이로써 국가 수출의 25% 이상이 자동차와 관련한 수출입니다."

- **기대이익(Benefits)** : 폭스바겐과 루카스는 본 지역의 투자에 적합한 회사이며, 입지의 생산효율성을 이용하여 기대한 이익을 최대한 얻고 있음을 강조한다.

"이곳 인건비는 서유럽 수준의 10% 정도이지만, 생산성은 유럽 평균의 80% 수준을 넘어서고 있어, 이 같은 비용 효율성은 엄청난 수익성 개선을 불러 왔습니다."

- **제안(Benefits)** : 편지 작성자가 정부의 정식 기관임을 명시하여 상대방에게 믿음을 주고, 향후 현재 업종에서 경쟁압력에 대응하여 귀사에 도움을 줄 수 있다는 의사를 나타낸다. 방법의 하나로 작성한 산업분석리포트의 내용을 공유하겠다고 언급한다. 리포트는 직접 만나자는 제안을 위한 미끼상품에 해당한다.

"투자유치 담당 전문기관이며 정부의 집행기관인 본 기관은 귀하와 같은 자동차부품회사가 이곳에서 누릴 이득을 계량화하는 연구를 시행하였습니다. 귀하가 당면하고 있는 글로벌 경쟁압력을 고려하여 저희는 귀하와 함께 본 연구에서 나타난 해결 방안을 검토하고자 합니다."

- **행동 요청(Proposition)** : 특정 지역에서 경쟁자를 만난다는 암시를 주고, 짧은 시간 제의는 상대방의 바쁜 시간을 고려했음을 내비친다. 만나서

나눌 주제, 상대방의 이익추구와 고민 해결에 도움이 된다는 내용을 언급하고, 특별히 맞춤형 자료임을 강조한다. 모두 특별한 배려라는 것을 예의를 갖춰 전달하지만, 경쟁사를 언급하여 긴장 상태 형성도 곁들인다. 최종적으로 직접 만남이 편지의 최종 목표로서, 편지 끝에 이에 대한 투자자의 응답 방법을 제시한다. 편지에서는 전화로 확인하겠다고 하였으나, 이메일 또는 팩스 회신으로도 표현을 달리하여 쓸 수 있다.

"저는 3월 14일에서 18일까지 디트로이트에서 일련의 미팅이 있으며, 귀하께 본 연구분석서 사본을 전달하고, 그리고 귀하의 향후 생산 및 소싱 요구를 도와드릴 방안을 설명하기 위해 30분 정도 만나 뵙기를 희망합니다. 우리 직원이 편리하신 시간에 귀하와의 짧은 미팅이 이루어질 수 있도록 3월 3일에 전화 드릴 것입니다."

- 방문 마케팅

잠재 투자자에 대한 직접방문은 사전에 전화, 이메일, 편지 등으로 동의와 허가를 받은 후에 시행한다. 개별 접촉에 의하지 않고, 투자박람회 참가, 투자세미나 참가, 투자사절단 참가 등 투자 관련 이벤트 참가를 통해서도 대면 접촉은 이루어진다. 그런데 박람회에 참가하는 기업 측 인사들이 기업투자에 대한 의사결정 영향력을 행사할 수 있는 지위에 있기보다는 홍보담당 관계자일 경우가 많으므로 투자창출을 유도하기 위한 대면접촉 수단으로는 한계가 있다. 이보다는 박람회 및 세미나 참가를 통해 투자유치 상대 경쟁자를 파악하고, 관련한 정보의 습득과 투자입지에 대한 홍보기회를 얻음으로써 향후 투자창출 가능성을 높이는 간접효과가 있다. 투자사절단 일정에 투자자 개별면담 프로그램이 있는 경우라면 사절단 일원으로 참가하는 것이 박람회 참가보다 효과가 클 것이다. 방문이 확정되면 프레젠테이션을 준비한다. 프레젠테이션은 잠재 투자자에게 투자입지에 대한 첫인상 형성에 영향을 준다. 투자자는 프레젠테이션 내용뿐 아니라 발표자의 홍보 스타일, 전달 과정, 투자자 질문에 대한 반응 등으로 투자입지 이미지에 대한 인상을 상상한다. 발표자의 선정은 화술 능력, 전문지식, 답변능력과 함께 우호적인 이미지를 전달할 수 있는 능력을 보고 결정한다.

방문상담자는 10~15분의 프레젠테이션 시각자료를 준비한다. 발표자료는 도입부에 이목을 집중시킬 수 있도록 구성하며, 너무 많은 통계자료와 시각도구의 남발로 오히려 이목 집중에 방해가 되지 않도록 주의한다. 발표시간을 최소화하고 질의와 면담시간을 최대한 확보한다. 발표 중간에 투자자 질문이 있으면, 성실히 답하고 궁금증이 풀릴 만큼 설명을 한다. 발표 자체의 성공 여부는 중요하지 않고, 투자자의 관심과 우호적 이미지를 갖도록 하는 것이 방문의 목적임을 명심한다. 다음은 소규모 회의실 또는 경영자 사무실에서 방문상담을 할 때, **상담 요령**을 정리한다.

- 방문상담을 떠나기 전에 우편, 이메일 등으로 투자유치 대상 지역의 투자환경 및 유치업종 등의 자료를 송부한다. 미리 관련 자료를 읽어볼 수 있게 하여 상담의 원활한 진행과 발표내용의 이해도를 높일 수 있도록 한다.
- 회의실에 참석하는 방문상담자는 2~3명이 적당하다. 보통 상대방은 의사결정자와 함께 1~2명의 보조자가 배석한다. 상대방보다 인원수가 많을 경우, 압박감을 줄 수 있으며 소회의실 공간에 6명 이상 수용하는 것은 복잡할 수 있다. 해외투자 결정은 조직 내에서도 비밀스럽게 다루어지므로 배석자가 없거나 1명 정도가 참석하는 것이 일반적이기 때문에 방문자 측에도 이와 비슷한 인원수를 맞추는 것이 바람직하다.
- 노트북 및 저장장치에 영어나 현지어로 제작한 홍보자료를 저장하고 이를 이용하여 프레젠테이션을 한다. 참가인원이 적을 때는 빔프로젝터 대신 상대방과 근접 거리에서 노트북 모니터로 발표한다. 앞뒷면 이중 모니터 기능의 노트북도 좋고 휴대용 모니터를 한 개 더 추가하여 사용해도 된다. 이런 방식을 취하더라도 발표내용을 인쇄한 자료를 준비하여 상대방에게 직접 회의실에서 제공한다.
- 프레젠테이션과 질의응답을 포함하여 50분 이내로 한다. 발표시간은 짧을수록 좋으며 질의응답과 상대방 대화 시간을 최대한 확보한다. 상대방은 경영자로서

다른 바쁜 업무가 많으므로 1시간을 넘지 않도록 하는 것이 예의라고 할 수 있다. 만일 상대방이 관심이 높고 상담시간 연장을 원하면 충분히 상담을 길게 한다. 이를 예상하여 해외 출장 시 다른 투자자와 방문상담이 있더라도 하루의 방문상담 일정을 오전 상담 1회, 오후 상담 1회 등과 같이 최대 2회로 한정한다.

"방문 투자상담의 1순위 준비물은 지도이며, 지도에는 국내외 유명 다국적 기업 위치가 표기돼 있어야 한다."

- 현지어로 된 투자입지(투자대상, 공단, 항만도로 등 교통편의 시설)를 포함하는 지도를 준비한다. 물론 영어로 된 지도로도 충분하다. 모두 준비할 수 없으면, 한국어로 된 지도라도 가져간다. 추천하는 투자입지가 아무리 지리적 위치가 우수하더라도 말로 설명해서는 이해하기 어렵다. 특히 외국인에게 다른 나라의 지정학적 상황을 외국어로 설명하기는 쉽지 않은 일이다.
- 지도상에 누구나 다 아는 국내외 유명기업, 투자유치 대상기업의 수요자(납품처)가 되는 기업, 동일 국적의 기업 등을 표시하고, 그들이 입지하게 된 이유를 설명한다. 이것만으로도 면담 대상기업은 입지의 경생우위 요인을 짐작할 수 있을 것이다. 교통 요지 또는 지리적 편리성보다 투자자에게 중요한 입지선택 요인은 외국인비용의 절감이나 불확실성 회피, 그리고 사업의 기회라고 할 수 있다.
- 투자유치 지역의 역사적 배경, 관심을 끌 만한 사건 현장으로 사례 등을 상담 중에 적절히 꺼내 지루하기 쉬운 상담 분위기를 환기하는 것도 요령이다. 그러나 너무 길게 하지 말고, 관심이 없어 보이면 즉시 중단한다. 특히 민감하고 호불호 견해 차이가 있는 국내외 정치를 연계하여 말하는 것은 금물이다.
- 상담 시 질문에 대한 답변을 정확히 할 수 없는 경우 나중에 조사하여 알려 준다고 양해를 구한다. 내용확인 안 된 정보는 신뢰에 대한 훼손과 의심을 낳게 한다. 상담 중에 약속한 자료는 출장 중이라도 본사와 연락하여 이메일로 송부하게 하거나, 다시 연락하여 정확한 내용을 알려줘 신뢰를 얻도록 한다.
- 상담 시 상대방으로부터 알게 된 정보에 대해 보안을 유지하겠다는 의사표명을 한다. 이는 상대방이 깊이 있는 투자계획이나 가능성 낮은 투자계획까지도 대화에 포함할 수 있는 계기를 마련해 준다. 또한 투자자의 경쟁기업에 대해 투자계획이 노출되지 않도록 안심시켜 상담의 경계감을 낮추는 효과를 발생한다.
- 간단한 선물을 상대방 인원수에 맞춰 충분히 준비한다. 상담을 마치고 기념품

을 맞교환하는 것이 관례이다. 그러나 최고 의사결정자의 선물만을 준비하거나, 배석한 인원에 못 미치는 답례품을 전달하면, 선물의 단가가 아무리 낮더라도 상담장 분위기가 어색해질 수 있다. 출장 가방이 무거워지더라도 기념선물을 충분히 마련하는 것이 혹시 발생할 불편함에 대한 가장 안전한 방지책이라 하겠다.

투자입지 방문 프로그램

투자창출과정에서 방문 결정은 하나의 전환점이 된다. 진지하게 투자 결정을 고민하는 투자자라면 이곳 저곳을 방문하지 않는다. 잠재 투자자는 입지 방문으로 투자심사 완료에 필요한 상세원가 정보의 수집, 공장운영 여건 심사, 기타 선정과정에 필요한 요인들 자사 기준에 부합하는지 확인하고 싶어 한다. 주로 고급 기술인력, 설비 적정성, 자재 공급, 낮은 임금 등의 적정성 평가가 주를 이룬다. 여기에 IPA가 제시한 사업편의 서비스 질, 외국인 생활여건의 질 등도 만족할 만한 수준인지 방문으로 확인을 원한다. IPA는 이러한 요구에 적합한 대응을 하여 투자자가 방문한 입지가 투자 적합지로서 최종 선택하도록 유도한다. IPA는 방문 프로그램은 계획, 실행, 후속조치와 평가 등 순서로 진행한다.

● 투자입지 방문 프로그램의 계획수립

방문상담을 성공적으로 시행하여 반응이 좋다면, 잠재 투자자가 투자대상 입지를 방문하겠다는 의사를 얻어 낼 수 있다. 방문의사를 접하면 투자자가 직접 투자입지를 방문하여 볼 수 있도록 방문프로그램을 준비한다. 투자자를 위한 프로그램을 구성할 때 가장 중요한 것은 투자자의 요구에 부응하는 내용을 담아야 한다는 것이다. 예를 들면 투자가가 신규공장을 짓기를 원하면 공장용지 추천과 이에 대한 안내를 준비하고, 임대를 원하면 적절한 산업용, 혹은 상업용 건물을 섭외하여 보여준다. 또한 투자가가 원부자재의 현지 조달을 원하면, 잠재 공급자와 미팅 주선과 조달 가능성과 납품업체 현황에 대한 자료를 준비한다. 투자한 생산시설에서 생산한 제품의 수출을 계획하고 있는 투자자들에게는 관세사무소나 공항 및 항만 시설의 방문을, 고급인력을 필요로 하는 투자자는 기술훈련 기관과 인근 연구기관 방문을 주선한다. 이러한 맞춤 프로그램을 작성하기 위해선 다음과 같이 사전에 **방문자 정보의 입수·확인**이 필요하다.

- 방문할 경영진의 직위, 의사결정 과정에서의 그들의 역할
- 방문할 경영진의 배우자, 파트너 등과 동행 여부
- 선호하는 투자 형태(공장 신설, 인수, 단독투자, 합작투자 등)
- 계획하고 있는 향후 활동, 제품의 2~3년 내의 예상 생산량
- 투자일정(투자 결정 일정, 재산 취득 일정, 첫 제품 선적 일정 등)
- 고객정보: 수출 비중, 수출 지역, 주요 고객 등
- 필요한 부동산 형태(신축, 구매, 임대 등)
- 필요한 산업 지원시설(공업용수 및 전력 수요 등)
- 자본재의 구입 및 설치 여부(설비의 신규 구입, 생산라인 이전 여부 등)
- 기술수준 구분에 따른 인력 수요와 향후 3년간 고용 규모
- 방문프로그램 일정표에 대한 투자자의 요구사항

● 투자입지 방문 프로그램의 실행

방문프로그램 중 **국내 관계자와 면담(미팅)**은 핵심적인 일정이다. 투자 및 사업 형태에 따라 면담 주선이 달라진다. 물류사업에 관심 있는 투자자는 관세, 공항 및 항만 관계자를, 텔레마케팅 투자자는 통신정책 담당 공무원 또는 통신회사 고위층을 만나고 싶을 것이다. 이러한 투자자 이익과 밀접한 직접적 관계자와 면담을 주선하는 것과 함께, 투자자에게 입지에 대한 확신을 심어 줄 간접적 관계자들과 면담도 주선한다. 간접적 관계자는 유사 업종의 외국기업인, 동일 국적의 기업인 등이다. 국적별 주한 상공회의소 대표와 주선도 같은 취지라고 할 수 있다. 투자유치 관계자인 지자체나 IPA가 제공하는 정보보다 이들의 경험과 조언이 더 믿음 가는 객관적 증빙일 수 있기 때문이다.

방문프로그램 초안이 만들어지면 투자자 요구에 부합하는지, 추가 사항은 없는지를 파악하기 위해 투자가에게 프로그램을 송부한다. 각 면담에 대한 필요성과 유용성을 설명한 자료도 동봉한다. 면담에 참여하는 국내 인사들에게는 투자자 방문 이전에 투자자에 대한 소개와 방문단 개요, 면담 주제에 대한 정보를 제공한다.

방문투자자가 투자규모가 크고 경제적 기여도가 높은 유력 투자자에게는 IPA나 중앙정부 및 지자체가 레드카펫 서비스(red carpet service)를 제공한다. **레드카펫 서비스**는 공항에 도착부터 출국까지 필요한 모든 사항에 대해 밀착하여 수행하는 서비스를 말한다. 서비스 내용은 입국 수속 지원, 출입국 차량 지원, 국내 일정 밀착 지원 등이다. 레드카펫 서비스 지원 대상이 아니더라도 가급적이면 방한프로그램 담당자는 투자자를 공항에서 마중하여 IPA에서 가까운 호텔로 안내한다. 그러나 기업별로 지정한 호텔이 있거나 개인이 선호하는 호텔이 있다면 그곳으로 지정한다. 자동차로 이동 중에 방문프로그램을 일정을 간략히 설명한다. 이때 일정표를 건네주어도 좋다. 프레젠테이션 자료와 함께 방문 일정표를 호텔 객실에 비치하고, 안내 담당자인 프로젝트 매니저의 연락처 외에도 비상 연락처를 알려 주어 투자자가 언제든지 연락할 수 있도록 배려한다. 국내에 투자자의 지사가 설치되어 있다면, 지사와 공동으로 안내 일정을 소화해도 무방하다. 지사가 있는 경우에 호텔 예약 및 교통편 제공 등을 직접 지사가 수행하는 것이 일반적이다. 또한 면담기관에서도 상담지원 담당자가 있으므로 해당 기관의 안내자와 시스템에 따라 원만하게 상담을 진행한다.

● 투자입지 방문 프로그램의 후속조치와 평가

투자자가 현장방문을 하고 귀국한 이후에 적절한 사후관리는 투자유치 경합지역과 유치경쟁에서 최종적으로 유리한 입장에 서게 하는 데 도움을 준다. 귀국 후에도 투자자가 추가로 질문을 하거나 방문 기간과 달리 변경된 사실이 있다면 즉시 연락을 하여 알려준다. 귀국 후 투자인콰이어리의 주요 내용은 시장환경, 임금 및 노동구조 등 투자목적에 해당하는 질문보다는 법률, 인센티브, 통관, 입지규제 등 실행과정에서 비용의 크기와 절차상의 문제, 이에 대한 정부의 지원과 서비스 제공범위 등과 관련한 질문일 가능성이 크다. IPA는 투자유치 지역선정과 관련한 정보제공은 무료를 원칙으로 하고 법률 조언, 투자 타당성 조사 등의 민간기관에서 해야 하는 서비스는 비용을 청구하거나 비용을 경감하는 방안을 찾아 지원한다. IPA는 법률 및 회계서비스를 제공하는 기관에게 외국투자자가 잠재적 고객이 될 수 있음을 설득

그림 4-4 투자창출 전환율

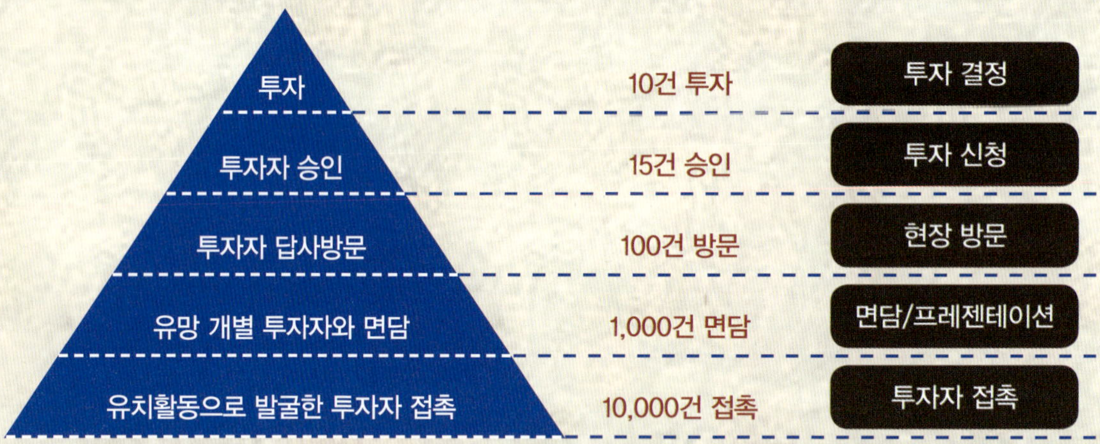

투자창출 단계	목표 응답률	평가
접촉 → 기회포착	10%	데이터베이스의 내용이 우수할수록 결과도 좋아지며, 높아야 최대 15% 응답률
기회포착 → 방문결정	10%	국가마다 차이가 있음(입지매력도에 따라 편차가 큼)
방문 → 투자결정	10–20%	낙관적일 때 25%, 보통 20%, 투자서비스 및 지역경쟁력이 낮을 땐 10% 미만
투자 → 재투자결정	30%	일부 선진국은 60% 이상을 재투자로 연결하나, 신규투자자가 적은 개도국은 그렇지 못함

하고 가격할인 및 무료로 서비스를 제공할 수 있도록 협상하여 유도한다. IPA의 업무 중에 다음 장에서 설명하는 '투자파트너십 관리'가 필요한 이유가 여기에 있다.

방문프로그램의 추진 성과, 즉 잠재 투자자가 입지를 방문한 후 기대하는 성과는 궁극적으로 최종 투자에 대한 결정이다. 그러나 입지를 방문하였다고 해서 곧 투자를 결정하는 경우는 흔치 않다. 방문투자자는 다른 투자유치 경합지역을 방문하고 난 후 최종적으로 결정할 수도 있고, 경영상황 변동으로 해외투자 자체를 보류하거나 취소하는 경우도 있기 때문이다. 따라서 방문프로그램의 추진 성과를 투자결정이라는 단일 지표로 평가하는 것은 바람직하지 않으며, 간접적으로 방문 후 투자자로부터 서비스 만족도를 측정하거나 자체적으로 평가표를 만들어 각 일정에 대한 수행도를 측정하여 평가한다.

다음은 투자창출 마케팅활동으로 투자결정에 이르는 성과를 내는 것이 얼마나 어려운지, 즉 상관성 관계를 가늠할 수 있는 지표로서 전환율(conversion rate)을 예로 하여 설명한다. **전환율**이란 접촉에서 투자 결정까지 다음 단계로 넘어가는 확률을 말한다. [그림 4-4]는 일반적인 투자창출 전환율의 예를 보여준다. 유치활동으로 발굴한 1만 건 중 투자자 답사방문까지 이어진 경우가 100건, 그리고 최종 투자 결정까지는 10건에 불과하다. 이를 더 보수적으로 산정하면 1~2건이 될 것이다. 물론 단 1건만 성사돼도 성공한 투자창출 활동 성과이다. 아무튼, 투자창출 전환율을 높이려면 어느 정도까지는 기본적으로 투자자에 대한 실질적인 접촉이 많이 이루어져야 한다는 것이다. 새로 신설된 IPA나 새로 고용한 프로젝트 매니저의 능력이 아무리 탁월하더라도 쉽게 투자성약 단계까지는 이르지 못함을 말해 준다. 즉 전환율을 감안할 때, 조급하게 조직 및 담당자의 실적평가를 해서는 안 되며 다양하게 보조지표를 개발하고, 장기적 관점에서 IPA의 투자유치 가능성을 높일 수 있도록 각 지표의 평가 방향성을 일관하게 적용하는 것이 바람직하다는 것을 시사한다.

“전환율을 감안할 때 투자유치담당자의 인사평가는 투자계약 성사보다는 투자자의 입지방문을 기준으로 삼는 것이 타당하다.”

투자 사후관리

“사후관리는 단순 지원 서비스가 아니라 추가투자 창출활동의 기회이다.”

투자자가 투자 결정을 했다고 해서 IPA의 책임이 끝나는 것은 아니다. 오히려 투자자에 대한 서비스는 외국인기업이 투자를 결정한 후에 더욱 필요로 한다. 투자결정 후에 IPA는 투자가의 기업경영 활동에서의 어려움 등을 수집하고 처리하는 서비스를 시행한다. 이 과정에서 기존 투자자의 추가투자를 유도할 수 있다. IPA 입장에서는 신규투자보다 추가투자를 유치할 때 비용대비 성과가 더 낼 수 있다. 일례로 자동차 판매원은 신규 고객에게 차를 팔 때 기존 고객보다 일곱 배의 비용이 든다고 말하고 있다. 우리나라를 비롯한 선진국의 외국인투자 통계에서 총투자유입액 중 추가투자가 차지하는 비중이 절반가량 되는 점을 감안하면 외국인투자 사후관리가 얼마나 중요한 투자마케팅 활동인지 알 수 있다. 다음은 **투자 사후관리의 장점**이다.

- **기존 투자자의 확장투자**를 촉진한다. 사후관리 활동은 기존 투자자들이 추가적인 투자를 고려할 때 긍정적인 영향을 미칠 수 있다. 이는 새로운 투자자를 유치하는 것보다 비용 효율적이며, 기존 투자자들이 더 높은 가치의 활동을 추가하도록 유도할 수 있다.
- **지역 경제발전**에 기여한다. 기술이전 및 산업구조 개선과 같은 경제파급효과를 지역경제에 실현하는 데 이바지한다. 사후관리를 통해 기술이전과 지역 공급망 개발을 촉진하여 지역경제의 경쟁력을 강화한다. 이는 외국인투자로 인한 산업구조 고도화 달성에 기여한다.
- **긍정적 관계 구축**에 기여한다. 문제해결과 지속적인 지원을 통해 투자자의 만족도를 높이고, 이는 장기적인 관계 구축에 기여한다. 만족한 투자자는 다른 잠재적 투자자에게 긍정적인 추천을 할 가능성이 높다.
- **투자유치 비용절감**에 기여한다. 기존 투자자와의 관계를 유지하고 확장하는 것이 새로운 투자자를 유치하는 것보다 자원을 덜 소모한다. 이는 IPA가 제한된 자원을 효율적으로 활용할 수 있게 한다.

- **지역 홍보 및 신뢰구축**에 기여한다. 만족한 투자자는 해당 지역의 홍보대사 역할을 하며, 그들의 네트워크를 통해 새로운 투자자를 유치하는 데 기여할 수 있다. 이는 지역에 대한 긍정적인 이미지 강화에도 효과적이다.

투자 사후관리 활동

IPA의 사후관리 활동은 이미지구축 활동, 투자창출 활동, 정책옹호 활동과 함께 투자마케팅 활동의 기본활동이다. 또한 IPA 연구자들은 1990년대 말부터 투자창출 활동 중심에서 사후관리 활동으로 IPA 기능을 확장할 것을 요구하였다.

"IPA 활동 중, 이미지구축 활동과 투자창출 활동이, 사후관리 활동과 정책옹호 활동이 각각 연계된다."

한편 2000년대 중반부터 정책옹호 기능에 대한 관심이 고조되고 있다. 정부의 정책이 제도로서 안착하는 데 기여하며, 또한 현장 반응을 수렴하여 정책수정 및 개선안에 반영하게 하는 정책옹호 기능은 IPA의 사후관리 활동의 한 축으로서 간주된다. 사후관리 과정에서 확인된 문제점들은 정책옹호 활동의 주요 의제가 된다. IPA는 이러한 문제점들을 정부와 관련 기관에 전달하고, 개선을 위한 정책 제안을 한다. IPA의 사후관리 활동은 투자자와 정부 간 가교역할을 담당하여 상호 소통과 이해 증진에 도움을 준다. 사후관리 활동과 정책옹호 활동은 상호 보완적이며, IPA의 정책옹호 활동의 내실을 강화하는 배경에는 사후관리 활동이 존재한다.

IPA의 외국인투자 사후관리 활동은 기존 투자자들을 지원하고, 투자 만족도를 높이며, 추가적인 투자 유도와 외국인투자정책에 대한 수렴 및 피드백까지 포괄적인 투자마케팅 활동이다. 이러한 활동은 투자자와의 장기적인 관계를 구축하고, 지역 경제에 긍정적인 영향을 미치기 위해 설계되는데, **주요 사후관리 내용**은 다음과 같다.

- **투자자 문제해결 및 지원**

  IPA는 투자자들이 직면할 수 있는 규제나 운영상의 문제를 해결하고, 필요한 지원을 제공함으로써 투자자의 만족도를 높인다. 이는 기업이 지역 내에서 안정적으로 운영할 수 있도록 돕고, 추가적인 투자를 고려하게 만드는 중요한 요소이다. 비즈니스 라이선스 취득, 작업 허가, 주택 및 교육 시설 알선 소개 등 행정적인 지원을 제공한다. 이처럼 외국인투자자들이 새로운 환경에 적응하는 데 필요한 초기 지원을 포함한다.

● 투자확장 및 재투자 촉진

기존 투자자들이 현재 입지에서 확장계획을 세울 때, IPA는 초기 단계부터 적극적으로 개입과 지원을 가능하게 한다. 이는 새로운 투자자를 유치하는 것보다 더 비용 효율적이며, 확장 프로젝트를 통해 지역경제에 폭넓은 기여를 할 수 있다. 투자기업 입장에서도 기존 투자를 확장하는 것은 초기 진입 시 간과한 새로운 사업기회를 창출한 것으로 본사로부터 평가받을 수 있으며, 또한 기존 사업성과가 우수하기 때문에 사업확장을 한다는 명분이 되어 추가투자 결정은 현재 입지에 조업 중인 기존 투자자의 이해관계에 부합한다. IPA는 확장계획이 성공적으로 진행될 수 있도록 필요한 행정적 지원과 인센티브 제공을 정부나 지자체에 건의한다.

● 전략적 파트너십 구축

투자자들에게 지역의 대학, 연구기관, 산업클러스터 등과의 연결을 지원하여 협력을 촉진한다. 지역 네트워크 연결은 혁신과 기술발전을 가속화하는 데 도움을 준다. 현지의 교육 및 훈련 프로그램을 지원한다. 현지 인력의 역량 강화를 위한 맞춤형 교육 및 훈련 프로그램을 제공하여 인력개발을 지원한다. 이는 기존 외국인투자기업이 현지에서 숙련된 근로자와 연구개발 인력을 손쉽게 채용하고 관리하는 데 도움을 주며, 또한 외국인기업이 보유한 기술력과 관리 노하우를 근무자가 습득하여 다시 산업계나 학계에 확산 효과가 나타나게 하는 긍정적 효과를 유발한다.

● 지속적인 관계 구축

투자자와 정기적인 접촉 또는 회의를 통해 투자자의 상황과 요구사항을 수집하고 이를 바탕으로 서비스를 개선한다. 서비스 개선은 투자자와 IPA 간 지속적인 관계 구축에 도움을 준다. 체계적인 고객 관리시스템을 통해 투자자의 요구와 문제를 효율적으로 관리하고 대응한다. 이와 관련한 제도가 옴부즈만이다. 옴부즈만은 한 사람을 지칭하는 용어이지만 실무 현장에서는 옴부즈만 사무소 또는 옴부즈만팀을 만들고 전문요원을 배치하여 투자자 문제해결을 위한 방문 및 상담서비스를 시행한다. 위에서 투자자 문제해결 및 지원, 투자확장 및 재투자 추진 등의 업무도 옴부즈만 조직운영을 통해 수행하는 서비스이다.

● 지역 경제 통합

현지 기업과의 연결을 통해 시너지 효과를 창출하고, 장기적으로 지역경제에 기여할 수 있는 기반을 마련한다. 기술이전과 지역 공급망 개발을 촉진하여 지역경제의 경쟁력을 강화한다. 외국기업과 현지 부품조달 업체를 연결하는 링키지 프로그램이 이러한 효과를 거두기 위한 대표적인 사후관리 업무이다. 현지 기업과 협력을 통해 외국인투자기업이 지역경제에 통합될 수 있도록 지원하여 장기적으로 지역 경제발전에 기여할 수 있도록 한다.

외국인투자 옴부즈만 제도

옴부즈만(Ombudsman)이란 대표자 또는 대리인을 의미하는 스웨덴어인 'Ombub'에서 유래하였다. 현재에는 일반적으로 국가기관이나 공무원에 대해 일반 시민의 고충, 민원을 처리하는 행정감찰관을 의미한다. 고전적 의미의 옴부즈만은 행정기관의 부당한 행위로 인하여 국민의 권익이 침해되었을 경우, 그 원인을 조사하고 시정하여 국민의 고충과 불만을 신속히 처리하기 위하여 의회가 임명한 자만을 지칭하였다. 그러나 시대적·국가적 환경변화에 따라 각 나라가 행정부의 수반이 임명하는 행정부형 옴부즈만으로 변형되어 제도화되었다. 우리나라도 옴부즈만 제도를 도입하였다. 한국의 대표적인 옴부즈만 제도는 국무총리 직속기구로서 1994년도에 설립된 **국민고충처리위원회**(The Ombudsman of Korea)가 있다. 이는 후에 국민권익위원회로 통합됐는데, 위원들은 대통령이 임명하는 행정부형 옴부즈만 제도로 운영된다.

● 옴부즈만 제도와 외국인투자 마케팅

우리나라에는 외국인투자와 관련한 전문 옴부즈만 제도로 **외국인투자 옴부즈만** 제도가 있다. 특히 투자분야와 관련한 전문 옴부즈만 제도는 세계 어느 나라에서보다 빠르게 정착돼 있다. 월드뱅크는 한국의 외국인투자 옴부즈만 제도를 투자유치제도의 모범사례로 선정하여 필리핀, 인도네시아 등에 소개한 바가 있다. 외국인투자 옴부즈만은 한국에 투자한 외국기업의 경영·생활 애로를 청취하여 관계부처 및 관련 기관에 문제를 제기하고 해결을 지원해 주는 외국기업 애로해결 전담기구로 1999년 10월 26일에 개소되었다(외국인투자촉진법 제15조 제7항). 옴부즈만 사무소는 옴부즈만 외에 세무·금융·법률·건축·통관 등 전문분야별로 30명 내외 '홈닥터'로 구성되어 있으며 인베스트 코리아(Invest KOREA) 내에 설치되어 있다. 외국기업이 옴부즈만 사무소에 애로사항을 신고하면 관련 문제를 전담하는 홈닥터가 해당기업에 배정된다. 중점관리 대상 외국기업을 선정하고, 전문가 1인당 20여 개의 외국투자기업을 지정하여 전담 관리한다. 지역별·언어별 팀을 이루어 외국기업에 일대일 서비스를 제공하고 있으며 외국기업의 경영활동뿐 아니라 주택·자녀교육·의료보험 등 일상생활의 문제해결도 지원한다. 관계법에 따라(외투촉진법시행령 제21조 제5항) 관련 부처에 애로사항 해결을 요청할 수 있으며, 이에 대하여 관련 부처는 7일 이내에 의무적으로 의견을 제시하여야 한다.

● 인베스트 코리아의 옴부즈만 사무소 활동

인베스트 코리아의 옴부즈만은 외국인 투자기업의 불만을 해결하고, 사업환경을 개선하기 위한 다양한 서비스를 제공하는 외국인투자 사후관리 활동의 일환으로 기업들이 한국에서 안정적으로 운영할 수 있도록 다음의 **투자**

사후서비스를 지원한다.

첫째, 불만해결기구로서 현장방문 및 상담서비스를 제공한다. **불만해결기구**인 옴부즈만은 외국인투자기업의 투자과정과 운영과정에서 불만을 수집하고 분석하여, 관련 행정기관과 협력하여 문제를 해결한다. 이는 법률, 노동, 세금, 관세, 환경 등 다양한 분야에 걸쳐 이루어지며, 기업들이 직면한 문제를 신속하게 처리하는 데 중점을 둔다. **현장방문·상담서비스**는 옴부즈만 사무소의 '홈닥터 시스템'을 이용하여 시행한다. 사무소의 전문가들이 직접 외국인투자기업을 방문하고, 기업활동과 생활에 있어 불만과 문제를 청취하며 해결책을 제공한다.

둘째, 정책 개선 및 제안 활동과 함께 규제 및 정보에 대한 서비스를 제공한다. 이러한 서비스가 외국인마케팅 기본활동 중 바로 **정책옹호 활동**에 해당한다. **정책 개선·제안서비스**는 옴부즈만 사무소가 수집된 불만 사항을 분석하여 외국인투자환경을 개선하기 위한 정책제안서를 정부에 제출하는 것을 말한다. 이는 외국인투자정책 수립의 기본자료로서 향후 투자환경을 더욱 매력적으로 만드는 데 활용된다. **규제·정보 서비스**는 옴부즈만 사무소가 외국인투자 관련한 새로운 법률이나 규제를 영어로 번역하여 제공하는 서비스이다. 제공 과정에서 규제에 대한 반응과 의견을 수렴하여 관련 정부 부처에 전달함으로써 정부 부처의 법률제정에 현장의 외국인투자자 목소리가 반영될 수 있도록 한다.

셋째, 지속적인 관계 구축을 위한 소통서비스를 지원한다. 옴부즈만은 외국인투자기업과 정기적인 회의를 개최하여 피드백을 받고 이를 바탕으로 서비스를 개선하는 **정기적 소통서비스**를 수행한다. 이는 외국인투자자와 신뢰관계를 강화하는 데 중요한 역할을 한다.

옴부즈만 서비스의 실행조직인 옴부즈만 사무소의 활동을 위에서처럼 서비스를 카테고리로 하여 이른바 **외국인투자 옴부즈만 4대 서비스**를 나열하면, 현장방문·상담서비스, 정책 개선·제안서비스, 규제·정보 서비스, 정기적 소통서비스 등으로 요약할 수 있다.

03 외국인투자 파트너십 관리와 협상전략

외국인투자 파트너십 관리

앞서 투자유치과정에서 잠재 투자자가 입지를 방문하고 귀국하였을 때, 투자자가 요청하는 서비스의 성격이 IPA 내에서 처리하기가 어려운 고도의 전문성을 띠거나 높은 비용을 요구할 때, 이에 대한 IPA의 대응책으로 직·간접 관계자와 파트너십을 구축하는 것이라 하였다. 본 장에서는 이에 대한 IPA의 파트너십 관리에 관해 설명한다.[83] **파트너십 구성 및 진행절차**는 [그림 4-5]과 같다. 먼저 파트너십의 필요성을 확인하면 IPA를 중심으로 파트너십 구성원으로 초빙할 유망

그림 4-5 파트너십 구성 및 진행절차

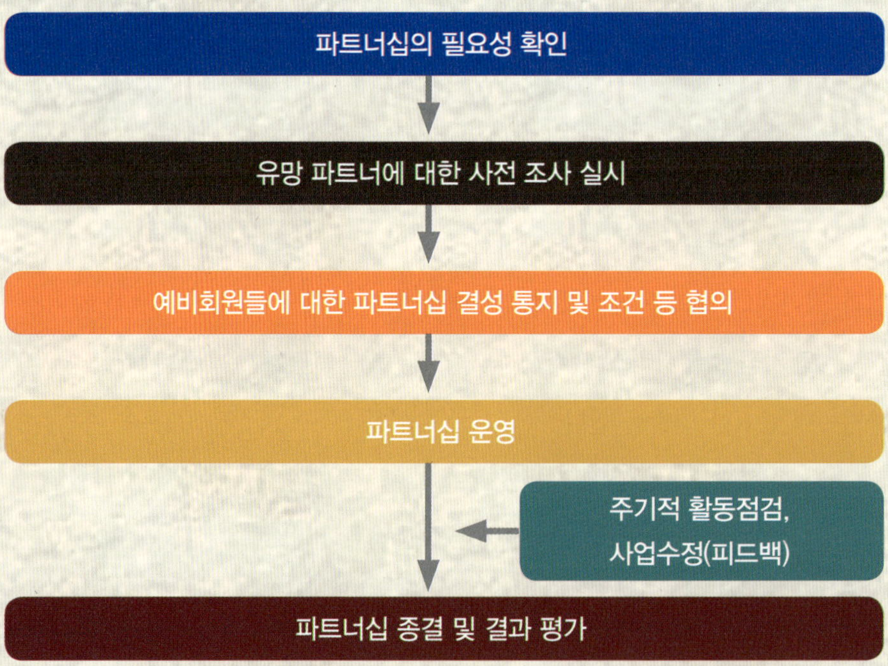

파트너를 물색한다. 선정된 예비 파트너를 대상으로 파트너십 결성 통지 및 조건을 협의한다. 참가가 결정된 기관과는 업무협조 약정 또는 파트너십 동의서를 작성한다. 각 파트너와 역할과 분담한 업무를 바탕으로 파트너십을 주기적 혹은 특별 회의를 통해 운영한다. 일정 중간마다 평가를 실시하여 파트너십 결성의 궁극적 목표인 외국인투자 유치를 위한 업무 방향과 일치하는지를 살피고 평가결과에 따른 수정사항을 반영한다. 파트너십이 종결되면 결과 평가와 함께 서류로 기록을 남긴다.

한편, 사회간접자본(SOC)과 같은 **대형프로젝트 개발사업**은 외국인투자 유치를 위해 파트너십을 구축해야 하는 대표적인 파트너십 적용 대상이다. 항만, 공항, 철도 등 인프라 건설사업은 사업 성격상 대형공사를 수반하며 막대한 자본투입이 필요하다. 자본의 투입 시기도 초기 단계에 집중적으로 투입되고 투입 자본의 회수는 장기에 걸쳐 이루어지는 속성을 보인다. 국가나 지방자치단체가 공공의 이익을 위해 재정을 투입해야 하는데, 막대한 재정을 정부와 지자체가 부담하는 데는 한계가 있다. 따라서 이용자의 사적 편의성이 발생하는 사업의 경우에는 외국인투자나 민간투자를 적절히 유치하여 사업의 경제성을 확보한다. SOC 대형프로젝트는 외국인투자 파트너십을 적용해야 하는 좋은 사례로서 이후에 별도로 추진방안을 소개한다.

투자 파트너십의 개념

투자 파트너십은 외국인투자 마케팅활동에서 주요분야, 즉 이미지구축, 투자창출, 투자서비스, 정책옹호 등과 같은 수준으로 중요하며, IPA의 업무로서 이들 핵심분야의 마케팅활동을 수행하는 과정에서 IPA의 능력을 향상하게 해주는 일종의 수단이 된다. 투자마케팅 전략을 실행하는 동안, 파트너십을 개발하고 활용하는 것은 성공적 투자유치를 위해서 IPA가 해야 하는 일이다. 그런데도 우리나라를 비롯한 많은 국가에서 파트너십 구축을 소홀히 하는 경향이 있다. 투자 파트너십 정의와 투자 파트너십 구축의 필요성, 투자 파트너십의 유형을 차례대로 설명한다.

● 투자 파트너십의 정의와 구축 필요성

“파트너십은 IPA의 투자 유치체계 내 리더십 발휘, 투자마케팅 비용 절감, 지원서비스의 질적 향상 등을 위한 전략적 수단이다.”

외국인투자 유치를 위한 **투자 파트너십**이란 투자마케팅 프로그램의 세부 내용들을 개발하고 이행하기 위하여 공공 및 민간부문 관련 단체들과 공동으로 사업을 전개하는 것으로 정의할 수 있다. 중앙정부, 지자체, IPA를 비롯한 투자유치와 관련한 조직들은 투자유치의 모든 활동을 자신만의 능력으로 해결한다는 것은 비효율적일 뿐 아니라 투자유치 성공률에도 좋은 방법은 아니다. 외국인투자 유치활동에서 투자지원 서비스의 대상은 법과 제도, 회계와 재무, 건설과 건축, 문화, 의료, 교육 등 다방면에 걸쳐 있다. 투자유치에 성공적이라 평가받는 투자유치기관들은 자신의 활동을 도와주는 공식/비공식 파트너들과의 네트워크를 구축해 놓은 상태에서 투자유치 활동을 한다.

IPA의 **투자 파트너십 구축 필요성**은 모든 활동을 투자유치기관이 단독으로 추진하는 것보다 협력기관들과 공동으로 추진하는 것이 더욱 효율적이기 때문이다. 투자유치를 위한 파트너들은 투자유치기관이 가지지 못하는 자원을 제공해 준다. 따라서 파트너십 구축은 투자유치기관의 능력을 향상해 주는 일종의 수단이라고도 할 수 있다.

- **자원제약 :** 투자유치 활동과정에서 부족한 예산, 조직력 등을 보완하기 위해 중앙·지방정부 및 산하 단체들과 함께 협회, 법률/회계법인, 비즈니스 컨설팅회사 등 민간단체나 기업과 제휴하여 부족한 자원을 확보한다.

- **제한된 권한 :** 투자유치 과정에서 인허가권, 행정의 재량권 등 원스톱서비스를 지원하는 데 있어 법적·제도적 권한을 갖고 있어야 하는데, 권한들이 중앙정부, 지자체, 관련 공공단체 등에 분산돼 있어 이들 기관 간 협력을 통해 권한을 확보할 필요성이 존재한다.

- **전문가 확보 :** 투자유치활동 전반에 걸쳐 혹은 각 분야에서 업무를 전문

적으로 처리할 수 있는 직원을 한 조직에서 모두 채용하여 보유하고 있기에는 비용 측면이나 조직의 규모 측면에서 한계가 있으므로 외부 전문가 풀(pool)을 활용한 필요가 있다.

- **정보수집 :** IPA 내 축적된 정보만으로 투자자의 투자결정에 필요한 정보·자료를 충족하기 어렵고, 또한 투자자에게 정확하고 풍부한 정보를 제공하기 위해서 각 분야에 전문화된 정보제공기관이나 정부의 통계청과 같은 단체들과 협력 관계를 구축한다.

- **관계 형성 :** 투자자 리스트 등 잠재 투자자 수요를 발굴하기 위해 산업별 전문협회, 상공회의소, 경제단체, 컨설팅회사 등과 정보교환, 자료공유가 필요하며, 넓은 의미에서 IPA는 지역 내 이들 단체에 투자유치를 통한 지역의 경제적 이익을 함께 나눌 필요가 있다.

● 투자 파트너십 유형

파트너십은 투자유치 프로세스 전체 과정에서 필요하며, 참가 구성원의 분야, 소속, 참여목적과 기대이익 등의 기준으로 다양하게 유형화할 수 있다. 본 장에서는 편의상 파트너십 유형을 주요 투자프로세스를 기준으로 투자상품개발 파트너십, 투자마케팅 파트너십, 사후관리 파트너십 과정 등으로 나눈다.

- **투자마케팅 파트너십 :** 투자마케팅 과정에서 파트너십은 마케팅 활동의 범위가 넓은 만큼 광범위한 파트너십 구축을 요구한다. 투자자에 따라서는 기존에 도입하지 않은 새로운 기법을 요구하기도 하며, 과거 사례보다 규모가 큰 투자유치 건에 대해서는 정해진 예산보다 더 높은 마케팅 비용이 청구되기도 한다. 정부 부처, 통계청, 전시장 운영기관, 무역촉진기관 등과 공공기관과 협력 이외에도 부동산개발회사, 투자금융사, 홍보기

표 4-5 투자유치 과정별 협력 파트너(예시)

유형	협력 영역	협력파트너 예시
투자상품 개발 파트너십	산업단지	산업단지공단, 토지주택공사, 수자원공사, 에너지관리공단, 자유무역지대 등
	운송 인프라 및 서비스	국토교통부, 도시철도공사, 해운항만청, 지하철공사, 민간 SOC 개발업체
	노동력 숙련도	고용노동부, 노동 관련 단체, 대학, 직업훈련원
	세관 및 입출국 지원 업무 지원 및 시설	고용노동부, 관세청/세관, 법무부, 공항출입국관리소, 산업/수출 관련 협회
	교육 시스템	교육부, 대학, 직업훈련원, 상공회의소, 중소기업부
	투자유치 관련 법규 및 규정	중앙정부, 관련 부처, 국내외 법률법인
	투자인센티브와 국내금융	기획재정부, 산업부, 국세청, 관세청, 산업단지공단, 은행, 보험회사, 창업투자회사
	지역개발	지방자치단체, 토지주택공사
	투자승인절차	중앙정부, 지방자치단체, 법률법인
투자마케팅 파트너십	투자유치 핵심 메시지	문화관광부, 관광진흥단체, 산업부, 상공회의소, 지방자치단체, 외국기업협회
	유치산업에 관한 홍보물	업종별 협회, 산업연구원, 연구기관, 유틸리티회사, 상공회의소
	산업단지/시설물에 관한 홍보물	공단관리공사, 토지주택공사, 지방개발공사, 부동산개발업체, 전기 · 통신 유틸리티 회사
	투자여건에 관한 홍보물	전문홍보기업, 은행, 법률법인, 회계법인
	잠재적인 투자기회 창출	해외 대사관, 해외 상공회의소, 업종별 협회, 은행, 투자전문 컨설팅회사, 부동산개발회사
	무역전시회 참가	국내외 상공회의소, 무역협회, 업종별 협회, KOTRA, 무역전시장
	해외로드쇼/국내투자설명회, 투자세미나, 개별 상담	정부와 지자체, 투자전문기업, 은행, 산업별 협회, 상공회의소, 부동산개발업체
	투자사절단	국내외 상공회의소, Invest KOREA, 업종별 협회
	기사게재, 언론기관 방문	국내외 언론사, 홍보기획사, 광고제작 대행사
	마케팅 DB 개발	국내외 상공회의소, 대사관, 신용평가사, 은행, 업종별 협회, 정보서비스회사
	방문 환영행사	지방자치단체, Invest KOREA, 업종별 협회, 상공회의소, 은행, 산업관리공단, 방문투자자의 국내 지사
투자 사후관리 파트너십	타당성 조사	투자전문서비스 회사, 회계법인, 법률법인
	고용 및 훈련계획	고용노동부, 고용정보원, 산업인력공단, 노동조합, 중소기업부, 지방자치단체
	전기 · 수도 · 가스 설치	한국전력, 가스공사, 수자원공사, 에너지공단 등 유틸리티회사, 지방자치단체
	산업단지/시설물 건설	산업단지공단, 토지주택공사, 지방개발공사, 부동산개발업체, 지방자치단체
	마케팅/부품조달 정보	업종별 협회, 상공회의소, 산업전문잡지
	법률 · 회계 · 금융 정보	법률법인, 회계법인, 은행, 보험회사
	고충처리, 사후관리	옴부즈만, Invest KOREA, 지방자치단체, 관련 민원의 주무 부처와 기관, 지방자치단체

획회사, 광고 캠페인 대행사 등 민간의 창의력 있는 기관으로부터 무료 또는 최소비용으로 협력을 끌어내는 일은 신생 IPA일수록 어려움이 큰 극복해야 할 과제이다.

- **투자 사후관리를 위한 파트너십 :** 잠재 투자자가 투자를 결정한 후 입지에 생산시설물을 건립하고 관계기관으로부터 인허가를 취득하는 과정에서부터 지역 내 근로자를 채용과 교육훈련을 시행하고, 또한 정상적인 공장가동과 이후 지역사회에 안착할 때까지 IPA의 투자서비스 활동은 계속된다. 투자 결정 이후에 더 많은 서비스 수요가 발생하며, 이를 해결하기 위해서는 더 넓고 성숙한 파트너십 관리운영이 필요하다. 회계법인과 법률법인, 세무법인, 은행, 보험회사 등의 파트너들이 파트너십에 몰입도를 높이고 더욱 헌신적으로 서비스에 참여하는 시점이기도 하다. 이들 파트너에게는 외국인투자기업이 잠재고객이 되기 때문이다. IPA는 이해관계를 조정하여 원활한 서비스제공과 안정적인 파트너십 관계가 유지되도록 한다.

투자 파트너십의 관리

투자 파트너십을 처음에 구성하고 출범하는 것도 중요하지만, 이를 지속적으로 유지하고 유대관계를 강화해 나가는 것도 IPA의 역할 중 하나다. 투자 파트너십은 투자자에게 서비스제공이 마무리될 때까지 관리한다. 파트너십 관리는 파트너에게 협력과 참여 동기를 유발하는 것을 비롯하여 파트너십 운영비용 조달과 일정관리, 리더십, 평가 등이 관리의 대상이다.

● 파트너십의 동기유발

IPA가 파트너십을 구축하는 주된 목적과 편익은 잠재 투자자가 유리한 투자의사 결정을 하도록 지원하여 투자를 최종적으로 유치하는 데 있다. 파트너십 참가자도 IPA와 같이 투자유치의 성공을 목적으로 하고, 투자유치 이후의 편익을 공유할 수 있는 기관을 파트너로 선정한다.

파트너 그룹을 구성하면, 파트너의 동기를 유발하여 구성한 그룹이 같은 목적으로 업무에 몰입하도록 한다. 파트너들이 참가하게 된 주된 목적은 투자한 외국기업이 장래의 잠재적 신규 고객이라는 공통점이다. IPA는 이에 착안하여 투자유치 편익에 대한 홍보를 그룹 구성원에게도 간헐적으로 언급함으로써 동기유발의 주의 환기가 필요하다. IPA의 **동기 유발 행위**로서 다음 내용을 포함한다.

- 파트너들이 IPA의 투자유치 활동의 취지나 목적에 대해 충분히 인식할 수 있도록 설명한다.
- 파트너들에게 투자유치에 따른 기대이익을 투자자의 관점에서 설명해 준다.
- 파트너로 참여하였을 때 얻는 기회들, 즉 잠재고객 확보, 경력 사항에 도움, 공익 프로젝트 참여로 기관의 이미지 제고 등을 얻을 기회임을 명확히 밝히고, 이를 기초로 파트너 공동의 이익을 추구하게 한다.

● 파트너십의 운영자금 조달

임무를 수행하는 조직이 활동하는 과정에서 필요 경비가 발생하는 것은 당연하다. 투자유치를 위해 파트너십으로 결성한 그룹도 활동에 경비지출이 수반된다. 따라서 파트너십의 중심인 IPA가 파트너십을 유지하고 활동을 전개하는 데 운영자금 조달방안을 계획하고 충당해야 한다. 운영자금으로 기금을 도입하기 전에 **검토 및 합의사항**을 아래에 열거하였다. 이러한 사항들의 면밀한 검토와 합의 없이 기금을 도입하였을 때 파트너십 운영과 지속에 예상치 않은 결과를 초래할 수 있다. 특히 예전에 협력 관계가 경험이 없던 신입 파트너가 참여할 경우에는 더욱 주의가 필요하다.

- 파트너십은 공식적인 업무협정 체결 혹은 서면합의 사항인가?
- 기금은 언제, 어떻게 확보하는가?

- IPA는 기금조성에 직접 기여(납부)해야 하는가?
- 어떤 상황에 이르면, 기금을 납부한 파트너에게 반환 또는 상환해야 하나?
- 기금사용에 따른 중간보고서 및 정산을 해야 하는가?
- 파트너십 기간 중 기금사용을 심사하는 종합 회계감사를 받아야 하나?

● 파트너십 관리를 위한 리더십

투자유치를 기획하고 주업무를 하는 기관은 IPA이다. 파트너십 구성과 운영은 IPA의 배타적 업무라기보다는 성공적 투자유치를 위한 마케팅활동의 지원 업무에 해당한다. 따라서 파트너 그룹을 유지하기 위한 리더십의 주체도 일반적으로 IPA가 담당한다. 하지만 상황에 따라서는 구성원 중 다른 기관이 리더십을 맡는 경우도 있다. 파트너 그룹 자체가 이익집단이 아니며, 파트너 그룹 자체의 성공이 파트너십의 궁극적 목적이 아니다. 그러므로 IPA는 최적의 파트너십 운영 효과를 높이기 위해 적합한 리더가 있다면 당연히 리더십을 해당 기관에 양보하거나 이임한다. 다만 그렇더라도 공공기관인 IPA는 파트너십이 본래의 목적에 맞게 유지되고 있는지를 점검하고 관리해 나간다.

● 파트너십의 일정관리

파트너십을 운영하다 보면, 동일 조직이 아닌 프로젝트 조직형태이기 때문에 본래의 목적에서부터 벗어나 운영되더라도 파트너십 자체는 계속해서 스스로 유지되고 있는 경우가 종종 발생한다. 이러한 사황에 직면하지 않도록 **파트너십을 위한 일정표**를 작성해 놓고 이에 따른다. IPA는 주기적으로 파트너십을 점검하기 위한 목록을 파트너들에게 제시하여, 최종 목표인 투자유치로 진행되고 있는지를 모니터링한다. 파트너십 진행 과정에서 일부 파트너들은 역할이 끝나면 수시로 그룹에서 탈퇴할 수 있게 한다. 그렇지 않으면 오히려 다른 파트너에게 부정적 영향을 미치는 경우가 발생한다. 생산성은 별로 없으면서도 누구도 나서서 폐지를 건의하지도 않는 파트너십 모임에 시간과 재원을 낭비하고 있다고 느꼈을 때는 즉시 점검하고 조처한다. 출범 후 3~6개월 정도가 지난 시점에는 반드시 일괄적 점검 시간을 갖는다.

파트너십의 평가

투자 파트너십은 목표달성 여부를 판단하기 위하여 주기적으로 점검하고 측정한다. 잠재 투자자가 입지 방문프로그램을 마치고 투자의사를 표명한 프로젝트라면, 출범 이후 6개월까지 적어도 2~3회의 미팅을 주최한다. 이 기간에 파트너십이 어떻게 기능을 수행하고 있으며, 목표달성을 위해 맞는 방향으로 가는지 파트너십의 안착 여부를 점검한다. 별문제가 없다면 이후부터는 분기별로 정기적으로 안건을 처리하거나, 안건이 발생할 때 소집하여 회의를 진행한다. 그래도 1년에 2회 이상은 실시한다. 개최 횟수는 일률적인 것이 아니라, 잠재 두자사 상황과 투자 가능성을 고려하여 조정한다. 파트너십의 효과적 운영을 위한 평가는 IPA의 투자유치성과를 좌우하는 요소 중 하나다.

파트너십 평가를 위한 **자체 질문사항**을 다음과 같이 정리한다.

- 목적 및 참여의식을 공유하고 있는가?
- 파트너십 구성원들은 목표에 충분히 헌신하는가?
- 파트너 간 상호 정보 교류와 학습장치가 있는가?
- 파트너십이 투자기회창출과 관련 있게 운영되고 있는가?
- 파트너들은 목표달성을 위한 업무를 수행할 능력이 있는가?
- 필요한 파트너들은 모두 참가하고 있는가?
- 일정계획에 따른 합의된 실행계획이 있는가?
- 파트너십 운영에 필요한 규정이 누락된 경우가 없는가?
- 구성원 간 업무 분담 및 책임 한계는 명확한가?
- 파트너십 대표의 역할에 대하여 구성원들 모두가 이해하고 동의하였는가?
- 의견대립 방지와 중재를 위한 메커니즘이 작동하고 있는가?

대형프로젝트 추진 파트너십 관리

대형프로젝트 추진을 위한 사회간접자본(SOC)과 같은 대형프로젝트 개발사업은 외국인투자 유치를 위해 파트너십을 적극적으로 활용해야 하는 대표적인 대상이다. 인프라가 건설되는 지역의 지자체가 때로는 수백억 원의 투여되는 SOC 사업에 재원을 충당하기 위해 외국인투자 유치를 홀로 기획하고 추진하기는 쉽지 않다. 외국인투자자를 이끌기 위해선 프로젝트의 상품화와 이를 마케팅하기 위한 준비가 필요하다. 외국인투자 마케팅과정에서 IPA를 비롯한 관련 기관과 파트너십 결성도 투자유치 성공을 위해 필수이다.

"SOC 외자유치는 파트너십 구축과 관리가 필수적이다."

[그림 4-6]은 일반 투자자와 지자체의 투자수익률에 대한 반응 차이를 보여 준다. 인프라 개발사업에 참여하는 정부도 일반 투자자와 마찬가지로 투자자금을 회수하고 투자 수익을 배당받는다. 지자체는 개발사업의 원활한 출범을 위해 개발 초기 단계에서 높은 위험부담을 감수하는 조기 투자자 역할을 자처한다. 또한 개발사업이 완료될 때까지 가장 늦게 투자자금을 회수하며, 낮은 수익률을 감수하고 프로젝트에 참여한다.[84] 이는 지자체 수준에서 만족하는 프로젝트 수익성

그림 4-6 정부·공익투자자와 민간투자자 간 투자 속성 비교

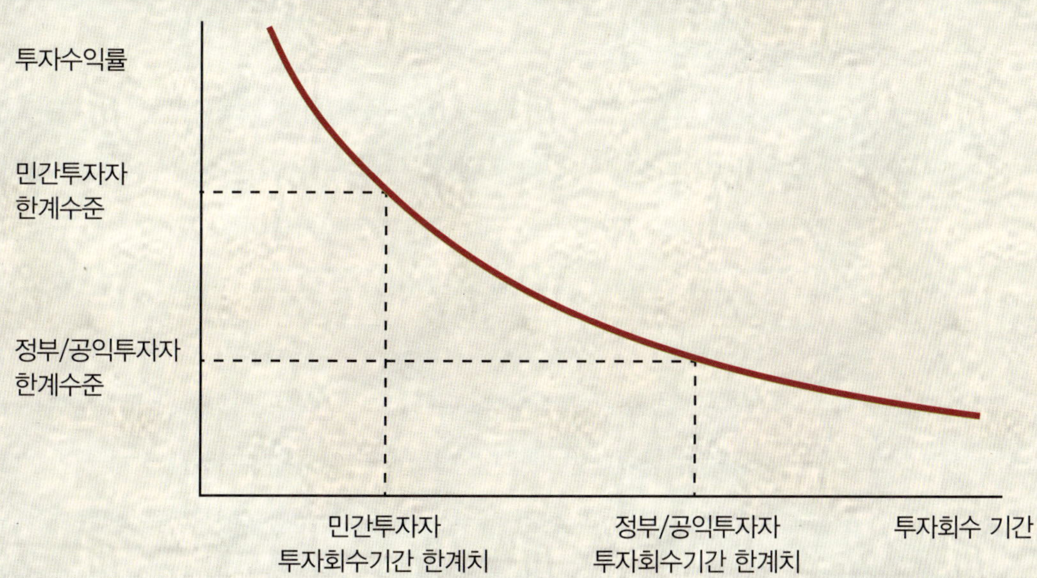

을 보고 외국인투자자가 프로젝트에 참여하지는 않는다는 것을 시사한다.

지역주민의 공공 이익을 위해 꼭 필요하면서도 참여하는 민간투자자에게 수익을 줄 수 있는 **SOC 프로젝트 추진방안**을 전문가 워크숍 개최와 같은 파트너십을 중심으로 설명한다.

● 파트너십 내부 의견 협의

지자체 내부조직인 프로젝트 개발팀과 중앙부처 및 IPA 간에 정보가 원활하게 소통되지 않아 해외 홍보의 기회 및 지원제도를 활용할 기회를 잃지 않도록 한다. 지자체는 외부의 관련 기관과 협력체제를 구축하고, 내부적으로 내부 이견의 조율을 위한 협력체제를 구축한다. SOC 프로젝트는 지자체 내에서도 많은 이해관계가 얽혀 있어, 효율적으로 외부 협력기관과 협력방안을 논의하기 위해 시자제 내에서 먼저 의견 합의가 이루어져 있어야 한다. 지자체 내 프로젝트 개발팀은 여러 관련 부서로부터 기존의 검토 자료 및 관련 문서를 취합하고 정리하여 중복검토나 정보 불균형으로 인한 부서 간 입장 차이 발생을 사전에 방지하고 추진 방향에 대한 일차적인 합의를 도출하기 위해 노력한다.

● 파트너십 워크숍 개최

지자체는 프로젝트에 대하여 전문가들의 의견을 들어볼 수 있는 워크숍 개최를 준비한다. 학계, 업계 등에서 프로젝트 관련 분야 전문가들을 섭외하고 이들에게 사업 관련 자료를 배포한 후, 전문가들의 사업에 대한 의견을 서면으로 제출토록 한다. 접수된 의견 중 공통된 부분을 중심으로 토의주제를 선정하고 워크숍을 준비한다. 워크숍에는 관련 전문가들과 기존에 유사 프로젝트 분석을 수행한 회사 측 대표, 프로젝트 개발팀 외에도 관련된 지자체 공무원 등이 참여하여 개발대상 입지 답사, 주제별 토론, 전체 개발 방향 등에 관한 토론과 협의 과정을 갖는다. 많은 지자체에서 프로젝트가 상당 부분 진행된 후 전문가 초청 워크숍을 실시하는 경우가 많은데, 이보다는 계획

그림 4-7 SOC 프로젝트 파트너십의 워크숍 개최 절차

수립 초기 단계부터 워크숍을 개최해야 전문가들의 다양한 아이디어와 현실성 있는 개발방안을 대폭적으로 수용할 수 있다. 프로젝트 개발 초기부터 워크숍에 전문가 참여는 향후 프로젝트를 추진하는 과정에서 전문가들로부터 심도 있는 도움을 쉽게 끌어내는 계기가 된다.

● 프로젝트 제안과 용역사 선정

타당성 조사 용역업체 선정을 위해 제안요청서(Request for Proposal: RFP)를 작성한다. 프로젝트의 성공을 위해 매우 중요한 절차인데 소홀히 하는 경향이 있다. 제안요청서에 대상 프로젝트에 대한 간단한 설명과 용역예산, 업체 선정 방법만을 짧게 소개하고 과업의 범위가 정확하게 설정되어 있지 않은 경우가 대부분인데, 이를 지양한다. 그림으로 그릴 때 외국인투자자에게 신빙성을 얻는 분석 자료가 용역회사로부터 나오기 위해서는 용역회사에게 구체적인 과업 범위, 요구하는 수행업무가 명확히 제시돼야 한다. 이러한 사항들이 담긴 제안요청서를 용역을 받고자 하는 회사들에 배포한다. 지자체가 가지고 있는 각종 자료와 워크숍 개최 등을 통해 수집된 전문가들의 의견이 일목요연하게 정리되어 있어야 함은 물론이며 또한 지자체의 기본적인 추진 방향과 아이디어를 논리적으로 보여 주어야 한다. 상세하고 정확한 제안요청서가 배포되어야 용역회사들로부터 구체적이고 타당성 높은 투자제안서를 제작하게 할 수 있으며, 프로젝트에 가장 적합한 유능한 용역회사를 선정할 수 있다. 제안요청서의 내용은 법적 효력을 갖고 계약의 기초가 되기 때문에 향후 프로젝트 진행 및 용역 결과의 질과 연계된다. 용역회사 선정과정에 워크숍에 참석한 전문가 몇 명을 참여하여 프로젝트 개발 방향의 연속성을 갖게 한다. 또한 입찰 선정회사 이외에도 입찰에 참여한 모든 용역회사도 프로젝트에 성공적으로 외자를 유치하기 위한 잠재적 파트너십 구성원임을 잊지 말고 장기적 차원에서 건설적인 업무 진행을 추진한다.

● 프로젝트 타당성 분석

프로젝트 용역과 진행과정에서 용역회사에 직·간접적으로 지자체의 희망사항을 피력하여 용역 결과에 지자체 의도가 그대로 반영되면 곤란하다. 지자체의 희망 사항은 프로젝트의 기대수익률이 30%를 상회하는 것이다. 만약 이 같은 수익률이 객관적이고 타당한 방법으로 예측된 결과라면 굳이 지자체가 나서지 않더라도 국내 민간기업들로부터 참여 신청이 줄을 이었을 것이고, 금융기관으로부터 투자금 차입에 문제가 없었을 것이다. 과대 수익률 예상은 지나치게 낙관적인 수요추정에 기초한 것으로 말 그대로 희망 사항에 불과할 뿐 오히려 외국인투자 유치에 도움이 되지 않는다. 용역업체가 타당성 분석을 객관적이고 합리적인 근거를 가지고 수요추정을 할 수 있도록 지자체는 분석과정에서 중립을 지켜야 한다. 지역의 공공의 이익에 중요한 프로젝트여서 반드시 시행이 필요한데, 그런데도 분석결과가 수익성이 낮은 것으로 판별되면 숫자를 부풀리는 방법을 찾기보다는 중앙정부 지원이나 추가로 투입할 재정 마련, 투자 인센티브 확대 방안 등의 대안을 찾도록 한다. 이를 통해 외국인투자자의 실질 수익률을 개선하는 방안이 합리적이다. 낮은 예상 수익률을 숨긴다고 문제가 해결되는 것은 아니며, 프로젝트 진행의 투명성도 개발 프로젝트의 매력도 일부임을 잊지 말아야 한다.

● 프로젝트 참여와 지원

SOC 민간투자사업에 참여하는 외국인투자자는 크게 전략적 투자자(strategic investor)와 재무적 투자자(financial or passive investor)로 구분된다. 전략적 투자자는 건설회사, 엔지니어링 회사, 시스템 공급사 등으로 기술, 장비, 시공 등과 함께 프로젝트 시행사의 일정 부분의 지분을 갖는다. 이들은 시설이 완공되고 나면 자기 지분을 매각한다. 재무적 투자가는 펀드나 금융기관 등으로 투자이윤을 목적으로 하는 투자자이다. 지분투자에 대한 이익을 기대하며, 전략적 투자자와 연계하여 투자를 시행한다. 건설 및 운영회사와 같은 전략적 투자자의 프로젝트 참여에 따라 이들과 영업 관계를 형성할 수 있어, 이는 참여 동기로 작용한다.

지자체 개발 프로젝트 중 상당수는 사업성보다는 낙후지역 개발이나 고용창출 등 지역경제 파급효과 측면의 정책목표를 달성하기 위해 추진하는 만큼, 개발 초기 단계에 민간투자를 유도하기 위해서는 지자체 지원을 초기에 집중할 필요가 있다. 초기 지원 사업으로 지자체는 개발대상지에 도로, 상하수도 등 기본 인프라 건설 지원을 제시하고 있으나 어떤 인프라를 얼마만큼, 어떤 재원으로, 언제 지원할지를 구체적으로 제시하는 경우가 많다. 조세감면, 국공유지 무상임대 등의 혜택도 법적으로 완전히 결론이 나지 않은 상태에서 홍보자료에 기재되는 일도 있다. 지자체의 약속이 잠재투자가들에게 설득력이 있으려면 협상력을 저해하지 않은 범위 내에서 구체적인 지원범위와 재원조달 방법을 명시해야 한다. 성공적인 SOC 개발사업의 추진을 위해서는 사전에 정확한 사업 타당성 분석이 선행되어야 함은 두말할 나위가 없다. 또한 추진과정에서 외국인투자자에 대한 협상 전략의 개발이 필요하다. 일반적으로 외국인투자자는 투자자의 지위를 이용하여 폭넓은 부분에 무리한 요구를 할 경우가 있는데, 이를 지자체가 들어주면 향후 지자체 재정에 문제가 초래할 가능성이 크다. 지역경제와 공공 이익을 포기하는 일이 있더라도 냉철한 판단력을 요구하는 상황이라 하겠다.

외국인투자 유치 협상 전략

투자유치 협상의 개념

투자유치 협상은 비즈니스 또는 사회에서 발생하는 일반적인 협상과 참가자와 대상, 그리고 추구하는 이익 등에서 차이가 있을 뿐 섭근법이나 개념은 대동소이하다. 투자협상에 들어가기 전에 일반적인 협상에 대한 지식을 아는 것도 중요하지만, 외국인투자에 대한 기본적인 이해와 지식이 있어야 한다. 외국인투자가 왜 일어나며 결정요인이 무엇인지, 또한 외국인투자의 경제적 효과가 무엇인지를 이해하고 있어야 투자협상의 갈등 발생으로부터 해소까지 전 과정에서 일관적인 입장을 견지할 수 있다. 다음은 일반적 협상 개념으로부터 **투자유치 협상의 정의와 구성요소**를 추론하여 기술한다.

- 투자유치 협상의 정의

협상이란 갈등의 관계에 있는 둘 이상의 사람 또는 집단들이 상호작용을 통해 문제를 해결하려고 노력하는 과정이라 할 수 있다. 이를 풀어서 말하면 다음과 같다. 협상은 첫째, 둘 이상의 사람들 간에 일어나는 일이다. 혼자만이 있을 때는 협상이 존재하지 않는다. 둘째, 사람들이 그저 존재하는 것이 아니라 이들 간에 갈등이 존재해야 한다. 당사자가 서로 다른 이익이나 입장이 있어야 하고 또 그것들이 서로 마찰을 빚어야 한다. 서로 모든 것에 뜻이 일치하는 경우에는 협상이 존재하지 않는다. 셋째, 서로 다른 둘 이상의 사람 또는 집단 간에 갈등이 있을 뿐 아니라, 이를 해결하기 위한 노력과 의지가 당사자 간 존재해야 한다.

외국인투자유치 협상도 이러한 협상 범주에 포함된다. 위협에 의한 수동적 대응이 아닌 경제적 이익과 관련된 능동적 대응 차원의 협상이며 주로 정부(지방자치단체와 국가기관)와 개인(기업) 간 협상이라는 특징이 있다. 투자유치 마케팅은 성공적인 투자협상을 포함한다. 외국인투자유치의 성공적인 협상 전략을 위해 협상에 대한 기본 개념 및 원칙 그리고 추진전략을 설명하면 다음과 같다.[85]

“투자유치협상은 G to C(정부와 민간인) 성격을 띤다.”

● 투자유치 협상의 구성요소

협상에서 **갈등의 해소**는 쟁점, 입장, 이익, 합의 가능 범위, 합의 등 일련의 과정을 통해 진행된다. **쟁점**이라 하면 ‘협상에서 갈등을 발생시키는 대상’을 말하며 입장은 ‘협상자 간 쟁점에 대한 지지 방향’, **이익**은 ‘협상자 측에 도움이 되는 것’을 말한다. 또한 **합의 가능 범위**란 ‘협상자들 간에 합의가 가능한 범위’이며, **합의**란 ‘갈등의 원천인 쟁점의 해소’를 말한다. 이와 같은 갈등의 해소과 진행되는 과정에서 영향을 미치는 요소로서 협상력과 협상자원이 있다. **협상력**은 ‘협상과정에서 합의에 영향을 미치는 협상의 원천’이며 협상자원은 ‘협상력을 구성하는 개별요소’를 말한다.

이와 같은 개념을 바탕으로 투자유치 **협상의 구성요소**를 정의하면 다음과 같다. 첫째, **투자협상에서 쟁점**은 투자협상에서 갈등을 발생시키는 대상으로 촉진수단과 규제수단에서 발생한다. 촉진수단으로서는 주로 인센티브 제공 대상 및 수준, 그리고 규제수단으로서는 외국인투자자의 소유지분율, 투자 금지 업종 허용 여부 등이다. 주요 촉진수단인 인센티브가 크게 조세감면, 보조금 지급, 독점시장 허용 등 세 가지로 분류할 수 있음을 감안하면, 구체적으로 조세감면 폭과 기간의 문제, 보조금 제공 액수, 시장보호 방법 등에서 구체적인 쟁점 요인이 발생할 수 있다.

둘째, **투자협상에서 입장**이라 함은 협상자 양자 간 인센티브 제공 및 규제

허용 폭에 대한 태도라고 할 수 있다. 일반적으로 투자자 측은 인센티브 제공 크기와 규제허용 폭이 크고 넓기를 바라는 입장이며, 투자유치자 측은 반대 입장을 취한다.

셋째, **투자협상에서 이익**은 투자를 유치하려는 정부에게는 고용창출, 지역개발, 기술이전과 같은 경제적 파급효과이며, 외국인투자자에는 직접적으로는 투자수익률의 극대화 또는 자체적으로 수립한 시장진출 목적 등이 된다.

넷째, **합의 가능 범위**란 정부의 이익을 고려하여 제공할 수 있는 인센티브 조건과 규제완화 조건이다. 즉 인센티브 측면에서는 제공하는 현금보조금 크기, 공장부지 제공 여부, 임대료 감면, 법인세 및 각종 세제의 감면 등이 해당한다. 규제완화 측면에서는 소유지분율 허용, 현지의무 조달비율 완화, 투자제한 업종 허용 등이 해당한다.

다섯째, **합의**란 투자협상의 쟁점인 인센티브 제공수준, 제한 및 규제 미적용 등에 대해서 양자 간 합의로 갈등이 해소되어 의사 일치를 보는 것이라 할 수 있다.

투자유치 협상의 시행

투자협상의 개념을 이해하였다면 투자협상을 성공적으로 추진하는 요령을 알아보자. 투자협상은 참가 당사자 간 이익의 크기가 다를 수 있지만, 한쪽이 이익을 보면 상대방은 손해를 보는 '제로섬 게임'이 적용되는 거래가 아니다. 투자유치자의 이익은 지역 내 경제파급효과이며, 투자협상의 결과물은 이에 대한 직접적인 득실이나 크기가 아니라, 이를 얻는 대가로 지불하는 인센티브 제공수준이나 규제완화 폭이다. 그래도 지나친 투자자의 요구를 들어줄 경우에는 긍정적 경제파급의 이득보다 더 큰 손실을 치를 수 있다. 예를 들면, 환경오염, 시장 독점화, 시장개방에 따른 국내산업의 붕괴 등에 대한 문제 외에도 지역 여론 악화로 향후 투자유치에도 폐해가 발생한다.

투자협상 전략의 기본은 사전준비를 철저히 하고 자신과 상대방을 파악하며 합의 가능 범위에 이를 수 있도록 신축적인 대안을 제시하는 것이다. 대안은 반드시 원칙을 반영하여야 하며 협상 과정에서 중개인 또는 중재인을 적절히 활용한다. 또한 협상자 간 관계 및 신뢰구축은 협상의 성과를 좌우하므로 협상 후 사후관리까지 고려하는 장기적 관점에서 협상 전략을 수립한다. 이와 같은 **투자협상의 요령**을 소제목을 붙여 정리한다.

● 사전준비를 철저히 할 것

사전준비과정은 정확하고 풍부한 자료의 준비로부터 시작된다. 투자유치지역의 투자환경에 대한 통계 및 홍보자료, 관할 지역 내 진출한 외국인투자기업의 현황 및 운영상태, 상대 외국인투자자에 대한 투자전략, 재무상태 등 경영정보 등을 파악하여 자료로 정리해 둔다. 외국인투자자가 현지국의 회계시스템, 통계정보 등에 불신을 한다면 해외 데이터를 인용하고 믿을 수 있는 정보기관의 이름으로 자료를 작성하여 제출하여 신뢰감을 높인다. 자료는 정확한 영문으로 번역하여 애매한 의미전달로 인한 오해를 사전에 방지한다. 이미 지역 내에서 성공한 외국인투자기업의 성공사례를 수집하여 홍보물로 작성하거나 성공한 기업의 성과지표를 정리하여 제공하는 것도 공감을 얻을 수 있는 좋은 방법이다. 하지만 이와 같은 사전자료를 준비하는 데 소요비용도 만만치 않을뿐더러 지자체의 한정된 전문인력과 자원은 제약요인이다. 따라서 모든 자료를 사전에 준비할 수 없다면 최소한 필수적인 자료만이라도 정보의 질을 높인다. 추상적이고 부정확한 자료는 오히려 투자가에게 제공하지 않는 편이 더 낫다.

● 자신을 먼저 정비한 후 상대방을 바라볼 것

투자유치 주체는, 즉 중앙정부나 지자체는 왜 외국인투자를 유치해야 하는지 이유와 투자협상의 타결로 얻는 지역의 이익을 명확히 파악하고 협상에 임한다. 자신의 이익에 대한 우선순위와 비중을 정해 두고 있지 않으면, 협상 중 무엇을 양보하고 무엇을 버려야 하는지 판단이 필요할 때 망설이게 된다. 따라서 먼저 자신에 대하여 파악을 명확하고 확실히 바라는 협상결과를 정한 후 상대방을 바라보는 것이 중요하다. 이때 상대방을 바라본다는 것은 상대방의 강·약점을 파악하는 것과 함께 상대방 처지에서 바라본다는 의미도 포함한다. 실제로 상대방이 기대하는 바가 그리 크지 않음에도 불구하고 이를 과대하게 받아들임으로써, 괜히 더 큰 협상의 조건을 제시하여 협상 성과가 축소되는 경우도 있음을 주의한다.

● **협상과정에서 얻을 것과 양보할 것을 구분할 것**

처음에 목표했던 협상 성과를 끝까지 고수하며 협상을 종결까지 가기는 사실상 어렵다. 협상 과정에서 상황은 바뀌고 새로운 변수에 의해서 변하기 마련이다. 설사 여러 협상 조항에서 이득을 보았다 하더라도 애초에 협상을 시작하게 된 근원적인 조항, 즉 협상의 목적을 관철하지 못했다면 그것은 판정에서 이기고 승패에서 진 결과와 다름없다. 협상 과정에서 끝까지 양보하지 않을 것과 양보해도 좋을 것을 구분한다. 그래야 상황변화에 흔들리지 않고 최종적으로 협상에 따른 궁극적인 이익을 실현할 수 있다. 다만 어떤 것을 양보할 수 있고 없는가는 상대 협상자에게 노출되지 말아야 한다.

● **중개인과 중재인을 활용할 것**

협상 상대가 자신을 신뢰하지 못하거나, 자신의 지나친 체면유지로 인해 상대방과 협상 테이블에 마주 앉아 대화할 수 없는 상황이라면 협상과정에 대리인이나 중개인의 투입을 추천한다. 회사 경영상황이 좋지 않아 회사를 투자자에게 매각하거나 대주주의 지위를 이양하는 투자협상에서 종종 나타난다. 실제로 수년간 피땀으로 일군 회사를 자국의 경제위기나 침체로 인해 외국인에게 매각할 처지에 있는 현지 기업인에게 회사 가치에 대해 평가절하 하는 상대방에게 마음의 평정을 유지하기는 힘들다. 이때 필요한 것이 협상 대리자인 중개인이다. 중재인도 마찬가지다. 다만 중개인이 단순히 양자 간 합의점을 도출하는 데 도움을 주는 대리인이라면, 중재인은 합의점을 양자 간 받아들이도록 하는 권한을 가진 조정인이라 데 차이가 있다. 예컨대, 외국인투자기업의 국내기업 인수과정에서 시장잠식에 대한 공정거래위원회의 유권해석은 중재에 해당한다.

● 신축성 있게 대처하되 원칙을 지킬 것

상대방이 주장하는 것에 대해 곧장 반응하여 협상의 쟁점으로 삼는 것은 좋은 협상전략이 아니다. 상대방 전략에 말려들어 공격 한번 제대로 못 해보고 방어만 하다가 협상을 끝낼 수 있다. 상대방의 다른 주장들도 제안하게 하고, 이들 제안 중에 몇 가지를 골라 대응안으로서 역제안을 하고, 그중 하나를 쟁점으로 선택하게 한다. 이때 원칙을 버리고, 심지어 상충성을 가진 여러 안들을 나열식으로 제시해서는 안 된다. 대응안들은 일정한 원칙(방향성)을 포함하고 있어야 한다. 원칙을 거스르지 않은 범주 내에서 신축적으로 여러 방안을 제시하는 것은 궁극적으로 상대방 제안도 원칙 내로 이끌 수 있기 때문이다. 상대방 제안에 신축적으로 대응하되, 일관된 원칙과 방향성을 갖고 협상에 임하여 협상의 효과성과 효율성 달성을 꾀한다.

● 합의 후 사후관리를 철저히 할 것

협상에는 일회성 협상과 반복성 협상이 있다. 이 중 투자협상은 반복성이 높은 협상 분야이다. 우리나라도 여타 선진국과 마찬가지로 신규투자에 이어 기존의 투자를 확대하는 추가투자의 비중이 절반을 넘는다. 신규투자 협상과정에서 합의한 사항이 지켜지지 않는다면 해당 입지에 추가적 투자는 기대하기가 어렵다. 추가투자 유도 실패뿐 아니라 합의 내용 파기, 나아가 투자축소 및 철수 결정까지 이를 수 있다. 또한 협상의 사후관리를 등한시하는 것은 해당 협상에만 한정하여 부정적 영향을 주지 않는다. 투자입지 주변에는 이미 투자를 하여 운영 중인 다수의 외국기업이 있고, 또 각 나라의 상공회의소가 회원의 이익을 위해 정부 로비활동이나 여론 형성 활동을 하고 있다. 이들 간 정보공유를 통해 부정적 이미지가 구축된다면 향후 다른 투자를 유치할 기회마저도 상실하게 된다.

“투자협상은 추가투자를 고려할 때 반복성이 높은 협상유형이다.”

04 외국인투자 마케팅의 평가

외국인투자 마케팅평가의 개념

"투자유치 평가의 장기성은 공공기관의 순환배치 인사시스템에는 애로사항이다."

외국인투자유치 평가는 투자유치기관이나 정부 부처와 지자체의 외국인투자 유치활동의 효과성과 효율성을 체계적으로 측정하고 분석하는 과정이다. 투자유치 목표 달성도, 프로젝트개발, 투자환경 개선, 서비스 수준 향상, 경제적 파급효과 등 다양한 측면을 종합적으로 고려하여 이루어진다. **외국인투자유치 평가의 어려움**은 평가 대상이 이처럼 **종합성**을 고려해야 하는 것 외에도, 투자자가 해당 입지에 투자를 결정하기까지 의사결정 기간이 1년을 넘어서는 **장기성**에 있다. 보통 3년 정도를 보고 있으나 이것도 기업 사정과 투자의 성격에 따라 다르다. 기관이나 개인의 평가는 보상과 성과급 지급을 위해 일반적으로 1년 단위로 실시한다. 그런데 잠재 투자자가 기업의 성장전략으로 심사숙고하여 해외투자를 시행하는 속성을 감안하면 1년 단위로 평가를 하는 것은 마케팅활동 노력과 성과 간 인과성 측정에 무리가 따른다. 투자마케팅 주체 간 **기여도의 모호성**도 어려움을 더한다. 민간기업 수준의 투자유치 조직은 비교적 기여도에 대한 명확한 측정이 가능하다. 그러나 국가 단위, 또는 지자체 단위라면, 국가 및 지역에 유입된 투자액이 직접적인 유치활동의 결과로 인한 것인지를 측정하는 데 어려움이 있다. 투자자가 투자유치기관을 통하지 않고 지사나 제휴사 혹은 현지 거래처 등 개별 네트워크를 활용하여 투자를 실행하는 경우가 많으며, 또한 투자자 발굴에서 투자금액이 도착하기까지 각 단계에서 여러 기관, 즉 정부 부처, 관련 국가기관, 기타 투자서비스 전문기관 등이 참여하기 때문이다. 그런데도 외국인투자 마케팅의 평가는 반드시 실시하여야 한다. 외국인 투자유치 **성과평가의 필요성**은 다음과 같이 다양하다.

- **투자목표 달성도 측정 :** 성과평가를 통해 설정한 투자유치 목표의 달성 정도를 측정할 수 있어, 객관적인 투자유치기관 평가와 투자유치 일정관리에 도움이 됨.

- **투자유치 전략의 개선 :** 평가결과를 바탕으로 비효율적인 부분을 개선하고 목표에 부합하는 활동에 효과적으로 집중할 수 있어, 향후 개선된 투자유치 전략수립에 유용함.

- **책임성 확보 :** 성과평가는 평가를 통해 투자유치 활동의 성과와 한계를 명확히 파악할 수 있어 IPA와 같은 조직의 책임성을 확보하는 데 도움이 됨.

- **투자환경 개선의 정책제언 :** 평가과정에서 파악한 문제점들을 해결하기 위한 정책 방안 제언으로 투자환경 개선에 도움을 줌.

- **자원의 효율적 배분 :** 성과평가를 통해 투자유치기관이나 조직이 보유한 자원을 가장 효과적으로 활용할 수 있는 방안을 파악할 수 있어, 제한된 자원의 효율적 배분에 도움을 줌.

- **지속적인 성과관리 :** 정기적인 성과평가를 통해 투자유치 활동의 지속적인 관리와 개선으로 투자유치기관의 역량 강화에 도움을 줌.

투자마케팅 평가의 프레임워크

투자 유치의 특성은 단기적으로 성과가 발생하는 것이 아니며 하부 인프라를 구축하고 개선함으로써 비로소 달성되는 종합성과 장기성을 가진다는 것이다. 상품의 이미지를 단순히 촉진시킴으로써 실적을 증대시키기보다는 오히려 산업경쟁력, 노동의 질과 공급의 안정성, 사회시스템 등이 실적증가에 더욱 영향을 미칠 수 있다. 또한 중앙정부 및 지역정부가 매력적인 투자

그림 4-8 성과평가의 흐름도

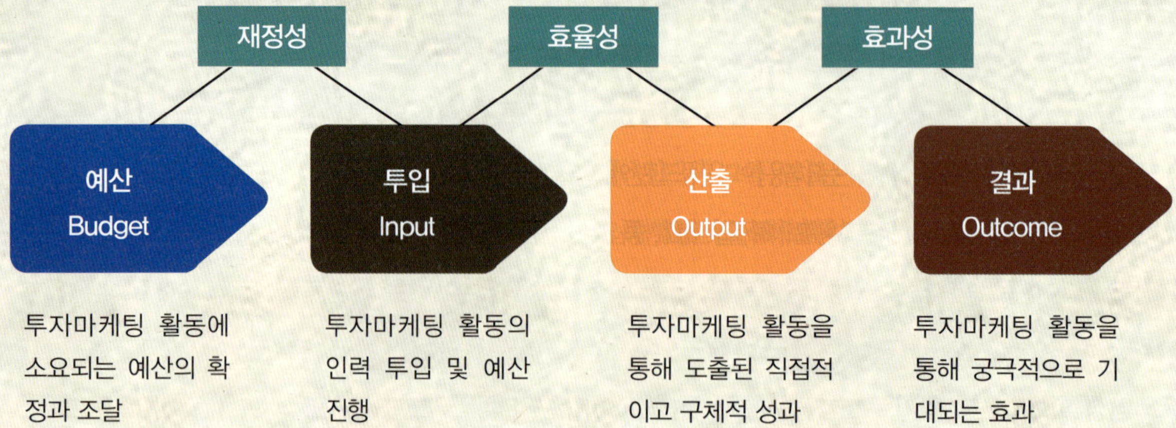

환경을 만들기 위해 모든 정책, 법규, 규정 개징을 시행하는 데 많은 시간이 소요되며 이와 같은 노력으로 투자환경이 개선되었다고 해도 잠재 투자가가 투자대상지역의 경쟁력 향상을 투자결정요인으로 인식하고 평가하는 데는 많은 시간이 걸린다.

● 성과평가의 흐름도

외국인투자 평가는 투자유치활동에 필요한 예산을 확보하여, 투자유치인력의 급여, 각종 캠페인의 비용 및 용역대금, 웹사이트와 제휴기관 파트너십의 구축 경비 등의 재정비용으로 투입한다. 외국인마케팅 활동을 위한 투입물을 마련하고 운영하는 데 필요한 예산을 얼마만큼 확보하는가를 **재정성**이라 한다면, 투입물부터 결과물까지 이르는 과정에는 효율성과 효과성이 작용한다. 투입물은 인력과 예산의 집행을 말한다. 또한 산출물은 투자마케팅 활동을 통해 도출한 직접적이고 구체적 성과다. 효율성은 '투입물에 대한 산출물의 비율'로, 높은 투자마케팅 **효율성**이란 최소의 투자마케팅 비용으로 최대의 투자마케팅 성과물을 거두는 것이라 하겠다. **효과성**은 결과물이 애초 설정한 목표에 부합하는 결과물인가에 대한 정도로, 효과적인 투자마케팅 활동은 마케팅 목표에 부합하는 결과물을 얻었는가를 의미한다. 이때 결과물은 투자마케팅 활동을 통해 궁극적으로 얻고자 하는 효과, 즉 고용이나 기술이전 효과와 같이 경제적 파급효과 발생 여부를 말한다.

● 정책평가의 목표체계

국가별로 외국인투자정책의 목표는 다양하다. 각국 정부와 지자체는 외국인투자를 통해 달성하고자 하는 경제정책 목표의 우선순위가 다르기 때문이다. 본서가 강조하는 외국인투자정책은 경제정책의 하위 정책으로 수단적 정책이라는 의미가 여기에 있다. 따라서 외국인투자의 정책평가는 특정 목표별로 나눠 진행한다. [그림 4-9]는 산업구조 고도화를 기본으로 하는 국가경쟁력 강화를 정책목표로 한 경우이다. 국가경쟁력 강화는 일종의 국가의 **사명**(mission) 또는 **국정지표**이다. 이를 이루기 위한 세부 외국인투자유치 **전략의 목표**는 외국자본 유입, 산업전후방 효과 극대화, 세계적 기업의 유치 등으로 세분화할 수 있다. 각 세분화한 전략목표의 달성 여부를 점검하는 **성과지표**를 마련하

그림 4-9 정책평가의 목표체계

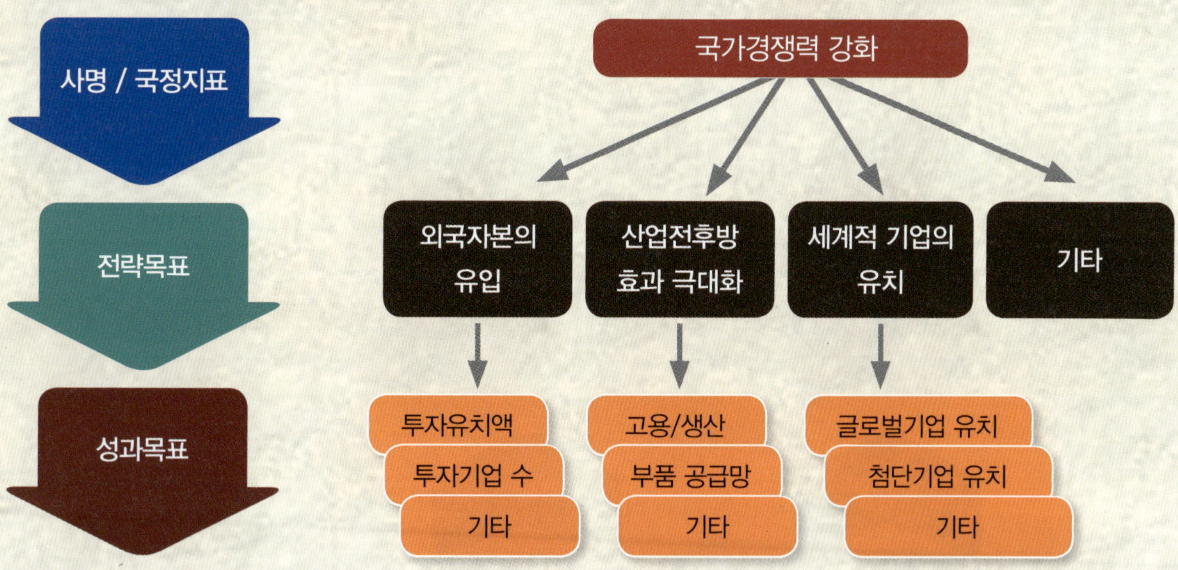

여 측정한다. 예를 들면, 외국자본 유입은 투자유치액, 투자기업 수 등으로, 산업의 전후방효과 발생은 연관 업종의 고용과 생산 증가율, 부품 공급망 연계 수준 등으로, 세계적 기업 유치는 포춘지 선정 500대 기업 유치, 첨단기업 유치 등으로 평가지표를 구분하여 측정한다.

● 단계별 주요 과제와 평가 초점

외국인투자정책을 수립하고 이를 실현하기 위한 외국인투자 활동을 추진하여 투자성과가 충분히 정책목표 달성을 위한 외국인투자인지 검증하는 과

그림 4-10 단계별 주요 과제와 평가 초점

	외국인투자 정책 수립	외국인투자 유치활동	외국인투자 유치의 성과
주요 과제	• 전략적인 투자유치 목표 수립 • 내부능력 및 외부환경 검토 • 자원 및 예산 배분 • 투자유치 제도 개선	• 이미지구축 활동 • 투자창출 활동 • 사후관리 활동	• 양적(건수/금액)과 질적 성과 평가 • 목표 투자자 유치 성공률 • 성과의 전략 수립 피드백
평가 초점	• 전략수립 과정이 적정하였는가? • 목표대비 달성할 성과가 합리적 지표로써 구성하였는가? • 투자환경의 경쟁력(매력도), 투자유치 제도, 투자유치기관의 능력 등을 고려한 정책 계획인가?	• 활동목표는 잘 설정되었는가? • 투입된 자원대비 적절한 활동이 이루어졌는가? • 전략적 투자유치 활동이 충분히 수행되었는가?	• 성과 측정 및 평가는 정확한가? • 정책목표에 부합한 유치성과인가? • 평가결과를 전략수립에 반영하는 피드백 과정이 있는가?
	적합성	효율성	효과성

정이 외국인투자 마케팅 평가이다. 물론 궁극적으로 평가의 검증은 투자유치액 또는 투자유치 대상을 효과적으로 유치하였는지에 대한 판단인 최종단계의 투자성과가 제일 중요하다. 그러나 과정 없이 결과물만 우수할 수 없으며, 기대한 투자성과를 거두기 위해서는 외국인투자 정책수립단계와 이에 대한 추진 활동으로써 외국인투자 마케팅 단계에서도 정확한 평가가 동반되어야 한다. **단계별 과제와 평가 초점**은 [그림 4-10]에 정리하였다. **외국인투자정책 수립단계**에서는 주요 과제와 평가 초점 간 기준은 **적합성**이 기준이다. 투자자가 관심을 보일 만한 외국인투자 환경 수준과 IPA의 능력을 고려하여 목표 투자자를 선정하고 정책을 입안하였는가의 전략수립과정의 적정성, 목표를 달성하는데 합리적인 지표 구성, 투자환경과 유치기관 능력 등을 '적합성 기준'으로 평가한다. **외국인투자 유치활동 단계**에서는 평가 기준은 **효율성**이다. 외국인투자 활동에 대해 활동의 목표, 투입 자원대비 활동 내용, 전략적인 수행 여부 등으로 '효율성 기준'을 적용한다. **외국인투자 유치의 성과 단계**에서 평가 기준은 **효과성**이다. 외국인투자 양적 평가(건수·금액), 질적 평가(기술이전, 고용 유발 등), 설정한 목표투자의 실제 투자유치 성공률, 투자성과의 전략수립 피드백 등에 대하여 성과 측정/평가의 정확성, 외국인투자 유치로 인한 성과의 정책목표 부합성, 평가결과의 전략수립 피드백 여부 등의 '효과성 기준'에 초점을 맞춘다.

투자마케팅 실적평가의 이점, 횟수, 자료

투자마케팅이 효율적인 방향으로 운용되고 있는지를 알기 위해 점검과 평가를 한다. **점검**이란 당초에 설정했던 목표에 대비하여 투자조직 운영과 활동상황이 얼마나 진척하였는가를 살펴보는 것이며, **평가**는 이에 대한 목표의 달성 여부를 확인하는 과정이다. 점검과 평가를 합쳐서 **실적평가**라고 한다. 실적평가는 현재 상황에 대한 진단뿐 아니라 향후 새로운 목표 설정과 시행방안을 계획하는 데 있어 필수과정이다. 다음은 실적평가의 이점과 함께 실적평가의 횟수와 자료 원천에 대해 기술한다.

실적평가의 이점

"실적평가는 조직관리의 효율성뿐 아니라 개인의 업무능력 향상, 조직의 지식 공유와 경험축적 효과를 발생시킨다."

공공기관인 투자유치기관도 일반 기업과 마찬가지로 실적평가를 시행함으로써 주어진 사명의 집행과 활동과정에 도움이 되는 다양한 이점을 얻는다. **실적평가 이점**으로는 목표대비 진도의 측정, 유용한 정보 수집 및 활용, 경험으로부터 학습, 홍보 효과, 내부감사능력 배양, 전략수립 기초자료로 활용 등이 있다.

- **목표대비 진도의 측정 :** 점검과 측정은 투자유치 관리자가 내부 목표 및 계획에 대한 운영 및 활동이 얼마나 진행되고 있는지 진도를 알게 해준다. 이로부터 시급히 추진할 사항, 전략 및 자원의 배분 등 다음 단계 활동의 의사결정에 도움을 준다. 실적평가 없이는 현행 관리방식에 대한 개선을 이룰 수 없다.

- **유용한 정보의 수집과 활용 :** 점검과정에서 투자마케팅 활동에 사용할 유용한 정보를 얻는다. 투자지역의 강·약점에 대한 투자자의 평가, 투자자 의사결정과정의 이해, 투자유치 경쟁국 또는 경쟁지역에 대한 정보 등 평가과정에서 파악한 정보와 자료는 향후 투자유치 활동의 기본적 정보와 자료로 활용할 수 있다. 수집한 정보는 정책 및 기업전략의 수립, 다른 잠재 투자자 유치에 활동 등 다른 분야에서 유용할 수 있는데, 이때는 프로젝트의 비밀관리와 상대방 정보 보호를 위해 공개할 정보와 공개하지 않을 정보를 확실히 분리한다.

- **경험으로부터 학습 :** 중간 실적평가 실행 중에 그동안의 실적이 저조하거나 실수를 범한 경우를 종종 발견한다. 평가의 추진 중에 발생하는 실수를 조기에 파악하는 것은 그만큼 앞으로의 목표달성을 위한 궤도수정에 도움을 준다. 실수를 바로 잡는 과정에서 얻는 경험은 향후 투자유치 능력 향상에도 밑거름이 된다.

- **홍보 효과 :** 투자실적 평가를 공개하여 투자유치활동에 대한 주의 환기와 함께 긍정적 여론을 형성할 수 있다. 투자유치 평가과정에서 파악된 일만의 투자유치성과는 조직 내적으로도 직원의 사기를 북돋고 이해관계자로부터 추가지원을 요청할 때도 투자유치기관의 입지를 강화해 준다. 또한 정부 및 주무 부처로부터 투자와 관련한 예산을 확보하는 데도 긍정적인 영향을 미친다.

- **내부감사능력 배양 :** 점검과 평가를 추진하면서 조직 내부의 평가 기법 및 평가시스템의 개선·향상이 이루어진다. 실적평가에 참여하면서 얻은 지식과 노하우의 공유를 통해 직원들의 전반적인 감사능력 향상을 꾀할 수 있으며, 이는 일상적인 다른 감사활동에도, 또한 감사관리에 있어 비용의 감소에 도움을 준다.

- **전략수립 기초자료 :** 투자유치에 사용된 투입자원의 효율성 파악, 유치성과물 분석을 통한 설정한 전략목표의 피드백 등을 통해 현행 또는 차후 투자유치전략 수립 시 기초자료로 참고한다. 이들 자료와 다른 국가나 경쟁기관의 유치활동 및 성과물과 비교하여 장기전략수립의 기초자료로도 활용한다.

● 성과평가의 횟수

성과평가의 횟수는 목적과 평가 대상에 따라 달라진다. **내부관리가 목적**이라면 투입자원(인력, 재정 등)에 대한 점검은 월 단위로 하여 자주 시행한다. 공식적인 보고서 형태보다는 일정한 형식으로 한눈에 전월 대비 진도 상황을 알아볼 수 있게 한다. **투자유치 실적의 평가 목적**이라면 각 프로젝트의 일정표에 의한 점검을 시행한다. 프로젝트의 성격에 따라 시기는 유연하고 다양하게 시행한다. 일반적으로 투자유치 대상 지역의 개괄적인 평가 및 추진실적 보고는 분기별로 시행한다.

다만 성과평가가 수립된 일정에 따라 추진하더라도 필요한 자료수집은 상황이 발생하는 시점에서 수시로 행한다. 그렇지 않아 관련 상황이 지나간 다음에 자료수집으로 인한 부정확성과 자료 누락 실수를 사전에 방지하기 위해서이다. 일례로 연차보고서에 사용할 수치 자료를 연말에 가서 수집하지 않는 점을 상기할 필요가 있다.

● 성과평가의 자료 원천

실적평가에 내부자료와 외부자료를 적절히 활용한다. 내부관리를 위한 자료는 조직 내에서 단위사업을 추진하면서 모은 자료를 사용한다. 투자자를 관리하기 위해 발송한 서신 발송 횟수, 발행한 홍보자료의 부수와 배포처 등이 대표적인 **내부자료**이다. 그런데 내부자료로써 충당할 수 없는 경우가 많고, 있어도 객관성의 결여 등으로 **외부자료**를 사용해야 할 때가 있다. 경쟁국 또는 경쟁 지역과 대비한 투자환경 평가는 내부자료보다는 외부자료를 이용하는 것이 객관성 측면에서 타당하다. 국제기구와 민간 컨설팅기관에서 발간한 자료도 외부자료로서 훌륭한 원천이다. 부득이하게 꼭 필요한 자료인데 접근이 안 되거나 존재하지 않는다면 시간과 비용이 소요되더라도 조사대행 용역기관에 의뢰하여 습득한다.

외국인투자 마케팅평가의 시행

외국인투자유치 마케팅의 최종 결과는 필요한 외국인투자를 얼마만큼 유치하였는가로 나타난다. 그렇다고 수치로 나타난 결과치만이 평가 대상은 아니다. 투자유치환경의 개선과 투자유치활동의 효율적 추진은 다음의 투자유치 가능성을 높인다. 투자유치마케팅의 실적평가는 실제 투자유치 규모에 대한 평가 외에도 투자환경 평가와 투자유치 마케팅조직의 활동평가를 함께 해야 하는 이유이다.

투자마케팅 환경의 평가

투자환경은 외국기업이 자신이 투자할 해외 투자입지에 대해 평가하는 입지 매력도이다. 투자환경 매력도가 높을수록 투자유치국 입장에서 투자의 결정을 유인하는 요인으로 작용한다. 투자환경을 이루는 요인들, 즉 해외투자의 결정요인으로서 시장 및 생산구조와 관련한 경제적 요인, 국가위험도 및 노사안전성과 같은 사회정치적 요인, 외국인 생활환경 및 투자인센티브를 포함하는 사업편의 요인 등을 평가한다. 각 항목에 대한 평가는 양적 지표와 질적 지표를 병행하여 시행한다. 투자환경 개선 추세를 파악하기 위해 투자마케팅 활동 시행 이전과 이후에 대해 개선 정도를 비교한다.

이때 측정에 사용하는 지표는 국제 공공기관과 국제언론 매체에 보도된 내용을 수집하여 활용한다. 기존 발표자료가 부족하거나 적합하지 않으면 외국기업 경영자나 외국인투자자들을 직접 접촉하여 평가자료를 작성한다.

국제적 공공기관의 발표하는 대표적인 자료로는 **국제경영개발원(IMD)**의 세계경쟁력 연감이 있다. 330개 이상의 기준으로 67개 국가의 경쟁력을 매년 측정하는 데, 평가 데이터는 2/3가 2차 자료(국제기관 및 국가별 통계 데이터)이고 1/3은 기업 경영진을 대상으로 한 설문조사를 통한 1차 자료로 구성돼 있다. 국제 언론매체의 자료를 활용하는 방법은 인터넷 등을 이용해 국외에서 발간한 자료를 검색하며 해외의 투자유치기관 사무소, 대사관 등을 활용하여 정기적으로 수집하여 정리한다. 투자자 의견조사를 직접 수행해야 하는 경우도 발생하는데, 다음은 **투자자 의견조사 유의사항**으로 조사시행 이전에 참고하기 바란다.

- **조사목적 명확화 :** 조사전에 조사목적을 분명하고, 원하는 정보를 얻을 수 있는지, 질문에 대한 답이 나올 수 있는지를 명확히 정하고 조사를 시행한다.

- **접촉 대상자 선정 :** 가장 적절한 답변을 할 수 있는 투자와 관련한 의사결정

권자가 누군지를 파악하여 접촉자를 최종 선택한다. 업무 연관성이 없는 접촉자를 선정하면 조사결과가 왜곡될 수 있어 평가결과의 신뢰성 저하로 오히려 해가 될 수 있다.

- **접촉방법의 선택 :** 수준 높고 필요한 정보를 얻을 접촉방법을 선택한다. 많은 표본을 얻기 위해서는 설문조사가, 심도 있는 정보는 일대일 면담 조사가 유용한 접촉방법이다. 이 두 가지 방법은 모두 높은 비용을 수반한다. 따라서 적정 규모와 준비된 예산을 고려하여 시행한다. 일반적으로 둘 중 하나만을 선택해 시행한다.

- **안내장 발송 :** 일대일 면담 조사를 선택했다면 투자환경 조사에 협조를 구하는 안내장을 누구의 이름으로 보낼 것인가를 결정한다. 투자유치기관의 담당자 명의가 아니라 기관장 명의로 직인 또는 사인을 하여 발송한다. 때에 따라서는 정부 부처나 관계기관의 협조를 받아 안내장을 발송한다. 정부의 고위담당자가 발송하는 안내장은 면담 대상자에게 신뢰와 신용도에서 조사 참여 가능성을 높인다.

- **조사양식 작성 :** 서면 조사를 할 경우, 정오표 양식이나 선다형 양식을 적절히 가미하여 쉽게 응답을 받을 수 있도록 설문서를 작성한다. 그렇다고 모든 문항을 선다형 양식으로 할 필요는 없고, 간단한 문장으로 의사를 표현할 수 있는 문항도 함께 포함하여 구성한다.

- **결과 통보 :** 직접 면담 또는 서면 조사이든지 참가자에게 조사결과를 통보한다. 참가자가 제기한 주요 사항을 요약하여 보내주고 그와 관련하여 어떤 조처를 하고 있는지를 알려준다. 이는 참가자의 불만 유발을 방지하고 좋은 관계를 유지하는 데 도움을 준다.

투자마케팅 조직의 평가

투자유치 마케팅조직의 운영 및 사업추진에는 적지 않은 비용이 소요된다. 예산과 비용을 고려하지 않은 채 무조건 투자마케팅 효과만을 추구할 수 없다. 투자마케팅 활동 기본 사업비와 고정 인건비를 제외하더라도 투자유치조직의 **내부 지출비용**으로는 국내외 출장비, 정보통신, 회의 참가비, 훈련비 등이 있으며, **외부 지출비용**으로 외부 전문인력 채용 비용, 외부 전문기관 용역 발주비용 등이 있다. 투입비용의 적정성과 효율성은 기관 내의 감사부서에서 시행하는 정기 및 수시감사 제도를 활용한다.

투자유치 마케팅조직의 평가는 효율적인 사업비와 관리비 지출에 대한 비용평가에만 국한하지 않는다. 국가적인 투자유치조직의 투자마케팅 활동 결과는 국가 및 지역의 투자환경 개선과 투자유치로 인한 막대한 경제파급성과를 유발하기 때문이다. 따라서 다음과 같이 **포괄적 행동지침에 대한 평가**를 포함하며, 또한 각 활동, 즉 이미지구축, 투자창출 활동, 사후관리 활동에 대한 평가를 병행한다.

- 활동목표는 잘 설정이 되어 있는가?
- 목표는 달성이 되었는가?
- 활동은 비용 효과적이고, 다른 방안을 이용하면 결과가 더 나아지겠는가?
- 적절한 투자자를 상대로 한 활동인가?
- 지나치게 많은 것을 아니면 너무 적은 것을 달성하려고 하는가?
- 이 활동은 계속되어야만 하는가?

• 이미지구축 활동의 평가

이미지구축 활동은 브로슈어, 뉴스레터, 산업분석자료 등 마케팅 홍보자료 제작·배포와 함께 직접적인 홍보와 광고 캠페인, 세미나와 프레젠테이션 실행을 포함한다. 이미지구축 활동평가의 핵심은 메시지의 정확도와 다른 투자유치 메시지와의 일관성 여부를 따져보는 것이다. 이를 확인하기 위한 **이미지구축 메시지 평가**에 관한 항목으로는 다음의 것들이 있다.

- 메시지 개발 시 현장의 소리를 반영하였는가? 잠재 및 기존 투자자와 접촉했는가?
- 메시지는 투자유치에 초점을 맞추고 있는가? 우호적인 투자환경 이미지 조성에 바람직하지 않은 인식이 포함되지는 않았는가?
- 메시지는 신뢰성과 객관성을 담고 있는가?
- 다른 투자유치 마케팅상품의 메시지, 다른 국가에 적용하는 메시지와 일관성이 있는가?

이미지구축용 마케팅 자료를 개발하는 것 못지않게 효과적으로 자료를 배포하는 것도 중요하다. 자료 개발에는 많은 인력과 예산, 시간 등을 소비하면서, 흔히 투자자에게 어떻게 전달할 것인가를 기획하고 고민하는 데는 너무 적은 시간을 투입한다. **배포에 대한 평가**는 다음과 같은 요소를 포함한다.

- 수령자와 배포 후에도 접촉하고, 또한 후속접촉을 가능하게 하는 접촉통로는 마련돼 있는가?
- 수령자가 추가 정보를 쉽게 구할 수 있는가?
- 수령자의 반응을 측정하고 평가할 시스템을 갖추고 있는가?
- 추가 정보를 요청하는 횟수가 증가하고 있는가?

이미지구축을 위한 활동 중에 홍보와 광고는 가장 파급효과가 크다. 그런 만큼 실행에 주의가 필요하며, 광고의 경우에 소요비용 부담이 크다. 진행했던 홍보 및 광고에 대한 평가는 향후 새로운 홍보와 광고의 계획수립에 필요한 절차이다.

홍보와 광고효과를 측정하기 위해 별도의 평가기관에 용역을 주어 실행해도 되지만, 비용을 고려할 때 투자유치조직이 직접 수행해도 무방하다. 방법은 홍보와 광고에 대해 언론 및 각종 매체가 어떻게 반응을 보였는지에 대한 자료를 수집하고 정리한다. 투자자에게 효과측정에 대한 설문지 등을 만들어 배포하고 경우에 따라선 직접 상담을 하여 반응을 살핀다. 홍보 및 광고 활동을 점검하는 데 필요한 **홍보와 광고 평가**에 대한 질문을 정리하면 다음과 같다.

- 언론매체의 호의적인 보도가 있었는가?
- 언론매체 등으로부터 추가 정보 요청을 받고 있는가?
- 요청받은 정보를 적시에 제공할 수 있었는가?
- 투자 결정 과정에서 영향력을 행사하는 경영진이나 관계자가 광고를 보았는가? 혹은 볼 수 있도록 광고에 쉽게 접근할 수 있는 장소(공항, 비행기, 호텔 등)에 비치되었는가?

세미나와 프레젠테이션은 행사에 대한 관심도와 행사 후 관심도 측정이 주요한 평가 요소이다. 세미나 참석자 수는 일정 수준 정도는 확보해야 한다. 하지만 세미나 성격에 따라서는 반드시 많다고 좋은 것은 아니다. 업무와 상관없는 참석자만 많이 참석하면 행사장을 산만하게 할 뿐, 오히려 행사목적을 훼손하고 진행을 방해하는 결과를 초래한다. 참가자 수의 평가는 애초 행사에서 메시지 전달 대상으로 선정하였던 업무 관계자의 참석 여부를 우선 기준으로 하여 평가한다. 즉 가중치를 두어 전체 참가자 수와 계산한다. 다만 투자유치 지역의 거시경제지표 등 투자환경과 문화 등을 소개하는 일반 세미나의 경우라면 많은 참석자가 모일수록 현지 언론의 관심을 끌 가능성이 클 것이다. 이 경우는 참가자의 절대적인 숫자를 평가지표 구성에서 비중을 높여 반영한다.

세미나와 프레젠테이션 행사 자체의 성공보다도 더욱 중요한 것은 행사를 통해 잠재 투자자의 관심을 얼마나 불러일으켰느냐이다. 행사의 목적은 궁극적으로 투자유치의 성사에 있다. 그러므로 행사 자체의 성공보다는 행사에 참여한 투자자로부터 투자인콰이어리를 얼마나 많이 받았는가가 더 중요하다. **세미나와 프레젠테이션 평가**는 다음의 지표를 포함한다.

- 참석 대상으로 애초 선정하였던 인사가 얼마나 많이 참가하였는가?
- 세미나나 프레젠테이션이 목표한 의사결정 관계자까지 전파되었는가?
- 투자자로부터 세미나 및 프레젠테이션의 내용에 대해 어떤 피드백을 얻었는가?
- 세미나와 프레젠테이션이 투자자의 관심을 자극하여 다음 단계인 투자인콰이어리 발굴까지 연결되었는가?

• 투자창출 활동의 평가

투자창출 활동의 평가 초점은 선정한 목표 투자자에게 투자 의사 파악을 위해 정확한 접근이 이루어졌는가에 있다. 또한 그 결과로 잠재 투자자로부터 투자인콰이어리와 같은 긍정적 반응을 유도하였는가로 요약된다. 전자는 정확한 투자가 연락처 관리, 정보 최신화 등이, 후자는 발굴한 투자인콰이어리에 대한 양적·질적 평가가 핵심이다. 이러한 논점을 반영한 **투자창출 활동의 평가**는 다음 내용을 포함한다.

- 편지 보낼 곳과 접촉자 리스트는 최근 자료로 관리하고 있는가?
- 목표 투자기업의 투자 의사 결정자를 포함했는가?
- 투자인콰이어리는 몇 건이나 접수하였는가?
- 투자인콰이어리의 내용을 목적에 따라 분류하고 관리하는가?
- 투자인콰이어리에 대한 적절한 후속 조치가 이루어졌고, 추가 후속 조치를 위한 계획은 마련돼 있는가?

• 투자 사후관리 활동의 평가

투자자가 투자 결정 이후에 요청하는 사항에 적합한 대응을 할 수 있는 투자유치조직의 능력은 투자서비스 활동에서 요구하는 가장 바람직한 능력이다. 불특정 잠재 투자자 대상의 홍보활동처럼 단순히 투자자에게 브로슈어 정도를 제공하는 투자서비스는 의미가 없다. 투자 사후관리 차원의 서비스는 투자자 요구에 맞는 상세한 정보와 자료를 준비하여 이를 적시에 제공한다. 이때 제공하는 정보와 자료는 최근 변경 사항을 반영하며 투자자 요구양식에 맞춘다.

이미 진출한 투자자에 대한 사후관리 서비스도 평가한다. 투자를 유치하여 해당 지역에서 조업 중인 외국인투자기업에 대한 정기적인 접촉, 기업활동 애로사항 접수 및 처리 등에 대한 활동을 평가한다. 투자자의 접촉에 대한 평가항목은 애초 설정된 접촉 횟수와 접수된 애로사항에 대한 처리 건수, 처리 신속성 등으로 측정한다. **투자 사후관리 활동의 평가지표**는 다음의 지표를 반영한다.

- 투자자가 요청한 정보 및 자료에 대한 제공
- 요청사항 대응에 대한 신속성
- 제공자료에 대한 신뢰성
- 마지막으로 투자가와 의사소통한 기간
- 진출 투자자 접촉 횟수 및 애로사항 접수 건수
- 애로사항 해결 건수 및 노력

투자유치 규모의 평가

투자유치의 성과를 측정하는 최종적이고 객관적 지표는 실제 유입한 투자 규모이다. 그런데 투자 규모를 측정하는 데 전략적으로 고려할 사항이 있다. 투자 규모를 다양한 방법으로 측정하여 외국인투자 유치에 대한 다각적인 평가와 실질적인 투자정책 효과 실현에 대한 정확한 기초자료로서 활용할 수 있게 하는 것이다.

"현재의 양적·단수지표에서 질적지표 보강과 연계지표(복수지표) 추가를 추천한다."

투자유치 규모에 대한 양적인 측정지표로 신고기준 및 도착기준으로 된 유치금액 및 건수 등이 주로 사용된다. 그런데 이러한 획일적 지표보다는 정책적으로 선정한 투자유치목표와 효과를 모니터링할 수 있는 **다양한 양적 규모 지표를 개발**하고 성과측정지표에 포함하는 것이 바람직하다. 가령 GDP 대비 외국인투자 비중, 총고정자본형성대비 외국인투자 비중 등도 규모 관련 지표로서 적용한다.

이는 투자유치액의 절대적 크기가 아니라 일국의 경제 규모를 반영한 투자 규모로서 의미가 있으며, 한 나라의 생산력에 차지하는 원천이 국내자본이 아니라 외국자본에 의한 비중을 파악할 수 있다는 데 각각 경제지표로서 시사하는 바가 크기 때문이다.

이와 같은 **양적 규모 지표 외**에도 외국인투자가 유발하는 **질적 규모 지표를 병행**하는 것도 좋은 방법이다. 우리나라에서 가장 확실하게 수집되는 신뢰성 있는 외국인투자 통계는 신고/도착기준의 투자유치액, 그리고 건수이다. 고용인원도 규모 지표에 해당하나, 이들 지표만큼 통계치로서 정확성은 떨어진다. 외국자본의 유출입은 한국은행을 비롯한 국가기관에서 국가 경제에 중대한 영향을 끼치는 거시지표로서 정확히 파악하고 관리하지만, 외국기업의 고용통계는 그렇지 않다. 정부가 정책적으로 고용인원, 수출량, 생산량, 기술개발 건수 등을 1차적 투사유지성과인 금액과 건수와 같은 규모로부터 유발한 2차적 투자유치성과로 간주하는 것이 필요하다. 즉 이를 규모 종속 지표로 간주하고 투자유치 분야에 적용한다면 보다 풍부하게 투자유치 규모의 정책적 효과와 시사점을 설명할 수 있으며, 향후 투자마케팅 전략의 수립, 산업정책 등에 활용할 수 있을 것이다. 해당 지역에서 외국인투자기업의 생산, 수출, 고용, 인적자원 활용 정도, 기술확장 기능, 창출 부가가치 등의 유발효과는 투자유치로서 중앙정부나 지자체가 기대하는 궁극적인 경제파급 효과이다.

또한 지금까지의 **단수 지표**를 보완하는 복수 지표로써 **연계지표 추가**를 고려해 볼 수 있다. 이러한 경우는 외국인투자의 전후방 연계 효과를 측정하는 데 지표 측정의 목적을 둔다. 방법은 외국인투자기업과 협력 관계에 있는 국내기업 수가 과거 몇 개에서 현재 몇 개로 늘어났는지를 지표로서 측정한다. 이는 양적 지표에 해당하는 연계지표이다. 또한 질적 지표에 해당하는 연계지표를 예시하면, 〈표 4-6〉에서 신규진출 외국인투자기업과 협력 관계에 있는 기업의 신규 고용인원, 외국인투자기업과 국내기업 및 연구소·대학 간 신규 공동연구성과(특허개발 건수) 등이다. 양적/질적 연계지표는 외국인투자 유치로 실현하고자 하는 산업파급 효과를 측정할 수 있게 하여 산업정책의 추진 방향성 설정에 도움을 준다.

표 4-6 투자성과 규모의 측정지표(예시)

	양적 지표	질적 지표
단수 지표	• 외국인투자기업의 지역/업종별 신고투자 건수 및 금액 • 외국인투자기업의 지역/업종별 도착투자 건수 및 금액 • GDP 대비 외국인투자 비중 • 총고정자본형성 대비 외국인투자 비중	• 외국인투자기업의 지역/업종별 고용인원 • 외국인투자기업의 지역/업종별 수출량 • 외국인투자기업의 지역/업종별 생산량 • 외국인투자기업의 기술개발(특허) 건수
연계지표 (복수지표)	• 신규진출 외국인투자기업과 협력관계(부품공급)에 있는 기업 수	• 신규진출 외국인투자기업과 협력관계에 있는 기업의 신규 고용인원 • 외국인투자기업과 연계한 기업/연구소/대학의 신규 특허개발 건수

미/주

01_ Behrman, J. N., 1972, *The Role of International Companies in Latin America: Autos and Petro-chemicals*, Lexington, MA, Lexington Books.

02_ United Nations Conference on Trade and Development (UNCTAD), 1998, *World Investment Report 1998: Trends and Determinants*, New York and Geneva, United Nations, United Nations Publication.

03_ Montgomery, C., 1997, *Corporate Level Strategy: A Resource-Based Approach*, New York, McGraw-Hill.

04_ Porter, M. E, 1985, *The Competitiv Advantage*, New York, Fee Press.

05_ 임성훈, 2009, "해외직접투자이론 전개과정에서 스테판 하이머의 이론적 공헌", **상경연구**, 34(1), pp. 1-25.

06_ 임성훈, 2015, **표준국제경영2.0**, 학현사.

07_ Buckley, P. J. and M. Casson, 1976, *The Future of the Multinational Enterprise*, London, Macmillan; Rugman, A. M., 1981, *Inside the Multinationals: the Economics of the Multinational Enterprise*, New York, Columbia University Press.

08_ Coase, R., 1937, "The Nature of the Firm", *Economica*, 4(4), pp. 386-405; Williamson, O. E., 1975, *Markets and Hierarchies: Analysis and Anti-Trust Implications*, New York, The Free Press.

09_ 임성훈, 2015, **표준국제경영2.0**, 학현사, p. 241.

10_ Vernon, R., 1966, "International Investment and International Trade in Product Cycle", *Quarterly Journal of Economics*, 80, pp. 190-207.

11_ Vernon, R., 1971, *Sovereignty at Bay: The Multinational Spread of US Enterprises*, New York, Basic Books.

12_ Knickerbocker, F. T., 1973, *Oligopolistic Reaction and Multinational Enterprise*, Boston, Harvard University Press.

13_ Graham, E. M., 1978, "Transatlantic Investment by Multinational Firms: A Rivalistic Phenomenon?", *Journal of Post-Keynesian Economics*, 1(1), pp. 82-98.

14_ Cantwell, J., 1989, *Technological Innovation and Multinational Corporations*, Oxford, Blackwell.

15_ Dunning, J. H., 1980, "Toward an Eclectic Theory of International Production", *Journal of International Business Studies*, 11(1), pp. 9-31.

16_ 외국인비용과 윱살라 모형에 대한 내용은 "고숭, 2022, 중국진출 다국적기업의 현지화 전략: 배태성, 시장지향성의 통합적 접근, **건국대학교 박사학위 논문**"을 인용하였다.

17_ Johanson, J. and J. Vahlne, 1977, "The Internationalization Process of the Firm: A Model of Knowledge Development and Increasing Foreign Market Commitments", *Journal of International Business Studies*, 8(1), pp. 23-32.

18_ Johanson, J. and J. Vahlne, 2009, "The Uppsala Internationalization Process Model Revisited: From Liability of Foreignness to Liability of Outsidership", *Journal of International Business Studies*, 40(9), pp. 1411–1431.

19_ Kotler, P., S. Jatusripitak and S. Maesincee, 1997, *The Marketing of Nations*, New York, The Free Press.

20_ 정의를 도출하는 근거와 과정은 '임성훈, **동북아시대 전략적 외국인투자 마케팅**, 학현사, 2004'에 기술되어 있다.

21_ 강철규, 1997, "우리나라의 산업발전과 정부정책", **한국의 산업: 발전역사와 미래비전**, 산업연구원, pp. 158–259.

22_ 조동성, 1994, **한일산업정책 연구**, 국제기업전략연구소, p. 19.

23_ 한국노동사회연구소, 2013, "다국적자동차부품업체의 노사관계 연구", **노동사회연구**, 제62호.

24_ Wells, L. T. and A. G. Wint, 1990, *Marketing a Country: Promotion as a Tool for Attracting Foreign Investment*, Washington, D.C., Multilateral Investment Guarantee Agency(MIGA).

25_ Wells, L. T. and A. G. Wint, 1990, *Marketing a Country: Promotion as a Tool for Attracting Foreign Investment*, Washington D.C., Multilateral Investment Guarantee Agency.

26_ 임성훈, 2010, "투자유치기관 지배구조와 외국인투자 유치성과 간 연관성에 관한 실증연구", **국제통상연구**, 15(4), pp. 1–23.

27_ Wint, A. G., 1992, "Public Marketing of Foreign Investment: Successful International Offices Stand Alone", *International Journal of Public Sector Management*, 5(5), pp. 27–39.

28_ Wint, A. G., 1993, "Promoting Transnational Investment: Organizing to Service Approved Investors", *Transnational Corporations*, 29(1), pp. 71–90.

29_ Young, S., N. Hood and A. Wilson, 1994, "Targeting Policy as a Competitive Strategy for European Inward Investment Agencies", *European Urban and Regional Studies*, 1(2), pp. 143–159.

30_ Wells, L. T., 1999, *Revisiting Marketing a Country: Promotion as a Tool for Attracting Foreign Investment*, FDI Seminar on FDI Issues: Knowledge Gains, Foreign Investment Advisory Service (FIAS).

31_ Loewendahl, H., 2001, "A Framework for FDI Promotion", *Transnational Corporations*, 10(1), pp. 1–42.

32_ 임성훈, 2010, "투자유치기관 지배구조와 외국인투자 유치성과 간 연관성에 관한 실증연구", **국제통상연구**, 15(4), pp. 1–23.

33_ 다음 국내논문에서 외국인촉진기관의 조직 관련 지표(해외사무소 수, 해외사무소 진출국 수, 해외인원 비중 등)를 최초로 분석모형에 삽입되었는데, 학술연구 흐름은 국제 연구물을 기준으로 작성하여서 이에 대한 설명은 생략했다. 「김완순·임성훈, 2000, "투자진흥조직의 투자유치활동이 외국인투자유입에 미치는 영향", **국제통상연구**, 5(1), pp. 109–129.」

34_ 이와 같은 사실은 저자가 KOTRA에 근무할 때, 연구자의 연구기관(FIAS)이 발송한 설문지에 직접 응답한 경험을 토대로 예측하여 기술하였다.

35_ Lim, Sung-Hoon, 2008, "How Investment Promotion Affects Attracting Foreign Direct Investment: Analytical Argument and Empirical Analyses", *International Business Review*, 17, pp. 39–53.

36_ Lim, Sung-Hoon, 2018, "Determinants of the Performance of Investment Promotion Agencies: Evidence from a Mix of Emerging Economies", *Emerging Markets Finance & Trade*, 54, pp. 1908–1924.

37_ Peng, M. W., 2014, *Gobal Strategy*, 3rd Ed., Mason, OH, South-Western.

38_ Zacks Investment Research, "Reshoring Bringing Back Jobs to USA", *Zacks Investment Research*, February 5, 2013.

39_ 기획재정부, **시사경제용어사전**, 기획재정부 홈페이지 (https://www.moef.go.kr).

40_ 최예술, 2020, "[용어풀이 262]", **월간국토**, 2020년 6월(통권464호), 국토연구원.

41_ 정성훈, "리쇼어링 기업의 특징과 투자의 결정요인", **KDI FOCUS**, 2023. 11. 22일자.

42_ KOTRA, **지원 종합가이드**, KOTRA자료 16-038.

43_ Prahalad, C. K. and Y. L. Doz, 1987, *The Multinational Mission–balancing Local Demands and Global Vision*, New York, Free Press.

44_ 대표 학자로는 입(Yip)과 레빗(Levitt)이 있으며 관련 연구는 다음과 같다. Yip, G. S., 1992, *Total Global Strategy*, New York, Prentice Hall; Levitt, T., 1983, "The Globalization of Markets", *Harvard Business Review*, May–June, pp. 92–102.

45_ Porter, M. E., 1980, *Competitive Strategy*, New York, Free Press.

46_ 지역본부 관련 내용은 「임성훈, 2006, "아시아 주요국의 다국적기업 지역본부 유치제도와 지역본부 결정요인에 대한 연구", **국제·지역연구**, 15(2), pp. 1–25」을 기반으로 작성하였다.

47_ Heenan, David A. and Howard V. Perlmutter, 1979, *Multinational Organization Development*, Mass., Addison-Wesley Publishing Cp., Reading.

48_ 네트워크 설계는 「임성훈, 2019, "현지시장지향성의 매개변수 효과를 통한 다국적기업의 해외시장 투자성과에 대한 실증연구", **무역학회지**, 44(2), pp. 221–237」, 「고숭·임성훈, 2023, "중국시장에 진출한 다국적 제조기업의 투자성과에 미치는 네트워크 배태성의 매개효과 실증분석", **무역학회지**, 48(2), pp. 1–26」, 「고

숭, 2022, 중국진출 다국적기업의 현지화 전략: 배태성, 시장지향성의 통합적 접근, **건국대학교 박사학위 논문**」 등을 참고하였다.

49_ Cantwell, J., 1989, *Techolgical Innovation and Multinational Corporation*, London, Blackwell Oxford.

50_ 대표적 학자가 루트이며 다음의 그의 저서에서 주장하였다. Root, F. R., 1987, *Entry Strategies for International Markets*, Lexington Books, D.C. Heath and Company.

51_ Root, F. R., 1987, *Entry Strategies for International Markets*, Lexington Books, D.C. Heath and Company.

52_ Woodcock, P., W. Beamish and S. Makino, 1994, "Ownership-Based Entry Mode Strategies and International Performance", *Journal of International Business Studies*, 25(2), pp. 253–272.

53_ 임성훈, 2003, "외국인투자기업의 추가투자결정요인에 대한 연구", **국제통상연구**, 8(2), pp. 155–176.

54_ 임성훈, 1999, "현지국 국가위험도 변화가 외국인 신규투자 및 추가투자에 미치는 영향", **국제통상연구**, 4(2), pp. 209–226.

55_ Staw, B. M. and J. Ross, 1987, "Behavior in Escalation Situations: Antecedents, Prototypes and Solutions in Cummings", B. M. Staw(ed.), Research in *Organization Behavior*, 9, Greenwich, DT, JAI.

56_ KOTRA, 2014. 6, **2014 아시아 주요국 투자환경 비교조사**, KOTRA자료 14-013; JETRO, 2015, **아시아 주요 33개 도시·지역 투자관련 비용 조사**.

57_ 해외직접투자 절차 부분은 KOTRA가 발간한 「**2018 해외투자진출 종합가이드**, KOTRA자료 17-113」에서 발췌·인용하여 작성하였다.

58_ Andrews, K. R., 1971, *The Concept of Corporate Strategy*, Homewood, IL, Dow Jones-Irwin.

59_ Guisinger, S., 1992, "Rhetoric and Reality in International Business: A Note on the Effectiveness of Incentives", *Transnational Corporations*, 1(2), pp. 111–123.

60_ Young, S., N. Hood and E. Peters, 1994, "Multinational Enterprises and Regional Economic Development", *Regional Studies*, 28(7), pp. 657–77.

61_ Massey, D., 1984, *Spatial Divisions of Labor*, London, Macmillan.

62_ Porter, M., 2001, **마이클 포터의 경쟁론**, 김경묵·김연성(역), 세종연구원.

63_ 복득규 외, 2003, **한국 산업과 지역의 생존전략: 클러스터**, 삼성경제연구소.

64_ Guisinger, S., 1992, "Rhetoric and Reality in International Business: A Note on the Effectiveness of Incentives", *Transnational Corporations*, 1, 2 (August), pp. 111–123.

65_ United Nations Conference on Trade and Development (UNCTAD), 1996, *Incentives and Foreign Direct Investment*, New York and Geneva, United Nations, United Nations Publication, pp. 9–12.

66_ Pigou, A., 1920, *The Economics of Welfare*, London, McMillan.

67_ Young, S., N. Hood and Wilson, A., 1994, "Targeting Policy as a Competitive Strategy for European Investment Agencies", *European Urban and Regional Studies*, 1(2), pp. 143–59.

68_ 임성훈, 2002. 7, "지자체의 외국인투자 정책", **지방의 국제화포럼, 한국지방자치단체국제화재단**, pp. 32–35.

69_ Lim, Sung-Hoon, 2005, "Foreign Investment Impact and Incentive: A Strategic Approach to the Relationship between the Objectives of Foreign Investment Policy and Their Promotion", *International Business Review*, 14(1), pp, 61–76,

70_ 「외국인투자촉진법」은 법률 제5559호로 1998년 9월 16일에 제정됐지만, 그 시행은 동법에 따라 「외국인투자촉진법시행령」은 1998년 11월 14일에 대통령령 제15931호로, 「외국인투자촉진법시행규칙」은 1998년 11월 17일에 재정경제부령 제50호로 제정되었다.

71_ 총 1,148개 업종 중 보통농작물생산업, 근해 및 연안어업, 라디오 및 텔레비전 방송업, 내항여객 및 화물운송업 등 미개방 7개 업종과 발전업, 유선방송업, 뉴스제공업, 유무선전신전화업 등 14개 부분개방업종 등 총 21개 업종만이 제한업종으로 개방화율은 99.4%이었다.

72_ 동북아경제중심추진위원회는 '동북아경제중심 실현을 위한 외국인투자 유치전략'이라는 안건을 2003년 9월 2일에 국무회의에 안건으로 제출하였다.

73_ 참여정부는 5년간 경제정책 방향인 「**참여정부의 경제비전과 과제**, 재경부·KDI, 2004. 4」을 수립하였다.

74_ KOTRA, 2020, **외국인투자가이드 2020**, 대한무역투자진흥공사(KOTRA).

75_ 서자가 소속한 동북아경제중심위원회에서 작성하여 국무회의 안건으로 제출한 '동북아경제중심 실현을 위한 외국인투자 유치전략, 2003. 9. 2'와 저자가 필자가 된 「참여정부의 경제비전과 과제, 재경부·KDI, 2004. 4」의 외국인투자정책 부분을 정리하였다. 특히 당시 한국개발원의 우천식박사와 산업연구원의 정준호박사는 전략적 외자유치의 프레임워크를 개발하는 데 많은 도움을 주었다.

76_ 임성훈, 2010, "투자유치기관 지배구조와 외국인투자 유치성과간 연관성에 관한 실증연구", **국제통상연구**, 15(4), pp, 1–23.

77_ Lim, Sung-Hoon, 2018, "Determinants of the Performance of Investment Promotion Agencies: Evidence from a Mix of Emerging Economies", *Emerging Markets Finance and Trade*, 54(8), pp. 1907–1923,

78_ Wells, L. T. and A. G. Wint, 1990, *Marketing a Country: Promotion as a Tool for Attracting Foreign Investment*, Washington DC, Multilateral Investment Guarantee Agency.

79_ 임성훈, 2013, **외국인투자마케팅1.0**, 학현사.

80_ 임성훈, 2010, "투자유치기관 지배구조와 외국인투자 유치성과 간 연관성에 관한 실증연구", **국제통상연구**, 15(4), pp. 1–23.

81_ Porter, M., 1985, *The Competitive Advantage of Nations*, New York, Free Press.

82_ MIGA, 2001, *Investment Toolkit, Multilateral Investment Guarantee Agency*, The World Bank Group.

83_ 파트너십 관리는 월드뱅크 자료를 바탕으로 작성하였다. MIGA, 2001, *Investment Toolkit, Multilateral Investment Guarantee Agency*, The World Bank Group.

84_ 임성훈, 2018, **한반도 경제특구, 남과 북의 새로운 시작**, 학현사, p. 276.

85_ 임성훈, 2003. 3, "외국인 투자유치 협상과 대응전략", **지방의 국제화 포럼**, pp. 9–13.

그/림/자/료/원

P.10 [그림 1-1] 임성훈, 2015, **표준국제경영2.0**, 학현사, p. 334.

P.42 [그림 1-8] 「International Trade Center UNCTAD/GATT, 1987, *Guide to the Evaluation of Trade Promotion Programs*」를 참고로 작성.

P.68 [그림 2-3] Prahalad, C. K. and Y. L. Doz, 1987, *The Multinational Mission-balancing Local Demands and Global Vision*, New York, Free Press.; Bartlett, C. A. and S. Ghoshal, 1989, *Manging Across Borders: The Transnational Solution*, Boston MA, Harvard Business School.; 「임성훈, 2015, **표준국제경영 2.0**, 학현사, p. 42」에서 인용.

P.71 [그림 2-4] 「임성훈, 2006, "아시아 주요국의 다국적기업 지역본부 유치제도와 지역본부 결정요인에 대한 연구", **국제·지역연구**, 15(2), p. 11」을 수정.

P.79 [그림 2-6] UNCTAD, 2000, *World Investment Report 2000: Cross-border Mergers and Acquisitions and Development*, p. 154.

P.85 [그림 2-7] 임성훈, 2015, **표준국제경영2.0**, 학현사, p. 346.

P.251 [그림 4-6] 임성훈, **한반도 경제특구, 남과 북의 새로운 시작**, 학현사, 2018. p. 276.

표/자/료/원

P.65 〈표 2-1〉 임성훈, 2004, **동북아시대 전략적 외국인투자 마케팅**, 학현사, p. 16.

P.72 〈표 2-2〉 임성훈, 2006, "아시아 주요국의 다국적기업 지역본부 유치제도와 지역본부 결정요인에 대한 연구", **국제·지역연구**, 15(2), pp. 1-25.

P.82 〈표 2-3〉 임성훈, 2015, **표준국제경영2.0**, 학현사, p. 343.

P.88 〈표 2-4〉 KOTRA, 2014, **2014 아시아 주요국 투자환경 비교조사**.

P.88 〈표 2-5〉 JETRO, 2015, **아시아 주요 33개 도시·지역 투자관련 비용 조사**.

P.116 〈표 3-1〉 임성훈, 2004, **동북아시대 전략적 외국인투자 마케팅**, 학현사, p. 8.

P.279 〈표 4-6〉 임성훈, 2004, **동북아시대 전략적 외국인투자 마케팅**, 학현사, p. 229.

색/인

국/문/색/인

영/문/색/인

저/자/소/개

저자 임성훈은 건국대학교 사회과학대학 국제무역학과의 교수이다. 학부에서 경제학(한양대학교 상경대학 경제학과)을 수학하고 대학원에서는 국제경영전공으로 경영학 석사와 박사학위(서울대학교 대학원 경영학과)를 취득하였다. 대학 졸업 후 대한무역투자진흥공사(KOTRA)에 공채(통상직)로 입사하여 무역 및 투자 현장의 기업활동을 지원하는 업무를 담당하였다. 이후 감사원, 월드뱅크 투자보증기구(MIGA), 대통령직속 동북아경제중심추진위원회(동북아시대위원회) 등에서 상근하며 우리나라 외국인투자정책의 감사, 수립, 유치 등 공무에 참여하였다. 당시 외국인투자위원회 수석전문위원으로 외국인투자정책에 최초로 전략의 개념을 적용한 '전략적 외국인투자유치' 정책안을 기획하여 대통령주재 부처장관회의에 상정하였다. 대학 강단에 선 이후에는 우리나라 경제발전과 경쟁력 강화를 위하여 경제자유구역위원회, 행정중심복합도시건설 추진위원회 등에서 민간위촉위원으로 의결 및 자문을 수행하였다. 학술활동은 유럽국제경영학회가 발간하는 International Business Review를 비롯한 국제저명학술지에 논문을 게재하여 포르투갈 투자무역청이 조사분석한 전 세계 투자촉진 분야에서 영향력 있는 학술논문의 저자 373명 중 6위에 올랐으며 교육부 한국연구재단의 우수논문 선정, 인문학 분야 저술출판지원의 대상자가 되었다. 상훈으로는 투자규제 개혁 공로로 국무총리표창을 받았다.

표준 해외직접투자와 외국인투자

임성훈

1판 1쇄 인쇄 2025년 1월 5일
1판 1쇄 발행 2025년 1월 10일

발행인 회장 박 철 용
대표 박 세 원
발행처 **학현사**
우. 10881 경기도 파주시 직지길 522 파주출판도시
전 화 031) 955-8700(대표)
팩 스 031) 955-8705
메 일 yswgroup@naver.com
hhspub@daum.net
http://www.hakhyunsa.com
출판등록 1992년 6월 20일
등록번호 제 406-2004-000033호
I S B N 978-89-5853-607-9
정 가 32,000원

이 저역서는 2021년도 건국대학교 KU학술연구비 지원에 의한 것임.